做一些影响儿童
一辈子事业的人一定
让自己受益

与叶圣陶共勉

陆云

2015年度自治区高等职业教育-教学改革重点工程项目
"幼儿职业教育培养观念的变革与实践研究"代表性成果

# 疗愈教育戏剧
## ——以《岩画精灵》为例

叶 香◎著

南京大学出版社

#### 图书在版编目(CIP)数据

疗愈教育戏剧：以《岩画精灵》为例 / 叶香著. —南京：南京大学出版社，2023.12
ISBN 978-7-305-27498-5

Ⅰ.①疗… Ⅱ.①叶… Ⅲ.①岩画学－儿童教育－研究 Ⅳ.①K879.424

中国国家版本馆 CIP 数据核字(2024)第 000652 号

出版发行　南京大学出版社
社　　址　南京市汉口路 22 号　　邮　编　210093
书　　名　**疗愈教育戏剧——以《岩画精灵》为例**
　　　　　LIAOYU JIAOYU XIJU—YI《YANHUA JINGLING》WEI LI
著　　者　叶　香
责任编辑　曹　森　　　　　　　　编辑热线　025-83686756
照　　排　南京南琳图文制作有限公司
印　　刷　江苏凤凰数码印务有限公司
开　　本　787 mm×1092 mm　1/16　印张 13.25　字数 320 千
版　　次　2023 年 12 月第 1 版　2023 年 12 月第 1 次印刷
ISBN 978-7-305-27498-5
定　　价　58.00 元

网址：http://www.njupco.com
官方微博：http://weibo.com/njupco
官方微信号：njupress
销售咨询热线：(025) 83594756

＊版权所有，侵权必究
＊凡购买南大版图书，如有印装质量问题，请与所购
　图书销售部门联系调换

# 代 序

《疗愈教育戏剧——以〈岩画精灵〉为例》是一本儿童教育工作者必备的工具书。该书以"戏剧疗愈"理论为核心，依托作者多年教育工作实践，系统总结了"戏剧疗愈"在应用心理学技术人才培养中对创造适宜儿童发展教育方面的教育实践。

《疗愈教育戏剧——以〈岩画精灵〉为例》是站在儿童立场改变教育模式的一场"课堂革命"，它培养人们具有发现美的眼睛和自我发现、自我认知能力。它的深度沉浸式授课方法，不受昂贵教具的束缚，引导人们心灵自由驰骋，体验上天入地、驰骋遨游的学习空间，在内心自我观照中不知不觉地改变自己，从而实现教育者的目标：成为心智健康、不断进取的人。

《疗愈教育戏剧——以〈岩画精灵〉为例》在培养教师的专业能力方面进行了大量的生动实践。它以一种"育人先愈己"的理念，培养教育者在体验中从心理学教育方面掌握"察觉"的技能。它要求教育者拥有一颗博爱而敏感的心灵，以儿童需要为中心，多维度地看待新时代教育面临的复杂局面，戏剧化的思辨方式、导演的工作模式来统筹实施"课堂革命"。同时，每一位教育者在这一过程中，努力向"己欲立而立人，己欲达而达人"的境界进发，在成为"疗愈教育"的探索者和实践者的同时，也完成了自我的观照、自我的察觉、自我人格的升华。

《疗愈教育戏剧——以〈岩画精灵〉为例》的理论内核是积极心理学。积极心理学认为：只有人的积极力量得到培育和增长，人性的消极方面才能得到消除或抑制，这为改善人们心理学教育方面提供了新视

角，为提高心理学教育的方法、模式探索了新的方向。积极心理学包括一个中心（幸福感）、三个基本点（情绪体验、人格特征和组织系统）。其基本教育理念，就是坚持学业发展与人格健全并重的目标，积极看待和评价学生，正面引导和成就学生，让每一个学生成为最好最优的自己。积极教育主张"以实现每一个学生幸福成长、人人成才"为理想，以增强学生的积极生命体验为重点，助力学生积极心态的养成、积极品格的培育和积极人生的实现。而《疗愈教育戏剧》正是从保护儿童内心纯洁完美出发，疗愈个人成长经历中的创伤，以全然不同的教学模式，帮助学生释放情绪，释放焦虑，缓解压力；觉察固有的思维、行为模式和限制性信念，打破束缚；建立有力的自我，包括信心，界限，身份感，自我效能感；学会建立有效沟通，改善人际关系；平息内在冲突，与自我和解；发展自我，预演未来，成就自我。在这一过程中，造就学生树立高远志向，勇于担当使命，乐观向上、积极进取的人生态度。

总之，《疗愈教育戏剧——以〈岩画精灵〉为例》通过心理学的技术，在提高教师能力方面的积极探索和有益尝试，对教育提供一种更具体验性和情景性的创新发展，必将产生深远和重要的意义。这本书，就是这样的一个开端和起点。

许卓娅

# 前言

在这个纷繁复杂的世界里,每个人的内心都或多或少地隐藏着一些未被治愈的伤痕。这些伤痕或许源自童年的阴影,或许来自成长过程中的挫折与失落,它们如同无形的枷锁,束缚着我们的情感与心灵。然而,正是这些看似沉重的负担,成了我们探索自我、成长蜕变的契机。当我们勇敢地面对这些伤痕,用真诚与勇气去疗愈它们时,我们会发现,每一次的疗愈之旅都是一次心灵的洗礼,一次对生命意义的深刻领悟。

《疗愈教育戏剧——以〈岩画精灵〉为例》便是这样一本充满温暖与力量的书籍。它不仅仅是一本关于戏剧疗愈的专业著作,更是一本引导我们深入内心世界、探寻自我疗愈之路的心灵指南。通过生动的故事、细腻的描写和深刻的分析,本书带领我们走进疗愈教育戏剧的奇妙世界,感受其中的魅力与力量。

在本书的开篇,我们将一同回顾戏剧疗愈的历史与发展。戏剧作为一种古老的艺术形式,自古以来便承载着人类的情感与智慧。随着时代的变迁,戏剧逐渐从舞台走入生活,成了一种独特的疗愈工具。通过戏剧的表演与创作,人们能够更加直观地表达自己的情感与经历,从而找到内心的平静与力量。在戏剧疗愈的过程中,我们不仅能够感受到戏剧带来的欢乐与感动,更能从中汲取到生命的智慧与力量。戏剧疗愈的核心在于帮助人们面对内心的恐惧与不安,通过角色的扮演与情感的宣泄,达到心灵的净化与升华。在这个过程中,我们学会了如何倾听内心的声音,如何接纳自己的不完美,如何在困境中寻找希望与勇气。

在疗愈教育戏剧的世界里,每一个角色都是我们内心世界的映射。通过扮演不同的角色,我们能够更加深入地了解自己的内心世界,发现那些被遗忘或压抑的情感与记忆。这些情感与记忆或许曾经给我们带来了痛苦与困扰,但正是它们塑造了我们独特的人格与性格。通过疗愈教育戏剧,我们学会了如何与这些情感与记忆和平相处,如何将它们转化为前进的动力。除了角色的扮演与情感的宣泄外,戏剧疗愈还注重培养我们的创造力和想象力。在戏剧的世界里,一切皆有可能。我们可以通过想象与创造,构建出一个全新

的自我形象，体验不同的生活方式与情感状态。这种创造性的过程不仅能够帮助我们拓展思维边界，更能够激发我们内心深处的潜能与激情。

在疗愈教育戏剧的过程中，我们还会遇到各种各样的挑战与困难。这些挑战可能来自角色的设定、剧情的发展或是观众的反应等方面。然而，正是这些挑战激发了我们的斗志与勇气，促使我们不断突破自我、超越极限。通过面对并战胜这些挑战，我们不仅锻炼了自己的意志品质，更收获了宝贵的成长经验。值得一提的是，疗愈教育戏剧并非仅仅适用于专业人士或特定群体。事实上，它是一种普适性的疗愈方式，适合所有人群。无论你是学生、上班族还是退休老人，无论你身处何种环境或面临何种困境，都可以通过疗愈教育戏剧来寻求心灵的慰藉与支持。因为疗愈教育戏剧的核心在于关注个体的内心世界与情感需求，而非外在的表现形式或结果。

在本书中，我们将以岩画精灵为例，深入探讨疗愈教育戏剧的实际应用与效果。岩画精灵作为一种独特的文化符号，蕴含着丰富的历史与文化内涵。通过将其融入戏剧疗愈的过程中，我们不仅能够领略到中华文化的博大精深，更能感受到戏剧疗愈所带来的神奇魅力。在岩画精灵的引领下，我们将一同踏上一段奇幻的心灵之旅，探寻自我疗愈的奥秘与真谛。当然，疗愈教育戏剧并非万能的灵丹妙药。它只是一种辅助性的工具和方法，需要我们在实践中不断摸索与尝试。每个人的内心世界都是独一无二的，因此每个人的疗愈之路也会有所不同。我们需要根据自己的实际情况和需求，选择适合自己的疗愈方式和方法。同时，我们也要保持开放的心态和积极的态度，相信自己有能力战胜内心的恐惧与不安，实现心灵的自由与解放。

此外，疗愈教育戏剧还需要我们具备一定的勇气和决心。因为疗愈的过程往往伴随着痛苦与挣扎，需要我们勇敢地面对自己的内心世界和情感经历。但正是这些痛苦与挣扎，成了我们成长的催化剂和动力源泉。通过勇敢地面对并战胜它们，我们不仅能够实现心灵的解脱与重生，更能够收获宝贵的经验和智慧。在疗愈教育戏剧的世界里，我们既是演员也是观众。我们通过扮演不同的角色来体验生活的酸甜苦辣，同时也通过观察他人的表演来反思自己的内心世界。这种双重身份让我们更加深入地了解了自己与他人之间的关系和互动模式，从而更好地理解自己和他人。同时，我们也能够从他人的表演中汲取到灵感和力量，为自己的成长和进步注入新的活力。除了个人的成长与进步外，疗愈教育戏剧还具有重要的社会意义。它可以帮助我们更好地理解和接纳不同的文化和价值观念，促进人与人之间的交流与理解。通过戏剧这个媒介，我们可以跨越时空的限制，与世界各地的人们分享彼此的故事和情感经历。这种跨文化的交流与合作不仅丰富了我们的生活体验,也促进了人类文明的进步与发展。当然,疗愈教育戏剧的发展也面临着一些挑战和机遇。随着社会的快速发展和科技的不断进步,人们的审美观念和生活方式也在发生着变化。这就要求我们在继承和发扬传统戏剧文化的基础上,不断创新和发展戏剧疗愈的方式和方法。同时,我们也要积极借鉴其他艺术形式和心理学理论的研究成果,为疗愈教育戏剧注入新的活力和内涵。

总之,它不仅为我们提供了专业的戏剧疗愈知识和技巧,更引导我们深入内心世界探寻自我疗愈之路。通过阅读本书我们可以更加深入地了解戏剧疗愈的魅力与价值,感受其中的温暖与力量。同时,我们也要将所学的知识和技巧应用到实际生活中去,用戏剧疗愈的力量来滋养自己的心灵、提升自己的生命质量。在这个充满挑战与机遇的时代里,让我们携手共进、勇往直前。用戏剧疗愈的力量来照亮我们前行的道路,用真诚与勇气去面对生活中的每一个挑战。相信只要我们坚持不懈地努力下去,就一定能够实现心灵的自由与解放,绽放出属于自己的光彩与魅力。

最后,我要感谢所有为这本书付出辛勤劳动的人们。感谢我的老师们及学术挚友们,他们在学术领域与教育事业中始终怀揣着对真理的不懈追求,以矢志不渝的热忱深耕不辍。这份熠熠生辉的精神力量,赋予我毅然无畏的勇气,支撑着我在研究与创作的漫漫长路上披荆斩棘,一路探索,不断实践,最终得以完成此书。感谢编辑的精心策划和细致校对让这本书更加完美。同时,我也要感谢每一位读者朋友的支持和喜爱,是你们的关注和认可让这本书有了存在的意义和价值。在此,我衷心地祝愿每一位读者都能从这本书中获得启发和帮助,找到属于自己的心灵疗愈之路。愿我们每个人都能在戏剧疗愈的世界里找到属于自己的那份宁静与力量。让我们一起用疗愈教育戏剧的力量来滋养自己的心灵、提升自己的生命质量。让我们一起勇敢地面对生活中的每一个挑战和困境用真诚与勇气去创造属于自己的精彩人生!

叶 香

2023 年 10 月

# 目录 / Contents

引 言 ················································································· 1

## 第一章 疗愈戏剧的概述 ···················································· 4
第一节 疗愈教育戏剧《岩画精灵》共同体剧场 ················· 4
第二节 疗愈教育戏剧的缘起 ············································ 31
第三节 疗愈教育戏剧应用的心理学基础 ·························· 45

## 第二章 诗性 创造性游戏化设计与指导 ···························· 57
第一节 游戏活动概述 ······················································ 57
第二节 创造性戏剧的理论 ··············································· 73
第三节 学前儿童疗愈教育戏剧表演活动的基本内涵 ········ 81

## 第三章 舞动与自由舞蹈 ···················································· 90
第一节 自由舞蹈训练与拓展 ············································ 90
第二节 身体语言的本质 ··················································· 95
第三节 自由舞蹈训练与拓展 ············································ 102

## 第四章　声音　神韵灵性的设计与指导 ……………………………… 112

第一节　声音的色彩训练与拓展 …………………………………… 112

第二节　戏剧中的语言训练 ………………………………………… 116

第三节　形塑表达能力训练与拓展实践 …………………………… 119

## 第五章　绘画表达　回归日常生活 …………………………………… 124

第一节　教育戏剧绘画表达训练与概述 …………………………… 124

第二节　绘画疗法的应用 …………………………………………… 130

第三节　绘画疗法的相关案例 ……………………………………… 136

## 第六章　本土化疗愈教育戏剧主题活动的设计与实施 ……………… 141

第一节　戏剧主题活动概述 ………………………………………… 141

第二节　戏剧主题活动设计与实施 ………………………………… 150

第三节　戏剧主题活动设计与实施典型案例 ……………………… 154

## 第七章　疗愈教育戏剧展演及特殊儿童指导 ………………………… 165

第一节　疗愈教育戏剧展演的理论支撑与指导 …………………… 165

第二节　疗愈教育戏剧展演 ………………………………………… 172

第三节　疗愈教育戏剧与特殊儿童的情绪控制 …………………… 198

# 引 言

《国家中长期教育改革和发展规划纲要(2010—2020年)》把促进教育公平作为国家基本教育政策,中共十八大进一步提出"深化教育领域综合改革""大力促进教育公平""让每个孩子都能成为有用之才"。习近平总书记在全国教育大会上强调,要全面加强和改进学校美育,坚持以美育人、以文化人,提高学生审美和人文素养;努力构建德智体美劳全面培养的教育体系。"五育"并举教育体系的构建,是形成更高水平的人才培养体系的要求,是对教育所要培养人才的素质结构的一般表述和普遍性要求,也规定了人才培养的具体目标领域。

"党和人民事业发展需要一代代中国共产党人接续奋斗,用中华民族伟大复兴历史使命激励人,培养造就大批堪当时代重任的接班人",需要具有科学实践的高质量的教育,研究创新的教育范式,"**游戏化教学真实情境做中学**"项目式教学范式的推进,是落实《3—6岁儿童学习与发展指南》和《国家中长期教育改革和发展规划纲要(2010—2020年)》精神的过程,是教师成长的过程,是人才培养注重教育公平的体现,是全面加强和改进学校美育,坚持以美育人、以文化育人,提高学生审美和人文素养的要求;有助于丰富深化德智体美劳全面培养的教育内容。人的实践活动就是对于当下生活的不断超越,人在超越中驰骋于创造的无限空间,正是人的超越性和人的感性现实之间所存在着的张力,这种超越性一旦进入现实活动之中,便能释放出巨大的能量,推动人和社会的发展。人的生活也才具有了意义,它的意义就在于为可能生活的实现而超越,而创造。疗愈教育戏剧范式借助美育教学资源与人的超越性、无限可能的丰富性,在体验中反思感悟,提升师资对核心素养的指导能力;在理论研究方面,深化文化与美育理论研究,从岩画中对美育研究领域不断进行拓展。挖掘了中华文化厚重的非物质文化做外缘,保护了体验者的创造力、想象力,在想象和扮演中运用表达艺术治疗的思维,让体验者投入当下,激发原有的创造能力,在喜悦中学会操控自己的肢体及情绪。引发教育对象共同学习的热情;进行有目标及完整结构主题的学习及成果展示,体验者进行总结分享;最后进行舒松游戏,使体验者恢复平静,在冷静、理性的情绪下把用激情学习到的知识、态度、技能,内化成他们的智慧。

培养"系好人生第一颗扣子"的教师队伍,提高其思想高度,掌握有效可行的操作方法,疗愈个人成长经历中的创伤,去寻找全人教育的真谛,走进心智成长,成为更好的自己,才能创造儿童所需的最适宜的生态环境。文化继承和文化发展有着重要意义。德国古典哲学把"人的本质力量"理解为"精神的力量",而按照中国哲学的说法,这就是"初心",即毛泽东青年时代在读《伦理学原理》时笔记中的所谓"立此大心"。岩画被誉为"文字之前的文字",古代先民把生产生活的场景凿刻在贺兰山的岩石上,来表达对美好生活的向往与追求,再现了他们当时的审美观、社会习俗和生活情趣。这也是世界各地原始先

人们用来传承、保存自己历史、神话和精神经历的普遍方式。通过对岩画的各种分析研究，解读那些包含着人类智慧和精神需求的蛛丝马迹，从岩画中寻找应用疗愈教育戏剧的范式，帮助体验者从德育研究的视角探索《岩画精灵》共同体剧场来开展应用科学活动，基于对德育内容、德育模式、德育问题、德育方法等层面的理论与实践研究，开启多元化、全方位探索育德之路。挖掘3 000年前的岩画，将人类最早渴望的初心文化符号，应用到课程内容，具有更强大的影响力文化，是实现师德践行能力、保育和教育实践能力、综合育人能力、自主发展能力的载体，并体现了教师的教育理念、教师课程意识、教师的专业水平、专业能力提升。深度学习的感知感受中所获得的，迁移到职业工作具体的指导与发展中，在培养学习能力、创造性思维能力、语言表达能力、模仿能力中，对提高教师保育和教育实践能力、综合育人百人百剧提供了榜样示范，扩大了师资培养、五育融合的应用认知体系，为艺术育人的教育智慧的操作范式提供了参考；指导疏解人际关系、情绪控制等方面的特色，支持培养了自主能动性的发展，为教育教学指导提供了更多元的容许与理解，清晰严谨的支持与引导给予了理论与实践的帮助，提供的疗愈技术应用到职业教育中，填补关注情绪情感的操作技能，让专业学习技术一以贯之。将中华优秀传统文化与思想政治教育相结合，大力弘扬中华优秀传统文化，加强高校思想政治工作，是时代与社会的要求，更是理论工作者需要探索研究的重要内容。通过创造性转化、创新性发展人类文明非物质文化遗产，对岩画进行再认识、解读，将中华优秀传统文化与社会主义先进文化有效结合。在自由驰骋探索未来的多种可能性中，润物细无声地促进参与者的身心灵成长。

其次，教育改革发展要从师范教育人才培养做起，正如我国教育家陶行知所说，"师范教育乃教育之本"。2019年7月，中共中央、国务院印发《关于深化教育教学改革全面提高义务教育质量的意见》，要求强化课堂的主阵地作用，注重启发式、互动式、探究式教学，引导学生主动思考、积极提问、自主探究。本书发挥行动研究和参与式行动研究的长处，促进人与人和谐相处，在艺术的参与体验中产生丰富的联想及创造力，促进受教育者的自我完善，推动学校"三全育人"，有助于教育公平和社会公正。这是教学变革课堂转型的核心，疗愈教育戏剧课堂对话的形式是进行互动式教学的主要载体和实现方式，是培养教师高阶思维、激发创新意识、提升问题解决能力的重要手段。

教育回归生活就是要回归生活的真实性和完整性，要让人们感受到教育是有血有肉、真实存在的，而不是虚无缥缈浮在空中，教育需要落实到生活这块土地上，才能生根发芽，开出灿烂的花，才能真正让人惊艳。生活是教育之根。从这个根源出发，我们可以探寻到教育回归生活的途径，那就是从知识教育回归文化教育，再从文化教育回归生活教育。教育不仅要回归并深深地扎根于现实生活，从而重新找回生活之根和本，而且还要回归并融于生活的理想，从而引领现实的生活。理想的教育即理想的生活。人类在解决了基本的生存问题之后，将生活的基本问题提上了日程，人身上的一切思想感悟，无不源于生活世界的洗礼，所以教育回归生活世界就要重视人对生活的基本体验，从人的基点出发，探寻教育对生活的回归。

岩画精灵共舞剧场，激发体验者发现，创造最温暖的岩画故事，成为中国文化故事最生动的传播者。岩画呈现的是人类的童年期，因此儿童对岩画的解读最为接近原意。

习近平总书记在全国教育工作大会上提出了"培养德智体美劳全面发展的社会主义建设者和接班人",将"美育"置于重要的地位。疗愈教育戏剧《岩画精灵》借助儿童的眼睛,根据符合深度学习理论开发"五育"融合,游戏打开身心的召唤,用叙事性岩画故事破译远古的文化,与考古界的认识比较接近。"想要精准地还原这些岩画信息是不可能的。唯一能做的就是建立假设,尽量寻找相对可信的答案。"面对当下社会环境、价值观念以及社会信仰变化的挑战,用孩子们的眼睛去看神秘的岩画、解读岩画,创新中国话语。在实践中寻找具有自然性、真实性、时代性和稳定性的一种新的话语理论阐释。构建新的教学实践理论体系,从理论"先行"转向在场"扎根",研究过程需侧重"在场师生"的表现;研究方法采用现场观察和口述;研究手段依赖先进的技术手段设备。在知识与育人统一的意义上重建教学认识论的价值框架,探索在"化知识为智慧"和"化知识为德行"意义上,实现知识与育人相统一的使命。应用《岩画精灵》共舞剧场,激发体验者发现、创造最温暖的岩画故事,成为中国文化故事最生动的传播者。

习近平总书记强调,培养什么人,是教育的首要问题。扎根中国大地办大学,就要把立德树人的成效作为检验高校一切工作的根本标准,切实解决好新时代中国特色社会主义建设者和接班人的培养问题。全书通过与《岩画精灵》中人物的交流与思考,洗涤心灵、启发灵感,培养教师对品德修养层次的感知认识,深入地了解品德教育的内涵,引导学生培育和践行社会主义核心价值观,踏踏实实修好品德,成为有大爱大德大情怀的人。项目式教学范式建设线上线下"互联网+教育"的助推教育变革,推进信息技术与教育的深度融合。应用疗愈教育戏剧的教学方法,激励学生参与式学习,从真实的学习体验出发,共同建构知识。教育重心从理论向实践的转移,意味着教师教育的学术话语从教师"专业发展"到教师"专业学习"的概念重建。实现"思维转向",改变"重知识记忆、轻理解应用"的知识学习观,重视概念思维与反省思维。教师专业知识学习"思维转向"的实现,需要在"学思结合"中形成教师的专业理性,在"学以致用"中生成教师的专业智慧,并将二者归于"问题解决"的项目式学习路径。疗愈教育戏剧创造的在游戏中自由驰骋,在反思中觉悟、升华,培养德育情怀的教育范式,是遵循学习者的身心发展规律、体验有趣的教学活动、共情儿童的需要,有助于实现在培养全人和谐发展的"做中学"中激发学生的自主学习能力,增长知识见解,珍惜学习时光,心无旁骛求知问学,增长见识,丰富学识,沿着求真理、悟道理、明事理的方向前进。原创儿童音乐剧《岩画精灵》的开放性与探索性,是引导积极进取的奋斗精神的体现,树立高远志向,敢于担当历练,弘扬社会主义建设者所具备的善良、勇敢、坚持、耐心,以及勇于奋斗的精神状态、乐观向上的人生态度,做到刚健有为、自强不息,融会贯通了儿童观、教育观、人文精神、艺术能力等综合学习素质,培养了创新思维的发展。教育戏剧利用戏剧情景创设还原社会生活的情景,通过对美好生活的坚定追求,加强了思想政治工作,这不仅是全面提高人才培养能力的关键所在,更是融合教育教学的理论与技能课程、实现课程高质量发展的根本要求。以课堂教学为切入点,在课堂这个育人的主渠道实现思想政治教育与知识教育的有机统一,发挥思想政治工作在人才培养体系中的政治方向、价值取向、育人导向作用,这对落实"立德树人"至关重要。

# 第一章 疗愈戏剧的概述

宇宙只有一个地球,各国同处一个世界。人类命运共同体,就是每个民族、每个国家的前途命运都紧紧联系在一起,应该风雨同舟,荣辱与共,努力把我们生于斯、长于斯的这个星球建成一个和睦的大家庭,把世界各国人民对美好生活的向往变成现实。

## 第一节 疗愈教育戏剧《岩画精灵》共同体剧场

### 一、课程思政戏剧推动构建人类命运共同体

《岩画精灵》的主人公走进大山,去认识每一类不同的族群。这种交流互助的角色让孩子们体验到具身的社交,让孩子们认识各族群的不同需求,意识到每一种族群都有自己的立场和文化。游戏化地去除角色,放松状态参与玩;放下思想与评判,保持头脑开放空灵;愿意尝试好玩、奇妙、有趣;全情投入专注感悟;体验领悟反思整合创新,找到共同的价值团队共同我认同;清晰目标,让自己明确;互动协作实践行动;角色任务明确,对自己所承担的任务接纳且重视;自我协助管理时可自己做主;沟通的能力有效,能够独立自主表达自己的意愿;营造成长型的环境支持,不断努力学习。

(1) 突破自我的限制性信念,游戏中借助手势等姿势增强自己的参与感,形成活在当下的心态,具身了解自己的偏好与局限性。

(2) 提升沟通的能力。促进你与自己、与他人、与环境的连接和互动,具身了解自己的联结模式并解锁束缚,发展身体空间意识,探索有益的交流通道,积极创造有效率的健康工作环境,了解个性化与职业的区别,并创造沟通桥梁。

(3) 提升面对冲突的能力。学习如何容纳、如何协商、如何尊敬和欣赏共同点与差异。

(4) 提升建立边界的能力。探索个人生活与职业生活的空间界限。

(5) 提升在公众中的试讲力。学习如何接收与传递信息、如何提升影响力。

(6) 建立你理想的团队。

处于这样一个变革的大时代,像是沙盒游戏,未来的一切都不确定,人的主体性的创造力、想象力、自我意识都需要一种新的学习方式和教学方式来激发与启蒙。更多的不同像是元宇宙这个新的思维的影响下,万物互联,通过参与者体验不同形式的创造性艺术,从不同的角度认识自己、他人,以及身处的自然和人文环境,面对自己的未来,具有更高维度的认识,形成更全面的自我认同。

《国家中长期教育改革和发展规划纲要(2010—2020年)》把促进教育公平作为国家

基本教育政策,中共十八大进一步提出"深化教育领域综合改革""大力促进教育公平""让每个孩子都能成为有用之才"①。习近平总书记在全国教育大会上强调,要全面加强和改进学校美育,坚持以美育人、以文化人,提高学生审美和人文素养;努力构建德智体美劳全面培养的教育体系。"五育"并举教育体系的构建,是形成更高水平的人才培养体系的要求,是对教育所要培养人才的素质结构的一般表述和普遍性要求,也规定了人才培养的具体目标领域。

　　一场席卷全球的灾难,凸显了心理健康的重要性。《中华人民共和国家庭教育促进法》颁布,社会需要科学有效的工具来解决心灵困扰,让正能量的集体意识带动不良情绪的转化,这是祖国建设刻不容缓、教育提升不容等待的大事。疗愈教育戏剧《岩画精灵》共同体剧场是表达性艺术疗愈的范畴,也是将中华优秀传统文化与思想政治教育相结合的体现,在安全、平等、不评判的交流平台中,借助与岩画精灵共舞,发现自己的使命,创造性转化、促进艺术人文能力,破解人与自然、人与社会、人与自我的紧张关系,发展人们的进取心、想象力,培养创造性人才,创造不同的贴近人们心灵的语言故事,生动地传播中国文化故事,促进公众认识水平的提高。

　　迪帕克博士曾说:"当我们能够把覆盖在心灵之上的遮盖物一一去除掉,允许幸福的光芒闪耀,那就是疗愈在发生。从量子物理学来讲,疗愈是透过'共振'来转化人的电磁场中低频的能量状态。这表示我们是可以经由一些方法来调高我们自己的能量,把粗糙笨重、密度大的能量,转化升华为精细轻快、密度小、振频高的能量。"笔者自小学习舞蹈,从事学前教育研究的工作,常用自发性叙事抚慰心灵,创作的许多作品受到社会喜爱,2013年,笔者参与编剧、导演了宁夏首部原创儿童音乐剧——《岩画精灵》。全剧参演演员300多人,观众1 000多人,曾受法国阿维尼翁政府邀请到阿维尼翁戏剧节出席展演。该剧以现实生活男孩成长中的烦恼为原型,讲述男孩"优优"做的一个梦,他在好奇心的驱使下来到贺兰山,在与岩画精灵们离奇的相遇、相处中,从被动帮助他人,到逐渐敢于面对问题。让参与者与观演者同频共振,体验了成长历程,勇敢突破曾经的自己,从小我走向大我。在家园共育中,一位家长就表达了"平时不觉得孩子有什么压力,烦恼,但事实不像我们想象的那么简单"。疗愈的种子不谋而合地与不曾接触的"教育戏剧""戏剧治疗"理论相碰撞,历经十年不断地学习实践迭代研究,根据不同的家庭问题情况开展了系列的工作坊、开展了高校疗愈教育戏剧选修课以培养师资,逐渐开启了以"贺兰山岩画"为本土特色的疗愈教育戏剧的新篇章。

---

　　① 丁雪阳,程天君.21世纪以来我国教育公平研究的热点与未来趋势——基于共词矩阵的知识图谱分析[J].中国远程教育,2019(1):9-17,46,92.

## 二、充分利用疗愈教育戏剧《岩画精灵》共同体剧场,做新时代忠诚的爱国者

### (一) 坚持爱国爱党爱社会主义相统一

每个观察者的认知是不同的,这个不同就造成了我们每个人所认为的"事实"实际上是不一样的,这是每个人的"认知框架"的棱镜进行了框定和过滤,从而同一个事物在不同人的眼里形象、价值和意义也就有了差别①。这样的差别会给人们带来创伤,所以我们需要寻找有效的应对疗愈创伤的方法。疗愈教育戏剧《岩画精灵》以发人深思的哲学思考为载体,使观看者诗意地体验与岩画精灵共舞,实现生长范式下的疗愈戏剧教育。"生长戏剧范式的建构,遵循了学前儿童戏剧经验生长的规律,在真实情境与虚构情境之间的不断转换中,促发'角色—情节—对话'螺旋上升式的生长形态,在生长环境剧场中丰富和完善自己的戏剧作品。"②

幼儿园的"课程就是把本来生活中自然的经验转化为人为的经验,使这些经验相互关联、相互支撑"。③ 疗愈教育戏剧帮助教学对象置身于探索的现象中进行感受体验,鼓励体验角色、感受情感、思考问题,改变传统的灌输式教育方式,释放压抑在内心深处的各种积郁,在浸润中思考辨析以得到自己对问题的结论,在感同身受中激发同情心、爱心、同理心,便于把学习经验迁移到教育行为中。润物细无声地普及心理健康的预防意识,帮助人们科学积极地度过社会飞速前行带来的心灵困扰,带动转化不良情绪,理解更深的行为语义,拓展沟通理解力,拥有真正更深的理解度,是让我们借此与世界贯通,发现自己、了解真实的自己,探索如何转化,成为更好的自己;这是促进左右脑全人开发的育人途径;也是培养激发教育智慧的实操课程,在游戏化体验的过程中,发现并培养儿童的能力,进而成为了解儿童的支持者、引导者、陪伴者;是破解人与自然、人与社会、人与自我紧张关系的疗愈空间,在安全、平等、不评判的交流平台中,与岩画精灵共舞,为每个参与者赋能,发现个人的使命。是发展人们的进取心、想象力和培养创造性人才的途径,创造贴近人们心灵的语言故事,使其成为中国文化故事生动的传播者。

### (二) 维护祖国统一、民族团结

在宇宙和万物发源中,源泉的性质完全依赖于每个人所相信的。用岩画艺术启发表达的深入,探索呈现出古老的智慧,在认知与情绪发展关系中内在涌现。如果我们身体内有流涌现,却与源泉失去联结,这就是不健康的信号;相反,让我们自己与这样的源泉更好地联结在一起是自然的、健康的表现。"凝聚人心","人心"是第一位,是"力量"源泉也是其发挥正能量和"向心力"作用的根本保证。"人心"的工作依赖于正确的指导思想。新时

---

① 陈心想."心"即"认知":认知框架、社会事实与赋值力[J].南京师范大学学报(社会科学版),2020(2):88-95.
② 张金梅.生长戏剧:学前儿童戏剧经验的有机建构[J].学前教育研究,2019(10):71-84.
③ 虞永平.幼儿园课程建设与教师专业成长[J].中国教师,2020(1):81-85.

代统一战线的政治使命就是要以习近平新时代中国特色社会主义思想作为根本指导思想,把准正确的政治方向,夯实共同的政治基础,凝聚最大的政治共识,巩固广泛的联盟。教育的方式需要用这种有温度的、互相尊重的、可以尝试各种可能性的和安全的空间自在地表达自己,教师慈爱的解读,让正能量的集体意识、核心素养在同频共振中得到提高。

多元智能理论所示,每个人的潜能是不一样的,不是每个民族、每个人都善于使用同一种能力,给予每个人更多的契合自己的途径非常重要,艺术给了我们更多的可能性,借助游戏化、肢体表达、镜像、绘画、泥塑,能够得以在安全的空间,充分地表达、释放情绪,对陶冶情操、净化心灵大有裨益;启迪智慧、诱发灵感起着不可忽视的作用,艺术多元性保健功能、娱乐功能的包容性对终身的幸福、快乐更是十分重要,是人类不可缺少的,拉班研究对肢体背后的解读提供了理论指导,如顺应中的重量、轻柔束缚、自由中的快速与延绵,空间中的间接、直接,有力还是对抗都有不同语义;绘画治疗中对色彩、线条带有不同表达的深入研究的结论,已成为当今心理咨询治疗系统的主力军;戏剧治疗的理论基础是精神分析、行为主义和人本主义的整合架构,与整合心理咨询、身体导向心理学等同属一个学科,借助行动探寻、反思、整合及转化,将艺术和疗愈融合。疗愈教育戏剧《岩画精灵》共同体剧场集合了"戏剧性游戏、角色扮演、心理剧和戏剧性仪式",帮助平凡人演出真实的生命,完成生命转化。在教师的帮助下探索自己的生命议题,"编导"自己的故事最后结合剧场的神圣空间,在观众的见证下呈现主题真实的生命故事。"在观众的注视中感受被关怀、接纳和见证的力量。"还原了场景,在场景下,具体的事情,没有评判,但不同人的视角、不同人的表现,带来了不同的思考,疗愈在当下静悄悄地发生了,促使个体与自己和解。

杜威说:"心是在世界的实现过程中被创造的。"大脑就像世界一样,心是动态的生成,而非静态的存在。使这一创造过程富有成果并充满乐趣,心和世界得以改变不只是根据人的态度,而是在于真实的成长和生产及其所达到的高效和幸福。圆满自身的经验是一种社会才智的共享表达。这种社会才智对应着那些来自沟通社会内部的各种独特的境遇——理想社群的氛围。在这种氛围中,没有强迫或把某种个人意志强加于他人的东西,相反,一切人都应当在一种由道所创造的互相尊重、和谐的氛围中自愿合作。① 在疗愈教育戏剧《岩画精灵》共同体剧场\*的体验中,感受维护祖国统一民族团结的必要性。

---

① 赫伯特·芬格莱特.孔子:即凡而圣[M].彭国祥,张华,译.南京:江苏人民出版社,2002:123.

\* 疗愈教育戏剧《岩画精灵》的共同体剧场模式,具有集体参与与互动性,借情景体验达到教育疗愈的目的。它设置与岩画相关的活动,引导参与者入虚构故事世界,使其角色发生转变,从观众变为戏剧新生力量。参与者用角色扮演、集体讨论、即兴创作等环节推动情节发展。

在此过程中,知识和情感在传递和交流中,使心灵得到滋养,个体形成紧密的共同体,彼此影响和启发,彰显戏剧的影响力。参与者借此深入了解岩画的文化内涵,感受其对精神触动,实现自身的精神塑造,在共创与体验里完成自我教育进阶与群体认知的提升。

### (三) 尊重中华传统文化

疗愈教育戏剧《岩画精灵》共同体工作坊实践形式，尊重中华传统文化。岩画是人类最古老也是最有力量的文化遗产，更是文化旅游建设的重要资源。符号的运用及其象征的视角审视，能够让精神紧张、心灵困顿的现代人，重新体验幻想飞扬的奇妙乐趣。刻画在岩石上的每个符号，都传递着一种信息，表达交流的意愿，是远古对美好向往深深的呐喊。开发应用岩画符号逐渐成为世界的潮流，这项研究旨在了解和解释这一古老的符号语言所表达的精神层面的意义，岩画中的脚印或手印等形状或图画的轮廓可能具有神奇的意义，我们把这种意义的联想看作是人类认知能力的发展，挖掘符号深层次的文化资源矿藏，追寻思想政治理论课一体化内容建设研究。疗愈教育戏剧解决问题、判断、规划和创造，言语的表达刺激前额叶的发展，集体问题导向性的教学活动关注动作、情绪、认知，对体验者的视野、认识规律和空间秩序有了具体的提升，让我们不再害怕任何事的变动，反而更关注人的身体感知，不仅能在坚实的地面上进行，也帮助我们习惯于置身汹涌大海里起伏的一叶扁舟之中。我们的身体里都有一种流从一处到另一处。假如生活不是这样剧烈变动着，没有这种内在的张力，就不会有推动这种流不断发展的力量。剧烈的变动带给我们气场的发展以及转化，不断促进大脑顶叶、颞叶的发展。存在是不稳定的核心前提，在团体情境下进行的开放式、体验式的戏剧教育课堂是挖掘传统文化的表现。疗愈教育戏剧通过多感官刺激促进大脑认知发展，激发神经连接，融合了多种艺术表达形式，参与者通过多种感官通道同时接收信息。参与者常常面临各种情境和问题，需要做出决策，获得问题解决与决策能力，推动认知升级；戏剧通常包含着一定的故事结构，有开头、发展、高潮和结尾，通过故事构建与理解提升逻辑思维能力；为参与者营造了一个安全且富有表现力的空间，让他们能够尽情地表达各种情感，促进情商发展，培养情感表达与识别能力；在戏剧情境中，参与者可能会遇到各种模拟的困难和挑战，从而产生相应的情绪反应，获得情绪调节与应对能力的提升，是人际关系与团队合作中的情商锻炼。疗愈教育戏剧往往需要参与者之间密切合作，共同完成表演或创作任务。在这个过程中，他们需要与他人沟通、协调、互相支持和配合。文化创新与当代表达中结合现代的艺术表现形式和教育理念，对传统文化进行创新和当代转化；跨文化交流与文化价值彰显，当不同国家和地区的教育戏剧项目相互交流、展示时，各自所蕴含的文化特色得以彰显。教育戏剧与大脑作用于认知与情商发展，更突显文化自信。如图1-1所示。

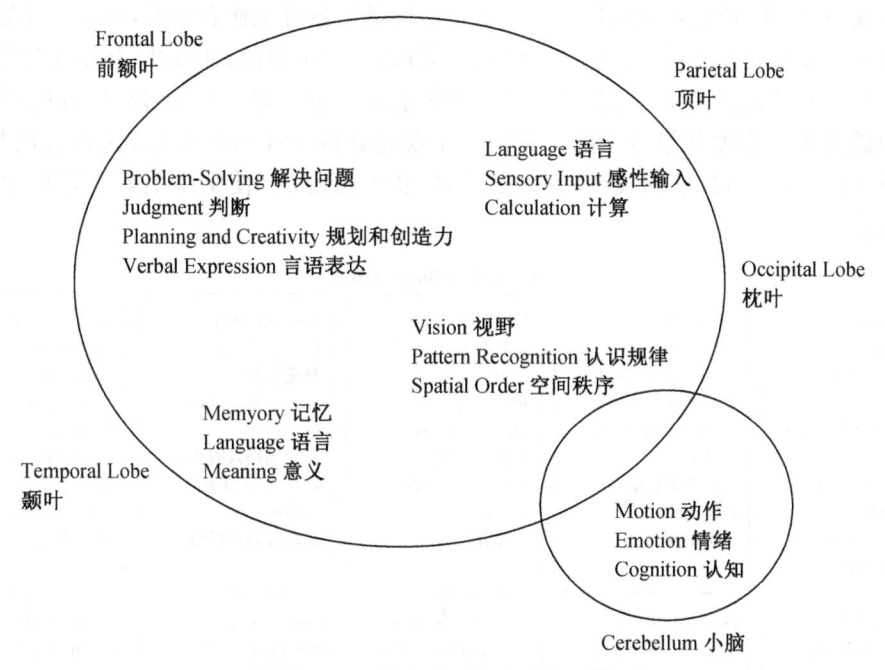

```
Frontal Lobe
前额叶                                  Parietal Lobe
                                        顶叶

        Language 语言
        Sensory Input 感性输入
Problem-Solving 解决问题  Calculation 计算
Judgment 判断
Planning and Creativity 规划和创造力
Verbal Expression 言语表达                Occipital Lobe
                                         枕叶
                Vision 视野
                Pattern Recognition 认识规律
                Spatial Order 空间秩序

        Memyory 记忆
        Language 语言
Temporal Lobe  Meaning 意义
颞叶
                        Motion 动作
                        Emotion 情绪
                        Cognition 认知

                        Cerebellum 小脑
```

**图 1-1 教育戏剧与大脑关系**①

### （四）坚持立足中国又面向世界

生活世界正是借助想象力所形成的真实与虚构的对话，才具有了丰富性，同时也有了可能性。真实与虚构似乎更像是尝试的立足与面向，在立足中国与面向世界的立场下，在戏剧的场景下可以充分尝试、验证、探索与你最契合的行为方式，这样的比拟恰恰给了我们更多的成长机会。在亚里士多德看来，诗艺存在于人的天性之中。在追求艺术境界的教育活动中，人们的立足中国、面向世界，常常与个体的自我表现、象征隐喻、意义建构、个体创造性与想象力的训练相交融。这恰如人诗性的教育将教学视为创造性的过程。苏格拉底有一句名言：我唯一知道的，就是我什么都不知道。未来不可知，未来也无从预测。未来学校，我所能感触到的，也就是大象的一条尾巴。或许，连尾巴都是虚幻的。生活是不可预知的，它就像是在海里航行的小船，如果你想让它停稳不动，也许就会产生各种畏难情绪，可是你锻炼好强健的四肢、结实的体魄，随时应对忽然而来的风暴，也许人生就会是另一番景象。你看看帆船运动员是多么盼望来一个巨浪让自己更加华丽地展现身姿。这就是奇妙的转化，也是让我们的身体立足于本、立足于祖国，培养更积极主动的思维去面向广阔的生活、面向世界。

自我意识、自我控制、自我激励的不断发展决定各方面全面发展，而德育则是用人类历史上先进、科学的世界观和方法论去教育和启发青少年学生，帮助青少年学生树立正确

---

① 焦阳. 核心素养视阈下教育戏剧原理及理论机制研究[J]. 教育参考，2017(4)：5-14.

的政治观、人生观、道德观和现代观念。对于心理健康教育工作者来说,创设良好的、适宜儿童青少年成长的生态系统,重点在于增强学校教育的生态性、开放性、互动性和支持性。关注学生的真实的意图,发展健全人格,使学生未来能积极适应社会、积极应对问题,具有积极的生活态度和学习态度。其核心主要是帮助学生认识自己,认识自己与社会的关系,认识自己与自然的关系、发展潜能,维护心理健康,使学生更好地适应学校、家庭和社会。

Emotioal Intelligences 情商

| Self Awareness 自我意识 | Self Control 自我控制 | Self Motivation 自我激励 | Empathy 移情 | Relationship Skills 关系技巧 |
|---|---|---|---|---|
| Cause & Effect of Emotion 情绪的产生原因和影响 | Manage Emotion 管理情绪 | Goal Setting 设定目标 | Change Perspectives 转变视角 | Face & Body Languages 肢体语言 |
| Identify Emotion 识别情绪 | Choose Appropriate Actions 选择合理行动 | Monitor Adjust 监控和调整 | Awareness of Feelings of Others 意识到别人的感受 | Cooperative Learning 合作性学习 |
| Emotion Vocabulary 描述情绪的原因 | Practice Relaxation 练习舒缓 | Perseverance 坚持 Visualization 形象化 | Reflect on Effect of Action 反思行为的影响 | Communication Skills 沟通技巧 |
| Analyze Characters 分析角色 | Role Play 角色扮演 Perspective Taking 采取视角 | Select-Conceive-Plan a Drama 选择—构思—规划一场戏 | Role Reversals for Multiple Perspective/View 颠倒角色获得多重视角或观点 | Use Body & Face to Expres Emotion States 用肢体表达情绪 |
| Use 5 Senses 利用五感 | Conflict Resolution 冲突解决 | Discuss, Reflect and Adjust Own Work 讨论、反思和调整自己的作品 | Role-playing of Characters in Drama 角色扮演 | Plan and Play Character in Relationships to Other 考虑他人来规划和扮演角色 |
| Reflection and Enact Emotions Detected 反思捕捉到的情绪并演情绪 | Virtual Experience of Emotion 感受情绪 | Commit to Drama and Role 全心全意演好戏和角色 | Discussion & Reflection Real Life Connection 讨论和反思戏与真实人生的关系 | Express Key Emotions of Scenes 表达场景的关键情绪 |
| Role Play 角色扮演 | Pre-drama Relaxation of Sensory Techniques 戏前舒缓和感性技巧 Self-Reflection Journal 自我反思日记 | | | Listening Skills/Cooperation/Respect 倾听技能/合作/尊重 |
| | | | | Problem-solving Issues/Conflict within Drama 解决问题和冲突 |

图 1-2 教育戏剧作用于认知与情商发展关系图①

---

① 焦阳.核心素养视阈下教育戏剧原理及理论机制研究[J].教育参考,2017(4):5-14.

Multiple Intelligences 多元智能

| Veral/Linguistic 言语/语言 Reading 阅读 Writing 写作 Speaking 说话 | Logical/Methematical 逻辑/数学 Sequencing 排序 Analyzing 分析 Symbol 符号 | Veral/Spatial 视觉/空间 Imagining 成像 Designing 设计 Proxemics 空间关系 | Musical/Rhythmic 音乐/节奏 Singing 唱歌 Rhyming 押韵 Listening 聆听 |
|---|---|---|---|

Drama Techniques 戏剧技巧

| Monologues 独白 Dialogues 对话 Stories 讲故事 Narratives 旁白 Verbal and Written Critiques and Reflection 口头和书面的批评与反思 | Scene Planning with Linear Development 线性场景规则 Resolution and Conflict 冲突和解决 Scene Analysis 场景分析 Problem Sloving With in Scene 场景内解决问题 | Create Spatial Relationships 创造空间关系 Scene Design and Staging 场景和演出设计 Visualize and Block Space 可视化空间 | Rhyming 押韵 Songs 歌曲 Vocalizations 发声 Rhythm & Movement 节奏和动作 Mood & Movement 情绪和动作 Sound 声音 |
|---|---|---|---|

图1-3 多元智能与戏剧技巧

## 三、作为一名幼儿园教师该如何去做

疗愈教育戏剧《岩画精灵》共同体剧场，尊重中华优秀传统文化，融于思想政治教育中不断迭代，既研究共性的道德观和价值观，更丰富了社会主义核心价值观的理念，将传统文化与时代精神相结合，客体关系与具体的、个性的问题融合在一起，将其变成活生生的价值实体或者道德实体，凸显了共同体工作坊在现象背后所带给社会的不同凡响的意义。

（一）疗愈教育戏剧《岩画精灵》共同体剧场唤醒教育者自我完善、自我革新的理想信念教育

学前教育是一个特殊的教育领域，学前教育的特殊是由学前教育对象的特殊性引发的。发展认知神经科学家指出，大脑发育并不是一个完全由遗传基因控制的预定性的过程，而是一个动态的不断受外界输入信息影响的过程。神经科学研究表明，丰富的环境刺激和经验可以促进神经元突触的形成，有利于大脑功能的发育。学前儿童是通过行动来学习的，动用各种感官来获得有益经验。因此，端坐静听不是适合幼儿园的教学方式。可以说，幼儿园的房舍、场院以及教师的合格率、活动材料的多样性和丰富性，还有课程的生活化、游戏化以及幼儿学习的体验性、操作性、参与性和主动性，决定了学前教育的质量和水平。想为孩子创设科学合理的刺激方式，合格的学前教育教师的培养尤为重要。

通过对学前教育专业人才培养目标的多维度分析，学前教育专业应培养具有良好的道德素质、人文素养，具备"幼儿为本、师德为先、能力为重、终身学习"等先进的教育理念的专业应用型人才，他们能系统掌握学前教育的基础理论和基本技能，具有较强的实践能力和工作岗位适应能力，能在各类学前教育机构、康复机构、各类儿童服务行业和社区从事儿童教育、管理、科研、营养保健等工作，并能适应现代学前教育改革发展需要。

从教育哲学的层面来讲，教育最根本的方法是教育者自身的完善，学前教育学习者们

初中毕业或是高中毕业开始学习学前教育相关知识,此时正是他们的青少年阶段。青少年正处于一个"疾风怒涛"(sturm and drang)的阶段,著名的心理学家斯坦利·霍尔认为,青年充满内部和外部冲突的时期,而他们正是在经历了各种的冲突与更替之后,才最终复演成为人类文明中充满"个性感"的一员。舞动、镜像、一人一故事,这样的咨询技术更易具身唤醒心智成长的体验者自悟,帮助参与者整合矛盾的个体,在安全的空间进行戏剧游戏,借助真实的想象、不同视角的思辨,润物细无声地成为更好的自己,成为研究儿童、发现儿童、支持儿童的学前教育者。

(二)疗愈教育戏剧《岩画精灵》共同体剧场,为学前教育人才树立正确三观

学前教育是国家人才培养的最基础的起始阶段,儿童期的养成教育依赖儿童自身经验,在经验中不断认识社会、认识自己、认识自然的萌发时期。所以,启蒙教师的儿童观、教育观、认识社会、认识他人、认识自己的思维模式,潜移默化、朝夕相处中对儿童发挥着非常重要的作用。社会对幼儿园师资的专业度的渴望,学前儿童的生理、心理、思维的特点在不断发展,要求我们完善培养学前教育师资的核心素养的方式,使其更具开放性、更易接受,提高应用能力,关注儿童的品格养成,促进儿童的身心健康、为儿童培养合格的学前教育支持者、合作者、引导者,刻不容缓。

高质量的教育有赖于科学的实践,落实《3—6岁儿童学习与发展指南》和《幼儿园教育指导纲要(试行)》精神的过程"体验式、游戏化、做中学"项目式教学范式,推进的过程就是教师成长的过程。创设幼儿园需要的课程的过程,就是融会贯通体现教师的新教育理念、教师课程意识、教师的专业水平、专业能力提升的过程。课程体验游戏化最核心的成果是符合教育公平,提供有质量的、适合每个人发展的教育,还能让学前教育师资培养所学内容,更贴近幼儿所能接受的教学范式,符合国考理念所需,更加贴近学前教育同学在学前教育领域能力的培养,适合社会、学前教育师资对职业能力的需要。

创设让老师和体验者在游戏中自由驰骋的教育范式,遵循儿童身心发展规律,有趣的游戏给予儿童经验实现全面和谐发展的活动课程。对学生的成长而言就是促进"精神种子"的成长,知识其实是一粒有待发育的"精神种子"。正如古希腊哲学家苏格拉底所说,"知识即美德",知识是一粒思想的种子、智慧的种子、美德的种子。知识是关于"科学世界"的,但更是关于"生活世界"的。个人知识其实是个体认识世界的方式。对公共知识的占有是通过知识获得生长社会性品质的过程,而个人知识的形成过程则是人的个性化成长的必经过程。学生学习知识的过程根本上说是知识作为"精神种子"发育成为个体的思想、智慧和美德的过程。知识学习的过程不仅仅是通过前人的认识成果来认识世界,更是反求诸己,检视并回应自我,倾听自我内心的声音,关照自我内心世界,建立处世哲学、思维方式和方法论的过程。以知识为话题和中介的师生进行的对话与交往、理解和探究、体验和反思,其实是知识作为"精神种子"在学生身上展开精神发育过程的土壤。"学习者中心"的课程和教学的根本价值就在于从对知识的关注转到对知识的精神发育的关注。有人说,一个人的阅读史就是一个人的精神发育史,其实过于以偏概全了。严谨地讲,个体的学习史才是个体的精神发育史。挖掘知识所凝结的思想要素、智慧成分和德性涵养,通

过转化促进知识的精神发育，为当下课程教学改革的根本基础。

（三）疗愈教育戏剧《岩画精灵》共同体剧场具有教育功能，积极践行社会主义核心价值观

疗愈教育戏剧《岩画精灵》通过音乐剧的形式，呼唤人们提升对思想道德的认识。倡导富强、民主、文明、和谐，倡导自由、平等、公正、法治，倡导爱国、敬业、诚信、友善，积极培育社会主义核心价值观。孩子们多么向往一个美丽生态的中国，让孩子们用可爱的表演示范来影响，爸爸、妈妈、爷爷、奶奶、姥爷、姥姥，全社会唱响"美丽中国"的奋斗目标。实现"每日一善"，从生活中的点点滴滴中做起，使孩子们快乐并积极地在风雨中磨炼成长。首演成功的50分钟剧目，儿童"沉浸"在音乐剧中，在教师的引导下，对知识进行"层进式学习"和"沉浸式学习"。"层进"是指对知识内在结构的逐层深化的学习，"沉浸"是指对学习过程的深刻参与和学习投入。因此，幼师生从体验的深度学习走向为幼儿创建深度教学的转换，更具有发展性的意义和价值。

学习是学习者自己建构知识的过程，这种建构无法由他人来代替。因此，知识体系建构过程一定不是在课堂上完成，而必须通过学生的自主学习完成。在戏剧扮演中尝试各种解决办法，促使参与者在"演戏"中思考人与人、人与社会、人与自然的各种关系和问题，从而丰富各种经验。疗愈教育戏剧的哲学思想来自卢梭的儿童中心理论和杜威的"做中学"思想，通过游戏和角色扮演、行为雕塑、坐针毡等戏剧习式，在过程中学习模仿、体验，解放儿童天性。深谙人类从工业社会向信息化社会转型中，适应当代创新型社会的需要，从而强调知识的建构性、社会性、情境性、复杂性与默会性。疗愈教育戏即生发于情感，浸润于情境中，在身体的参与中获得新的感受。

疗愈教育戏剧《岩画精灵》共同体剧场，为同学们创造了一个去除角色—放松(玩)、放下评判—开放(空)、愿意尝试—好奇(趣)、全情投入—专注(悟)和体验领悟—整合(创)的环境，建立了班级共同价值—我认同、清晰目标—我明确、互动协作—我行动、角色明确—我重要、自助管理—我做主、沟通有效—我表达以及不断学习—我们成长的学习环境。结合艺术教育活动与指导，用音乐与美术活动的疗愈指导部分，促进艺术创造性与实践融合中，打通理论与实践的壁垒，同学们在分享全过程的感受，自我觉察角色、心态等；创造性、团队精神、沟通能力中发掘"三人行必有我师"的学习精神，慢慢地，班级学习的氛围安静了下来，大家开始安静地侧耳倾听同学的发言。艺术活动的设计中，可能性越来越丰富，提高了同学们应变活动指导的能力，符合新课程范式。在这个过程中，教师以合作者的姿态，示范了先进的教育技术，引导同学们体验新方法新思路，五步法组织课程流程，循循善诱启发引导同学们的创造力不断生发，通过同学们自己的体验感知，课堂变革悄然起到了不可思议的效果。恰好与一个同学的互动，帮助我们见证了奇迹的发生：在教室上课时，老师偶然请她回答一个问题，她站起来头一低，不管老师如何启发，就是不吭声，老师拿她没办法，看上去像是老师在欺负她；而在共同体剧场活动中，她的状态完全不一样，敢于确定自己所想所思，敢于与人交流了，并确信自己的选择，环境的改变悄悄地使周围的一切都发生了改变，曾经那个怕回答问题、给自己归因很差的小女孩走了出来，能够在当下的

环境中,仔细听要求,认真分析思考,表达了自己看到的、听到的以及内心感受的见解,并被同学们倾听,创伤在此刻疗愈。这延伸了我们共同的反思,应该如何以儿童的视角,为儿童创设适合他们领悟新知的活动空间呢?同学们感觉扩大了对艺术指导能力的眼界,更加有信心地积蓄力量,继续完善各组的活动设计内容,并完成期末教案设计。疗愈教育戏剧《岩画精灵》共同体剧场,运用戏剧游戏激发及重新唤起参与者的想象和扮演热情,让参与者能投入原有的创造能力,在喜悦中学会善于操控自己的肢体及情绪。首先,以激发引发参与者共同学习的热情为切入点;其次是通过不同的教育戏剧范式互相搭配,进行有目标及完整结构的主题学习的过程;再次,进行成果展示,使参与者进行总结;最后,开展舒松游戏,这是使参与者恢复平静,在冷静、理性的情绪下把用激情学习到的知识、态度、技能,内化成他们的智慧的过程。

疗愈教育戏剧生发于情感,浸润于情境中,在身体的参与中获得新的感受。这是一种真实面对自己生命、看到过往的生活经验带给我们的情绪困扰和局限性的解决办法,转换视角尝试改变行为,进而回归到一种自然的幸福的生命状态,这种转换的过程,便是疗愈。疗愈教育戏剧的表现形式是戏剧扮演,其教育目的不是戏剧作品的创造,而是通过疗愈教育戏剧培养参与者的创造性表达及发现问题、解决问题的思维能力。疗愈教育戏剧重过程,抓住戏剧"思考人生"的本质,也就是通过戏剧这种最能直接面对生活的艺术,制造环境学会思考、学会生活。从职业发展的角度来看,疗愈教育戏剧深度多元的探索方式对师范生的经验积累和应用型能力的核心素养培养具有直接帮助,对进入教育、心理学、法律或政治领域的学生也是很好的起点,具有积极的情绪疏导能力,有效支持互动参与的开放式的自我表达与人生态度的选择,认真地听,自信地说,无论将来从事何种工作,都有助于绽放真实的自我、追求不悔的青春。

### 1. 系好人生第一粒扣子,青年的未来与国家未来的关系

"青年的价值取向决定了未来整个社会的价值取向,而青年又处在价值观形成和确立的时期,抓好这一时期的价值观养成十分重要。这就像穿衣服扣扣子一样,如果第一粒扣子扣错了,剩余的扣子都会扣错。人生的扣子从一开始就要扣好。"

——2014年5月4日,习近平总书记在北京大学师生座谈会上的讲话

青少年阶段是人生的"拔节孕穗期"。这一时期知识体系搭建尚未完成、价值观塑造尚未成型、情感心理尚未成熟,加之长期生活在和平环境下,没有体验过民族生死存亡的苦难,没有经历过血与火的考验,人生阅历相对有限,易受消费主义、拜金主义、功利主义等影响。扣紧"扣子"育新人。当代中国青年是与新时代同向同行、共同前进的一代,生逢盛世,肩负重任,施展才干的舞台无比广阔,实现梦想的前景无比光明。越是接近目标,越是形势复杂,越是任务艰巨,越是需要具有崭新面貌、过硬素质的担当民族复兴大任的时代新人迎难而上、挺身而出。时代新人之"新",特别体现为有自信、尊道德、讲奉献、重实干、求进取。有自信,就是要有作为中华儿女的骄傲和自豪,作为新时代中国人的骨气和底气,爱党、爱国、爱社会主义,对"四个自信"执着坚定,对实现"两个一百年"奋斗目标、实现中华民族伟大复兴中国梦充满信心;尊道德,就是继承中华传统美德、弘扬社会主义道德,崇德向善、见贤思齐,具有善良的道德情感、正确的道德判断、自觉的道德实践;讲奉

献,就是具有自觉的国家意识、民族意识、责任意识,主动担当民族复兴的历史责任,在尽责集体、服务社会、贡献国家中体现自身价值;重实干,就是坚持实践第一、知行合一、求实务实、有为善为,脚踏实地干事创业;求进取,就是始终保持昂扬向上的状态姿态,富有求新求变的朝气锐气,勤于学习、勇于开拓,以新的实践创造成就民族复兴的伟大梦想。广大青年要坚定不移听党话、跟党走,怀抱梦想又脚踏实地,敢想敢为又善作善成,立志做有理想、敢担当、能吃苦、肯奋斗的新时代好青年,让青春在全面建设社会主义现代化国家的火热实践中绽放绚丽之花。

马克思讲过,正确的认识是通过理性认识、感性认识和实践获得的。疗愈教育戏剧《岩画精灵》共同体剧场的五个步骤,给教育者提供了自我革新的机会,在教育过程中采用自我监督、自我反思、自我教育、自我完善的活跃、时尚、创新的教育范式,在游戏体验活动中使用六个方法,探索自我成长,放松心灵,启迪智慧,释放参与者的情绪,促进健康身心。参与者在体验游戏探索中疗愈自我、完美个人人格。让教育者能够运用科学知识及常识,富有同理心地调整自己的心态,激发爱与责任的使命感,发自内心地热爱、尊重、保护好幼儿,教学的形式极大地丰富了教育者的情感,使之以健康的情绪投入教育教学研究中去。为孩子们系好人生第一粒扣子,成就自己。

2. 大学生成长成才离不开正确的价值观主题引领

未来我们无法全然预知,世界本来就是千变万化的,我们要适应这些变化。当人类个体聚集在一起而构成一个集体、群体、社会、国家的时候,会显现出个体身上不会出现的特征和属性,社会性的问题必须求助于社会化的解决方案。我们必须努力建构一套能够在更大范围内被人们共享的自然观、自由观、世界观,在教育中循循善诱,引导幼师人不断强大自己的内在,拓展自己的宽度,深化自己的深度,每个人都是不同的叶子,没有一片一模一样,我们要顺应人类大脑的习惯,每一个人都有不同的源泉涌现,这是他自发的需求,探索自己的自发性涌现出的奇思妙想,发现自己,拓展自己的边界,尝试与自己的自发性和奇思妙想一起自由驰骋,与最好的自己对话就是与未来最好的联结。在浸润中迁移这个种子的蝴蝶效应,做一个可以像孩子们最喜欢的、让孩子们爱不释手的玩具,陪伴他们,支持、引导孩子们形成身心更加紧密地联结,让人类命运共同体的种子种在心底。

法国实证社会主义学家杜尔克姆说:"教育的任务不是给予儿童不断增多的知识,而是在他们那里形成一种内部的深刻状态,一种类似灵魂的聚焦的东西,使他们不仅在童年而且在一生中朝着一个确定的方向前进。"正如2014年参加《岩画精灵》主演的周慧敏同学,毕业八年一直在一边工作一边不断提升自己,连考3年终于在2022年以专科学历直接考上硕士研究生,她说:"这是戏剧给予她的力量。"学前教育的价值观、教育观、儿童观浸润在幼师们的心间,爱通过在疗愈教育戏剧《岩画精灵》共同体剧场中得以传递,体验者的感受丰富而独特,每个人都有自己不同的感受收获,这个感受更契合教育对象个体的需要,有助于体验者感受并理解教育对象的不同需要,培养更具创造力的师资。开放式的、基于体验游戏化的教学方式通过共同协作、互动式的启发,激发大家的同理心,创造性感受觉察能力的养成、培养善于挖掘教育策略的能力,传授给大家一个无限可能的思维方式。

**3. 青年人正确的价值观树立需要在每个人独特的体验感中不断生发**

参与的230多位大学生、小学生描述了个人感受,展现出丰富而充沛的感情。大家的感受几乎不会重复,尊重了每个独特的个体,给予每个人从他人体验赋予自己所需的元素的机会,为每个人对美好生活的规划提供了实验思考的空间,疗愈构建了每个人的所需的品质,需要铺路架桥。集体创造身临其境的感受,穿越时空发现自己、走出迷茫,通过文化传承与创新传递了能量,净化了心灵,无所畏惧释放自己的压力,找到欢乐。在大量体验者的回馈中,看到了对此活动的需求。让表达性艺术成为塑造全面而有理想的人的有效方式,疗愈教育功能深入人心,在游戏中放松自己,使参与者身临其境。

"愉快中加以思考""选择自己喜欢的,发现图片中不一样的美"
"穿越时空,寻找未来"
"在游戏中找到自信放松自己大胆想象"
"有意思,突破了自己的思维"
"身临其境"
"整个活动过程,都很放松,吸引我"
"相信自己,放松心灵"
"从怕困难到无所畏惧"
"别人将能量传递给我,自己变强大了"
"欢乐与成长并存,是经历"
"在游戏中感受另外一个自己"
"很新颖,有安全感"
"释放自己,寻找不一样的自己"
"集体创造,各有想法"

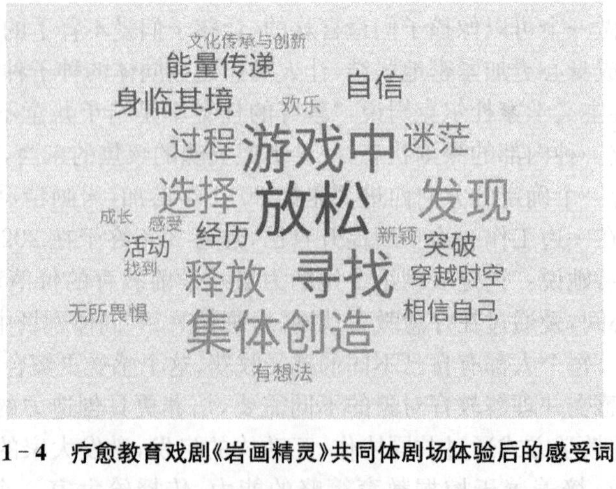

图 1-4 疗愈教育戏剧《岩画精灵》共同体剧场体验后的感受词频

## 四、疗愈教育戏剧的师资培养中的发展与应用

深入贯彻落实《中共中央 国务院关于全面深化新时代教师队伍建设改革的意见》（中发〔2018〕4号）疗愈教育戏剧在这几个方面的培养中具有优势，疗愈教育戏剧还原生活中的现象，面对二元对立的问题，通过戏剧具身化的体验，获得更多解决问题的可能性，对培养成长型思维"高素质专业化创新型教师队伍"和推进"教育深化改革规范发展"具有独特的作用，是推动"创新驱动、原点启动、梯级自动、全面联动"的队伍建设；培养具有掌握新的方法，调动感知、感受能力的手段，具有新的教学能力的教育戏剧引导者，是完善教育质量具身化下最适宜的创新支点。通过戏剧唤醒，采用启发式、交互式、参与式、游戏式的教学理念，培养创造力和表现力，在体验具身化的感同身受中，便于把学习经验迁移到教育行为中，理解行为语义，拓展沟通理解力，拥有更深的理解度、同情心、爱心和同理心。

疗愈教育戏剧《岩画精灵》共同体剧场运用戏剧游戏体验激发学生的想象、唤起学生的扮演热情，让学生能投入原有的创造能力，在喜悦中学会操控自己的肢体及情绪。以引发学生共同学习热情为切入点；通过不同教育戏剧范式互相搭配，进行有目标及完整结构的主题学习；进行成果展示，使学生进行总结；最后通过舒松游戏使大家恢复平静，在冷静、理性的情绪下把用激情学习到的知识、态度、技能，内化成他们的智慧。鼓励通过体验角色、感受情感、思考问题，改变传统的灌输式教育方式，帮助学生释放内心的压抑，疏解各种郁积的负能量，改善潜意识中不佳的结果导向。

### （一）师德修养与职业信念——旨在帮助新教师学有榜样、行有准则并具有文化自信

#### 1. 职业理解与认识

马克思指出："人的本质不是单个人所固有的抽象物，在现实性上，它是一切社会关系的总和。"人的本质及其道德状态与其所处的社会历史阶段密切相连，在不同的社会历史时期，培养什么人的具体要求有所不同。[①] 汤惠生教授说："岩画只是一个文化表象，而事实上是观念的产品，而文化观念则又是思想和思维的产品。所以讨论岩画，实际上是在讨论思维、思想及其观念。"疗愈教育戏剧有助于完善学前教育专业立德树人综合型应用型人才的培养，体验式具身化情景多元的教学方式，有效地扩张了参与者对情感、社会、生活、科学、自然、文化相联系的资源库，通过教学实践活动提升学生的探索性、实践性、反思性、创造性、自主性的学习能力，使人的潜力得到最大程度的发挥。

疗愈教育戏剧发现儿童，创造伟大儿童所需的，关注儿童心灵，全人教育思政一体化教育范式，以哲学启蒙教育思维，从心理健康角度和孩子们喜欢的艺术熏陶为手段，集合游戏、绘画、舞动、音乐、语言等艺术综合性的艺术教育。

岩画是印在中华民族岩石上的印记，考古学家一直在研究历史的痕迹，利用这种远古

---

① 马克思恩格斯文集. 第1卷[M]. 北京：人民出版社，2009.

的华夏祖先的原始呼唤能量,去启迪、开发现代人回到无限的历史长河中,以审视、扫描自己的初心,这是中华教育文化复兴自信的有效手段。疗愈教育戏剧《岩画精灵》共同体剧场的剧情内容与立德树人的目标具有内在一致性的育人指向,剧情人物来源于社会中一个普通男孩成长的烦恼,随着所遇之事的变化,逐渐走向积极努力道路的成长轨迹,小事情、小思想与人们的真实体验产生共鸣,对社会情景中的具体事件进行艺术化的表达。"我们不是从人们所说的、所设想的、所想象的东西出发,也不是从口头说的、思考出来的、设想出来、想象出来的人出发,去理解有血有肉的人。我们的出发点是从事实际活动的人,而且从他们现实生活中还可以描绘出这一生活过程在意识形态上的反射和反响的发展。"①沉浸式情景支架,如同把生活中的所遇场景营造了出来。参与者具身化地投入展开自己的联想、想象与表达,参与者往往会寻找到美好的结果,不必非按主人公的引导去做。去尝试追寻结果,获得释放与检验的确认,成为更好的自己的心理经历,获得道德情感的净化与升华,对今后的人生起到了不可磨灭的引领作用,让道德教育具有实践应用的呈现,使参与者形成高尚的、健康的心理。教育戏剧岩画精灵的空间交流形式变得透彻、简单,使参与者从中了解美、认识美、接受美,以美导真、以美引善,领悟到什么是人间的真善美、假恶丑,从而达到影响健康、心理渗透的目的。

教育实践中,戏剧带来的快乐,播种在每一个孩子心里,激发师范生树立崇高的职业理想。借助教育戏剧的魅力,浸润、培养每个未来的教师学会如何教,学会如何带领儿童们成为懂文化和懂音乐、拥有发现美和创造美的能力的新生力量,建设一种更包容的教育理念模式,促进人格的成长完善。

(二)研究与支持——旨在帮助新教师熟悉并具备观察与分析幼儿的典型行为、研究与支持幼儿的个体差异、研究与支持幼儿的学习过程、评价与激励幼儿的最近发展等岗位核心素养

关于幼儿的态度与行为,加德纳的多元智能理论为人类的教育带来了不同的解释,而能认识这种不同是一种重要的能力。"我是谁?""我与他人有何不同?""我的优点和长处在哪里?"教育戏剧可以引导师范生通过对幼儿行为观察、发现个体差异、学习研究与支持的方式走进内心,寻找这些问题的答案。完善教师的人格健康成长和职业理解与认识,有助于师范生的职业发展,帮助其理解儿童的需要。教育戏剧还原生活中的幼儿所处的真实情景,用游戏化、体验化的教学范式,启发、引导学前教育者,创造想象、尝试、思考,产生智慧的种子,达到一线技能型人才目标。从教师为主导向学生为主导转变,从课堂讲授为中心向实战演练为核心转变,由基础技能训练为目标向职业岗位技能为目标转变,由知识本位向职业能力转变,由传统教法向理论实践一体教学转变,从传统教学手段向现代信息技术手段转变。它以工学结合能力培养为主线,对接幼教现场、关键技能和典型案例,与学前教育各行业合作,有效创设研学结合、任务驱动、项目导向的教学模式,通过模拟汇报课、示范课、公开课、观摩课等方式达成目标。

---

① 马克思恩格斯文集.第1卷[M].北京:人民出版社,2009.

随着认知科学、脑科学、人工智能和学习科学的不断发展和深化,关于教学和学习的研究由对教和学的形式与技术层面的关注走向对学习过程的深刻探寻。超越对符号知识的表层学习,注重深度学习,在追求发展学生核心素养背景下,明确这些问题,实施深度教学,引导深度学习。从内在构成上看,知识具有符号表征、逻辑形式和意义系统的三个不可分割的组成部分。知识理解绝不仅仅是理解作为符号存在的知识,而是理解知识所反映的客观事物及其规律,理解人的生活世界及其与人的关系。按照哈贝马斯的观点,理解与人的生存不可割裂的自然世界、社会世界、精神世界的本质规律,并建立起人自身与生活世界的互动关系。从此意义上说,知识学习过程中学生所要理解的不是符号知识本身,而是符号知识所概括的客观世界及其与人的发展之间的生成性关系。去知识背景、去证据教学、去思维过程教学,热衷于课堂教学形式上的改变,只会将课堂导向表层学习的泥潭,课堂没有文化包容性和文化敏感性,最终贻误的是学生的学科核心素养和关键能力的发展。

从学生个体的角度看,学习投入包括认知投入、情感态度投入、意志投入、个性品质投入以及社会性投入。前四者属于认知过程、情感过程、意志过程和个性等心理投入。社会性投入主要涉及学生的学习策略(学习内容、学习资源、学习时间、学习方法等)、生活经验或体验、社会性履历(如家庭背景、社会关系)等方面。尽管学生的学习投入是影响教学质量的关键因素,但教师在教学过程中的重要作用是激发、分配和维持学生各种学习投入要素合理的参与教学过程。合理地激发、分配和维持学生不同的学习投入,是教师教学艺术的关键。当然,学生的学习投入度与教师的教学投入具有很强的相关性。如果教师单向度、平面地呈现知识,或者简单地进行知识投射,学生的认知投入特别是思维方式投入绝不可能呈现出深刻、敏锐、批评性和创造性等思维品质。如果教师在知识教学过程中有效地进行背景导入、经验导入、文化导入,将会提高学生对知识的理解水平并促进知识的转化。

(三)保育和教育的态度与行为

疗愈教育戏剧多元表达灵活的教学方式,能够创设各种情景,培养人才沟通与合作能力,提高表达能力、思辨能力、组织能力,使参与者适应多元化的岗位需求。当前,学前教育专业人才就业范围空前扩大,学前教育专业毕业生不再局限于幼儿园教师,而是将社区幼教人员、亲子园教师、特教教师、专职兼职培训教师等多个岗位逐渐锁定。其目的是提升教育的专业化、正规化、多元化和社会化水平。此外,各类教育机构的行政管理、培训咨询、教育系列产品的研发与营销,对外相关一对一家政服务等多元化的就业市场,给教育专业的人才提出了更前沿、更多元的市场要求。

根据心理学对人的理解,在幼儿时期,儿童有可信赖的成人陪伴一起玩耍,得到有规律周到的生活照顾以及健康的身体活动,这些不但有利于儿童的健康成长,而且对以后想象力、创造力和思考能力的养成都非常重要。疗愈教育戏剧的解读方法对儿童发展十分有益,有助于满足人们对不同文化传统以及人文精神的特殊需求,在教育中促进人的个性发展以及在他所生活的文化和传统中发展,从而培养每一个人的独特个性。

同样在这个过程中,师范生的体验过程,唤醒并治愈了自身所忘记或缺少的成长中的遗憾,使其成为一个充分了解自我的人,更具有同理心。只有充分地、全面地发展人的个性,才能够透彻地了解人的发展基础,更好地服务于儿童的需要。

(四) 个人修养与行为

思考教师们面对的课程与教学问题时,康纳利会对教师们说:"研究课程最好的方式莫过于研究我们自己。"戏剧的叙事性情境、真实的想象、不同视角,润物细无声的思辨体验式教育模式,有助于浸润身心,创造交流机会,改变我们对生长环境审视的多元视角。从技术层面的舞动、镜像、一人一故事、打开身体,走进心智成长,疗愈个人成长的内在经历创伤,借助巧妙的设计,来帮助体验者寻找生活的真谛、成为更好的自己。在疗愈教育戏剧中了解、认识自己。增添了生动、有趣、创新的元素,使大学生们能够用以人为本的科学思考调整自己的心态,发自内心地尊重儿童、热爱儿童,保护好儿童稚嫩的心灵,用丰富的情感、健康的情绪投入教育教学工作中去。这是一种自我教育和训练技术能力方法的手段。强调参与者批判性的思考和创造性的表达,关注个体和群体在社会中面临的各种矛盾冲突及其应变能力,并通过假装扮演的形式找出症结、舒缓压力、化解矛盾,以减少社会冲突。分享共识,共同成长,不依赖物质,借用简单的道具,学生参与真实的、情境性的探究,探索驱动性问题。这一解决问题的过程,对学生实践学科中学习和应用学科中的重要理念非常实用。在项目式活动中寻找驱动性问题的解决方案,映射了专家解决问题的复杂社会情境。在探索问题解决方案过程中,各种学习技术为学生搭建了平台,使他们能参与自身能力范围之外的活动。为解决驱动性问题,学生创造出这些作品,理论联系实际的应用能力越来越强。课堂活起来、动起来、游戏了起来,学生积极期待共同探讨的学习课堂,用发现的眼睛,把困局变成暖心的场域。

(五) 发展知识

伟大的哲学家亚里士多德说:"对于那些需要学习才能掌握的事情,我们在做的过程中学习。"教育活动的计划与实施需要教学理论与实践的学习。师范生常会把所学教育手段迁移设计到真实活动中,对于解决问题思维的培养更有利。"具身化体验式游戏化学习"让同学们观察的视角自然聚焦了,在实践和经验中学习,更能感同身受各种孩子的所需,而不只是阅读背诵书本知识。教师总觉得说过了,自己的任务就完成了,反而让学前教育中最重要的内容,即接纳每个孩子的所需,成为僵硬的程式化的背诵。实训演练弥补学前教育的教学中对幼儿园儿童认知缺失的遗憾。疗愈教育戏剧课程划分了各个单元,戏剧排演可根据班级主题内容,选择难度合适的故事形成剧本,开展暖身活动,说故事并进行故事演出讨论,包括角色、故事情节、如何表现等,然后经过小小排练,开展小小演出,运用延伸活动与反馈综合戏剧的几大元素进行排练和表演。在各阶段班级中,各个单元进行螺旋式提升,最终达成创、编、导、演的完整历程,成为学生了解、体验完整的符合幼儿实际学习内容的项目式自主学习的教育途径。它不仅有助于参与者的个性发展和自信心养成,更能激发创造力,促进左右脑均衡发展,帮助学生纾解课业压力。戏剧游戏化体验式的学习方式,具体形象地让学生体验到流程的基本结构,掌握基本操作流程,"做中学"锻炼了参与者的教态,使其体验了和学生自然互动的感觉。体验式课程模式增强了参与者的感受力,同学们分学习小组设计终极教学目标,再将长期目标切分成短期目标,分解了课程难度,一起设计研讨严谨的教学逻辑思维,并在反思评价中主动参与学习。

(六)幼儿保育和教育知识

疗愈教育戏剧注重激励与评价、反思与发展,促进培养"成长型思维模式"的生命教育,同时也注意教师研究、园本教研,促进教师、家长和相关的成人在儿童教育的整个过程中不断地进行自我审视和自我发展,发展了人的自信心、关怀心,以及探索真理等各种能力。专注过程而非结果,对积极投入的过程进行表扬,对过程的表扬会塑造学习者的韧性,锻炼大脑,提升学习和解决问题的能力,培养"成长型思维模式"。每当他们迫使自己走出舒适区、学习新知识、在游戏规则和自由探索中迎接新挑战,大脑中的神经元会形成新的更强的连接,他们会逐渐变得越来越聪明。被动学习则会让他们感觉自己很笨,让学习者产生放弃的念头。

情绪与激素相互作用,容易产生焦虑和不安全感。对此,可将戏剧的元素、形式融入教育,鼓励教育对象体验角色、感受情感、思考问题。词汇学习、肢体训练、感觉训练、语言训练、情景创作等,改变了传统的灌输式教育方式,把学生压抑在内心深处的潜意识通过戏剧唤醒。教师采用启发式、交互式、参与式、游戏式的教学理念,培养学生的创造力和表现力,使其在感同身受中激发自己的同情心、爱心、同理心,并通过肢体的放松,或借由一个角色来表达自己,是最佳的疏导手段,从而得到心理与情绪的释放与觉察,促使个体智慧生长,同步走向成熟。教育的目标不是增加知识量,而是为参与者创造发现和探索的可能性,塑造有创新能力的人。

教育戏剧注重戏剧实践的过程,戏剧文本的展开、教学习式的体验、物件的探索、情境的构建等都是课堂的主体环节,这些都需要引导者具备戏剧学及教育学的基础,必须具备思辨灵活的大脑,同时还应有对课堂的把控能力。这种魅力不仅是艺术的体验,更多的是把戏剧作为载体,让参与者在规定情境中体验和表达,通过观察、想象、创造和反思发挥自身的能动性。戏剧作为促进学生发展的手段,在学生的认知、社会性和情感等各个心理发展维度都能发挥其特有的价值,具有全方位的、多层次的、立体的掌握幼儿保育和教育知识的教育价值。

(七)通识性知识

疗愈教育戏剧为职业教育发展的变革奠定了基石,有助于使参与者养成不断自主生长的学习思维习惯。荣格心理分析学家詹姆斯·霍勒斯分析,"职业"这个单词来自拉丁语,即召唤心灵的东西,我们可以选择自己的事业,但不一定选择自己的职业,是职业选择了我们。对于职业师范类的学校而言,设立与学生具有审美和发展性评价可能的戏剧课程,具有塑造人的生命、潜移默化进行心理疗愈的价值。

职业是职业能力与行业需求的积数,当你带着这样的态度走进教室,对你的学生敞开心扉,做智慧型教育工作者可以使你更尊重儿童,教育戏剧的教育范式让爱的态度放在了首位,没有爱就没有教育,只有爱也不是教育,循循善诱、不悱不发的教育策略帮助教师有效地成为有爱的阳光;教学需要一种切实地立足于个体生命健全发展的内在转向,这种转向至少涉及以下几个方面:一是教学目的的转向,由关注具体教学任务的完成到关注学生生命通过教学究竟发生了什么变化;二是教学过程的转向,从关注教师如何"教"转向切实地关注学生在教的引导下究竟如何"学";三是教学评价的转向,从单纯的知识获得与技能发展评价转向综合性的教学评价,评价学生在教学中学到了什么,也关注学生自身生命状态在教学中发生了什么变化,把关注学生的学习结果与学生的学习体验相结合,把教学的量化评价与质性评价相结合。这里关键性的转向是教学目的的转向,即从根本上意识到,任何教学最终的目的都是培育个体对生命之爱,启迪个体生命的意义感,由此而引导个体积极而健康地成人。真正的教育首先应指向此时此地个体自身生命的充实与完满,指向真实个体的此时此地的完满,而不是指向冰冷的知识,确切地说,是要将冰冷的知识融入个体的此时此地之中,成为个体生动的身体感知与生活的一部分。回到身体,就是要回到个体在教育情境中的完整存在,激活身体对知识与世界的感受力,反过来促成知识向着身体、生命的回返,促成知识与人的融合,个体也因此而被教育成为不断生成与发展着的人,而非学习的机器。① 用科学的教育理论、有效的操作方法,帮助教师成为用爱的范式依法执教的教育者。

(八) 环境的创设与利用

疗愈教育戏剧取材于社会文化中具有极美审美享受的生活故事。古代先民把生产生活的场景凿刻在贺兰山的岩石上,因而岩画被誉为"文字之前的文字",是世界各地原始先人们用来传承、保存自己历史、神话和精神经历的普遍方式,表达了对美好生活的向往与追求,再现了他们当时的审美观、社会习俗和生活情趣。毛泽东青年时代在读《伦理学原理》所记的笔记中所谓的"立此大心",按照中国哲学的说法,"人的本质力量"可理解为"精神的力量",这就是"初心"。习近平总书记深刻论述了中国人的特质、禀赋与中国人的"精神世界"。岩画是人类最古老也是最有力量的文化遗产。利用物质文化的环境,再创设在教育戏剧中利用岩画,通过对岩画的各种分析研究,解读那些包含着人类智慧和精神需求的蛛丝马迹,逐渐破译人类童年时期的物质世界和精神世界。从戏剧的仪式生发角度讲,戏剧脱胎于古老的祭祀仪式。伟大的戏剧有时不仅是高于生活的创作,更是一种典礼或仪式,展示的是一种具有深刻含义的记忆。岩画的印记中还有各式各样的手印,考古学家分析这就是古人成人的一种仪式性活动……诸如此类的各种线索及文化资源让我们通过再创造加以利用,可以发展出生涯的教育规划工作坊,还可以布置还原场景,促使学生持续学习思考,与古人对话并发现自我的元认知,用后现代心理咨询第三次运动的概念,强调在人格塑造中文化系统的力量,以及当个体把自我认同从文化的压制中解放出来的时候个体所获的力量。疗愈教育戏剧的范式可以充分地利用环境的创设,不断促进自我人

---

① 刘铁芳,周俊凡. 身体的教育意蕴及其实现[J]. 教育学报,2020(5):3-10.

格的成长与完善。

## 五、保育与教育

疗愈教育戏剧选取具有感悟的文学作品,构建体验、整合、开放、多元的课程结构模式。在共同体剧场,以哲学启蒙教育思维,关注儿童心灵,以孩子们喜欢的艺术熏陶为手段,集合了游戏、绘画、舞动、歌唱、叙事等表达艺术。有利于滋养人的心灵和寻求人的全面发展,包括身体、感觉、智力和心灵各个层面的发展。在教育中同时注重健康的身体、敏感的情绪、社会活动规则能力、丰富的想象和智力的发展,因为它们相互联结并彼此依赖。特别之处在于,不但强调人的全面发展,而且注重培养人与人之间的关系,帮助寻找有意义的抱负和理想。对真、善、美的执着追求和审美的体验使体验者在不断地成长的同时,也能充分发展创造能力和思考能力,燃起对生活的热情。更有利于学生理解一日生活的组织与保育、游戏活动的支持与指导、教育活动的计划与实施、与家长和同事的沟通与合作等岗位关键任务。同时,旨在帮助新教师熟悉并胜任教育环境的创设利用、一日生活的组织与保育、游戏活动的支持与指导、教育活动的计划与实施、与家长和同事的沟通与合作等岗位关键任务。

对疗愈教育戏剧的深度认识,为给一日生活的组织与保育提供了依据。从社会建构的角度来理解儿童观——童年并非自然而成,而是因为文化、社会、阶层、种族以及性别的差异呈现出多样性。克里斯·詹克斯认为:"童年可以被理解为一种社会建构,与社会身份有关,随着时间以及社会的变化,童年自身的边界也不断地变化。"艾伦·普劳特也认为:"童年为一种社会建构物,童年的型构在不同文化中是各不相同的。"詹姆士·詹克斯与普劳特在童年研究中并未否定生物与文化之间的关系,而是认为应将生物因素与文化因素加以区分,而且文化因素比生物因素对童年的影响更深。疗愈教育戏剧应用于课堂时,戏剧不再作为教学的隐喻,受教育者不再作为课堂中的被动学习者的角色,而是在课堂教学中构建戏剧事件,让学习者在其中进行角色扮演。由此,戏剧所带来的知识、情感的体验都将通过情境中的表演得以实现,引导学习者深度学习提问的回应支架,尊重每个人的表达,让学习者发展的知识更具丰富性。疗愈教育戏剧支持儿童社会性的发展。因此,借由经历各种不同的角色扮演,可以体验感受所扮演角色的情境,并认知角色的社会性质之外,理解自己与角色之间的距离。在儿童的角色游戏中,我们可以常常看到,他们常常扮演的比如家庭角色,对于父母行为与性格的扮演让我们既看到儿童对家庭的社会性经验的模仿再现,同时儿童对表演过程中对家庭关系的处理又带有自己对家庭理想模型的愿望。使得我们看到的父母形象是带有儿童自我意识的。所以说,儿童扮演既有真实的经验,同时也会有儿童自身的创造,由此可以解决家庭问题,建构起自我与他人以及社会的关系。

## 六、教育研究与专业发展

教师研究、园本教研从文化的图形等方面发展了岩画特色的智慧教学,给予幼儿创设了更具想象力、创造力的外缘引领元素,应用疗愈教育戏剧的教学方法,岩画主题为载体的实践内容,以激励参与者进行参与式学习,借助教学对象的语言表达、艺术表达、能力赋能、人格成长、个人生涯规划等任务模块,深入浅出地助力培养人才,构建新的教学实践论体系,从理论"先行"转向在场"扎根",研究过程需侧重"在场参与者"的表现;研究方法采用现场观察和口述式;研究手段依赖先进的疗愈技术手段。也可以帮助新教师熟悉并参与教师研究和园本教研,进而开展生涯规划、持续学习和反思改进。在知识与育人统一的意义上重建教学认识论的价值框架,探索在"化知识为智慧"和"化知识为德行"意义上实现知识与育人相统一的使命。

立足教育教学一线,"因需而设",以教育教学实践为载体,采用实证的、具体的、多样化的研究方法,建设"互联网+教育",助推岩画主题为载体的实践内容。让我们带着这份使命,应用于岩画精灵共同体剧场,激发体验者发现、创造最温暖的岩画故事,让教育成果成为中国文化故事最生动的传播者,不断探索新的路径。

应用项目导向、任务驱动、创新人才培养的工学结合模式:设计与规划—项目与课标相对应—构建课堂文化—项目管理与实践—讨论提供支持与总结—评价形成成果。即针对所有的研究问题先进行一个初步的研究,研究的相关结论得出之后,在实践中进行检验,在检验的基础上对研究的结论进行完善改进,然后再到实践中去进行检验,如此反复多次之后最终形成完整有效科学的方案和结论。

## 七、疗愈教育戏剧是职业发展的需要

正如阿德勒所说,"幸运的人一生被童年治愈,不幸的人一生都在治愈童年"。疗愈教育戏剧是笔者在与儿童20多年的相处中从需要更高纬的技术整合的智慧结晶,践行心目中"润物细无声"的描述接纳、体验释放、巩固转化、赋能行动,抚慰教育对象的作用最突出,也最重要。对于成长中的伤痕,及时、迅速地干预后,基本上不影响什么,否则这个伤痕会影响终身。教育工作者是孩子原生家庭以外与其接触最近的工作者,能够及时发现问题、解决问题、孩子在应急救助的有效指导下,会成为培育未来建设社会人的有着生命自觉的人,主动的、健康的人,这有助于推进中国学校教育实践的教学价值观、教学过程观的与时俱进。

(一)浸润师德,助力自我实现个人成长的教育目标

疗愈教育戏剧是运用马克思主义和中国特色社会主义思想,多角度、深层次、系统化地指导学生的思想和行为,以实现提高学生综合素质的育人功能。将思想政治教育融入教育戏剧课程理论教育和实践中,其中的疗愈部分就是通过科学分析人的需要,潜移默化地影响、改善学生的思想和行为,以实现立德树人的目标。从不同方式和角度引导幼专同学学习马克思主义科学理论,达到育人功能的殊途同归。教育戏剧的理论方式利于将科学理论融入到专业实践中去,让学生切身感受到马克思主义是能够指导当代中国实践的科学理论,提升学生的专业认同感、学习动力、学习兴趣,把政治认同、国家意识、文化自信、人格养成等思想政治教育导向与各类课程固有的知识、技能传授有机融合,最大限度地发挥出联通"课程思政"与"思政课程"的强大育人功能,实现显性教育与隐性教育的有

机结合,引导学生把握好人生方向。

1. 立德树人启发自我学习,自我教育的人才培养探索

社会学家潘光旦曾经指出,在《论语》和《学记》中,"根本找不到一个'训'字",就"连'教'字也用得很省"。相反的是,在《论语》中有 56 个"学"字,在《学记》中有 48 个"学"字,远远超过"教"字出现的频率。蒙台梭利从人格培养的角度分析了强迫教育的危害。她说:"一个儿童,如果没有学会独自一个人行动,自主地控制他的作为,自动地管理他的意志,到了成人以后,他不但容易受到别人指挥,并且遇事非依赖别人不可。一所学校里的儿童,如果不断地受教师干涉、禁止、呵斥,以至于诟骂,结果会变成一种性格上很复杂的可怜虫。"罗杰斯的人格理论深受现象学的影响,他提出,每一个人都以一种独特的方式来看待世界,这些知觉就构成个人的现象场。"未来的学校教育,必须把教育的对象变成自己教育的主体,受教育的人,必须成为教育他自己的人。"

每一个人都有一种内在的智慧,并且具有使用这种智慧应付环境、解决问题的能力。教育者要把学生当作"一根能思想的苇草",而不是当作容器。现象学在体验研究范式中强调体验的完整性和真实性,这种完整性和真实性来源于艺术化的语言而非习俗化的概念。传统的教育习惯性地将知识进行生硬组合,侧重学术性与逻辑性,用虚拟世界替代现实生活的真实问题,没有考虑到个体生活的特殊性,在教育过程中,一厢情愿地追求教育中所谓的经济价值,而遗忘了教育的精神意义。这种现状忽视了源于生活的真实性,忽视了人们对生活的真实体验。

狩猎采集社会塑造了现代人的脑和心智,奠定了人性的基础,也塑造了人类教与学的本能,构成了今天人类教育和学习乃至社会生活的基础。无论我们以何种方式生活,我们依然依靠在狩猎时期就已经通过自然选择而形成的生物驱力和能力进行生活。21 世纪最重要的能力:解决问题的能力、批判性思维、与他人协调、创造力、情绪智力、判断和决策能力、对行为负责、抗挫折能力等都能在教育戏剧活动中有所收获。自我教育是促进健康积极生活方式的一种重要而基本的手段,自我教育作为一种教育理念和修身方法由来已久,是指受教育者个人依据社会发展的要求和自身内在的兴趣和需求,有目的、有计划、积极主动地为自己制订发展目标和任务,将自己当成了解、创造和革新的对象,经过自我认知、自我比较、自我择取、自我反思等环节,提升和优化自身而展开的一种教育方式。

2. 提高教育者的教育素养

教育素养如能量,而能量的蓄积则来源于一生的读书。教育者一旦拥有了言传身教的不竭源泉,就可点燃学生的一个个知识火花。当学生的知识火花一个接着一个被点燃时,自我教育的技能也会随之掌握。教育者要与学生建立起良好互动的"场"。找到每一个孩子被生活的保护罩所重重掩盖的内心之美,运用教育智慧去开发它,让每个孩子都能感受到成功的喜悦。教育者尊重学生,所指导学生进行的自我教育就会产生效果。

2001 年,教育部颁布《幼儿园教育指导纲要(试行)》,强调幼儿园教育是基础教育的重要组成部分,是我国学校教育和终身教育的奠基阶段。城乡各类幼儿园教育应从实际出发,因地制宜地实施素质教育,为幼儿一生的发展打好基础。幼儿园应为幼儿提供健

康、丰富的生活和活动环境,满足他们多方面发展的需要,使他们在快乐的童年生活中获得有益于身心发展的经验;应尊重幼儿的人格和权利,尊重幼儿身心发展的规律和学习特点,以游戏为基本活动,保教并重,关注个别差异,促进每个幼儿富有个性的发展。借助团体动力学、戏剧游戏、舞动治疗等技术支持来自身心的呼唤,感受觉察,真实动作,启发参与者展开自由联想,"帮助人们演出真实的生命,完成生命转化,探索自己生命议题",编导"自己的故事,最后结合剧场的神圣空间,在观众的见证下呈现自己真实的生命故事"。①"在观众的注视中被关怀、接纳和见证的力量。"②疗愈成长中的创伤。

3. 培养学生的自尊心

保护好学生的自尊心,成为他们成长过程中的美好伴侣。自尊心是极其脆弱的,为此,苏霍姆林斯基告诫我们:对待它要极为小心,要小心得像对待一朵玫瑰花上颤动欲坠的露珠。培养只能用温柔细致的教育手段,不允许采用粗鲁强迫的手段。教师性格开朗活泼、待人热情友好、行事较为民主,学生往往就会乐观积极向上、态度友好、充满信心,更有创造性;反之,学生就会攻击性过强,待人冷漠,缺乏同情心,不懂得宽容忍让。教师在课堂上幽默、爱开玩笑,学生往往也比较为风趣;反之,容易使学生形成组织纪律差、放任自流的性格特征。教师若用公平公正、宽容、发现的眼光看待学生,就会使学生充满自信;教师以积极的性格特征对待社会、生活和事业,就会激发学生学习、生活的热情,反之,就会引发学生一系列的心理问题。

(二) 教育戏剧有目标的生活,顺应职业的需要

1. 不要错过孩子良好行为的最佳养成期,也不要错过你学习的最佳时刻

行为决定习惯,习惯决定性格,性格决定命运。世界著名教育学家蒙台梭利指出:儿童良好的行为习惯的最佳养成期在 2.5 岁～6 岁。如果错过这一时机,就像我们在织毛衣时漏掉了一针。无论是英语、识字、心算,还是钢琴、轮滑、绘画,都是有关知识与技能的学习,孩子未来任何时候都可以学到,而孩子的行为习惯培养的关键期却难以重来。所以给孩子营造一个快乐天地,把玩的权利还给孩子,使孩子在玩中与环境融合、对话、使孩子在玩中探索精彩的世界,使孩子在玩中体验成长的快乐,有助于促进其整体素质得到健康的发展。教孩子优雅地过一生,培养良好的行为习惯是孩子一生成功的基础,这就是我们的学前教育者的使命。

2. 用教育戏剧的方式为幼儿创造一个安全友好的环境

疗愈教育戏剧教学依托于"爱和责任",尊重孩子,把生活中的事物精华提炼浓缩到游戏中,给孩子引导,是一种让幼儿在自然而然中寻找并发现美的愉悦的训练游戏,能让好的习惯性规则意识刻在情景中并让幼儿形成良好的习惯。很多艺术的素材和形式来源于日常生活,我们可以把爱国教育、礼貌教育,如"对不起""没关系"等点点滴滴的做法编排

---

① 蕾妮·伊姆娜. 演出真实的生命[M]. 徐琳,别士敏,译. 北京师范大学出版社,2018.
② JO SALAS. 即兴真实人生[M]. 屠彬,译. 武汉:华中科技大学出版社,2017.

出来,使儿童获得完整的知识经验,从而丰富加深理解和把握。教育戏剧教学在教学中的实际运用促使儿童建立各种感觉,以及感觉与知识、智力的整合。

**3. 热爱所教学科,不断学习交流我们的激情和困惑,增强内在的学习动力**

当教书成为职业,全身心地投入教学,可以使我们的教学经验鲜活起来,赋予教师这个职业应有的尊重和敬畏。只依赖教育理论是不够的,因为面对具体的育儿问题时,仍然不知如何下手;但如果仅仅会几招操作方法,而没有教育理论的支撑来把握教育的原理,就不能举一反三,因此,两者不可偏废。工作中没有标准答案,因为认知的不同、严于律己的态度不同,追求就会不同,结果就会不同。学前教育的保育守则要熟悉各年龄的发展特点,依照《幼儿园教育指导纲要(试行)》《3—6岁儿童学习与发展指南》的要求,用所学的知识技能为小朋友设计活动,形式活泼、易懂、有趣的故事或是游戏的活动,培养其良好的学习品质,让性格孤僻的幼儿能变得活泼起来,胆小、不善于表现的幼儿增强自信心,尝到成功的喜悦,培养幼儿活泼开朗、和善友好的性格,促进良好性格的形成,教育戏剧让我们的玩乐心与孩子在一起。润物细无声,让孩子们在适宜的环境中绽放自己。

艺术教育要向儿童的经验和生活回归,强调学科间的整合,强调感觉、经验的融合,追求艺术教育的综合化,是时代的要求,在当今舞台演出形式丰富且多样化的今天,孩子们耳濡目染,思维结构的呈现也是交织出现的。艺术与人的生活密不可分,戏剧教学在教学中的实际运用还原了艺术与世界的有机联系,恢复了艺术内部以及其他学科的沟通,让儿童在各种关系中学习艺术。

**4. 相信学生的需求,教育戏剧教学在教学中的实际运用把儿童视为新型的学习者**

新型的学习者自始至终需担负三种相互变换和交融的角色:感知者、创作者和反思者。戏剧教学在教学中方便实际运用的老师根据本班实际情况进行调整,是在操作中学习体验的最佳试验田,没有对错,只有不断地完善,反思后又会有新的发现,不断生成孩子们感兴趣的知识点,促使其寻找答案、锻炼思维能力。没有丰富的情感体验和经验积累,就不可能创作出富有创意的作品;没有创作,也不可能表达、提升人的感受;反思则可以梳理人的思想情感,并进一步激发感受和创作的欲望。

**(三)疗愈教育戏剧审视内心,发掘潜能**

疗愈教育戏剧涉及团队合作和角色互动。在这个过程中,人们需要学会与他人沟通、协作和相互理解,这有助于提高社交技能和人际关系的处理能力。当个人在戏剧中成功地展现自己的角色、解决问题或取得成就时,他们会获得一种成就感。这种积极的体验可以增强自信和自尊,促使他们更有勇气去尝试新的事物,进一步发掘自己的潜能。疗愈教育戏剧情感表达与释放为个人提供了一个安全且富有创意的空间,让他们能够通过角色扮演、情景再现等方式,表达和释放内心的情感。这有助于人们更深入地理解自己的情感状态,发现潜在的问题,并找到解决问题的方法。参与戏剧活动开展自我认知与探索,可以让人们从不同的角度观察和体验自己的行为、思维模式和情感反应。这种自我认知的提升有助于人们更好地理解自己,发现自身的优点和潜力,同时也能意识到需要改进的方

面。戏剧本身就是一种富有创造性的艺术形式,人们可以锻炼自己的创造力和想象力,从而发掘出潜在的才能。

正如国际戏剧协会的宣言所示:你的旅程奔向那些瞬间、那些时刻,那些与观众的不可重复的邂逅。你的旅程奔向观众,朝向他们的内心和主观世界。你在他们心中奔行,体会着他们那些被你唤醒的感情和记忆。这复杂多变的旅程没人能够揣度或者压制,也没有任何人能够恰如其分地辨明。它是通过你的观众的想象而实现的旅程,它是一颗种子,播撒在最遥远的土地上:那里是文明、道德与良知。因此,我不离开,我留在家里,与最亲近的人一起,在表象的安静中,夜以继日地工作,因为我有加快速度的秘诀。接纳我们的缺点,让我们为孩子创造适宜他们成长的环境,因为环境对人的生存和发展的影响,就年龄而言,一般成反比,年龄越小,受环境的影响就越深刻。

1. 培养儿童与同伴有效协作的能力,促进儿童的社会化

正如皮亚杰指出:"儿童早期的社会行为处于自我中心和真正的社会化之间的中间地位,只有当他们从自我中心状态中解脱出来,具备了与同伴进行有效协作的能力,社会化便进入一个新阶段。"孩子们在日积月累的情景音乐活动中熏陶、游戏,反思、遵守规则,培养他人协作的意识,这些就会泛化到将来作为一个社会人遵守社会行为规范、理解他人的行动中。疗愈教育戏剧在"爱和责任"的依托下,通过在舞蹈中有动作语意并可以再次创编的故事及内容情节,在音乐内在的节拍、节奏下操作,使幼儿在一种愉快的、"不强迫"的形式中,养成自愿遵守规则的习惯,培养自律意识,自我激励,学习通过与他人进行非词语的交流也能默契合作,学会理解、接纳、欣赏他人。这在活动中的体现,是设计大树的造型时,孩子们按自己的意愿"长"在了固定的地方,就连平时坐都坐不住的小朋友都稳稳扎在那儿,有的做参天大树、歪脖子树,有的小朋友想起斜身树,枝杈不一的树,造型随之滚滚而出,甚至有的小朋友还想到半倒枝杈斜身的树。通过情景音乐活动幼儿自发形成这样一种认知:"我是剧中的小溪,我要按小溪的情节表演。"每个参加音乐舞蹈剧的幼儿都自然而然地遵守了游戏规则,同时也培养了协作能力。孩子们的集体创作是快乐的,动作中有他们充满灵性的火花和对音乐的理解,这更是学习互相友好相处,并在集体的合作中共同进步的快乐途径。使幼儿得到既能轻松地表现自我,又受到约束需与他人合作的训练机会,幼儿在训练中理顺了自我和集体的关系。

2. 尊重每个个体的独特性

疗愈教育戏剧在"爱和责任"的依托下,审视每个学子,他们都是单独的、有各自背景的个体。每个人都具有实现自己特定生物学潜能的天生冲动。当我们了解自己内心深层次的东西,发现自己的使命,更加明确地在职业中找到与自己契合的内容,有助于发挥自己的潜能,实现潜能最大化的高峰体验,认知的需求与意动需要之间相互联系、不可分割。培养同学们学习实现尽可能多的潜能,悦纳自己及周围世界。让自我实现的种子种在从事教育事业工作的土壤上,了解哲学、音乐、艺术等不同寻常的觉知力,保持那种未失稚气的、孩童般天真的、普遍的创造力的激发,这种能力的运用不仅能使幼儿兴奋,还可使幼儿镇静,消除紧张情绪,获得情感的平衡;通过广泛接触并表现不同的情感内容,渐渐地发现

成长的奇妙。

**3. 孩子的所思所想链接奥妙**

幼儿园创始人、德国教育家福禄贝尔说:"孩子就是我的老师,他们纯洁天真、无所做作……我就像一个诚惶诚恐的学生一样向他们学习。"[①]孩子的所思所想能链接我们成人可能已经无法可及的奥妙,我们真的不能因为不懂,就随意去搬弄、剪裁,破坏它应有的规律,造就一些早熟的果实。"孩子是由一百组成的,孩子有一百种语言,一百只手,一百个念头,一百种思考方式、游戏方式及说话方式;还有一百种聆听的方式,惊讶和爱慕的方式;一百种欢乐,去歌唱去理解。一百个世界,去探索去发现。一百个世界,去发明。一百个世界,去梦想……"[②]

**4. 符合孩子们的心理生理特点**

孩子们拥有自然赋予的神奇力量,教育戏剧课程让这种力量得到充分的链接,这样的活动便于迁移,就像在音、诗、画中接受陶冶,孩子们的内心有了内涵。这种不说教,而是使用疗愈教育戏剧的手段,让孩子们观察、思考、选择,去操作的教学模式改变了我们现在的教育生态。你给孩子什么样的教育,实际上就是为其准备什么样的人生,因为人生的航向是靠教育引导、校正的。这种真正尊重孩子的心理和生理、有空间创作表演的教学模式,一定会给你一个满意的答卷。

学生们不能"只见树木,不见森林",要把教育的核心培育,即维护"大森林"的概念从理念到操作中的图式印在脑中,只有这样,以后走到任何道路上,也不会迷路。让同学们充分地了解孩子们,学会与孩子交流,只有让同学们意识到了解孩子、尊重孩子、依照他们的身心规律需要保育保教孩子们的重要性,播撒下"爱和责任"的种子,根植同理之心,才能培养出真正意义上有修养的、合格的幼儿园教师,才能有更多的符合儿童生命"种子"成长的护花使者。

**(四)教育的魅力,应从创造中去寻找**

**1. 丰富感知转化情绪**

叶澜说:"教育事业和教育的魅力一定要与创造联系起来。教师的使命就是使学生能够适应这个变化的时代,活出生命的意义和价值,实现他自己的人生价值,以及对这个社会尽一个公民的责任。"每一代的教师都会面对一个时代对教师使命的新要求,但教师使命也有一些不变的内容,那就是教师的事业始终是对人的一生负责任的事业。师德的传承是灵魂的唤醒,要不断追求生命的发展和完善。给学生的东西是积极的还是消极的,是有益的还是有害的,是促进了他的发展还是阻碍了他的发展,教师要经常自问。尽管学生不完全被教师所左右,但教师的教育会成为一种力量,可引导人前进和向上。一个教师有

---

① 伊·劳伦爱斯. 现代教育的起源和发展[M]. 纪晓琳,译. 北京:北京语言学院出版社,1992.
② 卡洛琳·爱德华兹,莱拉·甘第尼,乔治·福尔曼. 罗雅芬. 儿童的一百种语言[M]. 连英式,金乃琪,译. 南京:南京师范大学出版社,2006.

可能对儿童、青少年,对某一个人的发展变化产生深刻影响,让他在每一个前进的重要的时刻都会想到这位老师。这样的教师,就是在真实的意义上成了一位教师,而不仅仅是一个知识的传递者或技能的教学者。教师在学生面前呈现的是其全部的人格,而不只是"专业",这是师德浸润心灵的言传身教的传递。

疗愈教育戏剧是丰富人生的很重要的工作。教师的创造还表现在"转化"上,他把人类的精神财富转化成学生个人成长的精神财富,这个转化也是教育戏剧的独特魅力。教师的创造性还表现在促使学生精神世界不断地丰富和完善,这样培养出来的新生代,就会与他的上一代不一样。这种代际传承与发展,本质上是把人类的知识与技能、精神,转化成个人的能力和精神的内存。这些东西内化在每一个不同的个体之中,而后,又会在社会实践中转化为促进人类社会发展的创造力。

### 2. 发掘其身,关怀内涵教育

培养什么人?如何培养?从教育哲学的层面说,教育最根本的方法是教育者自身的完善。"人格是主体的内在品格,它可以直接或间接地影响主体的行为,人格一旦形成便具有稳定性,使得个体无论在何种复杂的环境中始终坚守道德,保持善的行为的实施。"①"孟子的理想人格学说注重成人的内圣之维,强调对人先天善端的内在扩充。同时,孟子也重视人格践行中的外化,体现为对他人的移情关怀。从这一方面来看,孟子的理想人格学说蕴含着一定的关怀特征。正是这些关怀特征使得孟子理想人格论与关怀伦理存在密切关联。首先,人生而皆有'恻隐之心',可以对他人产生关怀之情,个体的道德境界越高,其关怀能力也越强;其次,由于孟子提出了'人人皆可为尧舜'的前提,人人都可以将成为圣人作为自己道德修养的目标和愿望,有德者出于自身的关怀,按照他人渴望成圣的愿望施以具体的帮助;再次,被助者对有德者做出或感激或抵触的反馈。这三个环节结合在一起便构成了一段完整的关怀关系,个体的行动动机也就可以被归结为利他主义。"②"教师本人如果生存与发展意识淡漠,意志薄弱,没有想法,没有主见,整日随波逐流、混日子,怎么能培养出严谨认真、意志坚强、自我发展愿望强烈的学生呢?"③由此看来,道德层面上的人格是主体所持有的稳定的行为准则、品格和操守。在一定的文化环境和社会制度内,人们将各种期望和要求集中到某一楷模身上,这一楷模即为理想人格。"理想人格是在一个社会文化体系内最推崇的人格范型,现实人格往往与之存在一定差距,理想人格通常是以至真、至善、至美的形态出现,对这一文化体系内的人具有巨大的精神感召力,是人们孜孜以求的目标。"④

作为社会中的一员,自我在承担某种角色的时候,总是要与其他的社会成员发生联系,在这样的联系中同样体现出人格的境界。孔子很注重人格在交往中的外在表现,认为个体在待人接物时,外貌应当端庄,这样便可以得到别人的尊重;态度端正,便可以得到他

---

① 杨国荣. 孟子的哲学思想[M]. 上海:华东师范大学出版社,2009:245.
② 陈夏青. 孟子理想人格论的关怀伦理解读[D]. 华东师范大学,2020.
③ 第斯多惠. 德国教师培养指南[M]. 袁一安,译. 北京:人民教育出版社,2001:269.
④ 朱义禄. 儒家理想人格与中国文化[M]. 沈阳:辽宁教育出版社,1991:7-8.

人的信任，通过诸如此类的行为方式来彰显其人格高尚。① 孟子的理想人格学说也注意到了这一点，他认为人格的美好应当在人际交往中得到确证，要在意他人的需要和反应，而非仅仅停留在自我的空间之内。因而理想人格的修养不仅仅是个体内在品格的修养，还应与外在的行为方式相联系，外在的行为方式很大程度上体现为关怀他人的利他行动。孟子的理想人格学说并非仅仅在意个体内在品德的培养，它对个体在人际关系中的外在行为方式的重视使得它有很大空间去发掘其关怀内涵。②

## 第二节　疗愈教育戏剧的缘起

新时代必须坚持全面深化改革。改革开放是我们党的一次伟大觉醒，正是这个伟大觉醒孕育了我们党从理论到实践的伟大创造。这一觉醒极大改变了中国的面貌、中华民族的面貌、中国人民的面貌、中国共产党的面貌。历史证明，改革开放是当代中国发展进步的活力之源、是我们党和人民大踏步赶上时代前进步伐的重要法宝、是坚持和发展中国特色社会主义的必由之路。疗愈教育戏剧为时代的需要而创造。

### 一、疗愈教育戏剧的起因

课程游戏化项目式教学推进的过程是教师专业成长的过程，尤其是基本的教育理念、教师课程意识、教师的专业水平、专业能力提升的过程。从小的切入点去推动整体课程建设的过程。把课程游戏化看成一个质量工程，抓课程游戏化这件事不是为了项目本身，而是教育质量的抓手和切入点，这也是当前课程改革和课程建设的突破口。深度学习抓课程游戏化最核心的是能让师范同学的课程更加贴近实际发展水平，更加贴近教育能力一以贯之，更加贴近职业需要。

以学生为中心意味着充分做到"因材施教"，同学们在这个年龄早已忘记童年的所思所想，不是过于顽皮地去假扮儿童，或是想象儿童像个木头似的只会说好，没有生动的体验，仅念读理论知识无法把育儿经验传授给同学们，想要成为应用型的合格毕业生，必须要有实操的具体方法指导、支持同学们的设计，能够以孩子的需要大胆地表达出来。

因此，不是说课程贴一个游戏化的标签，或者游戏活动多一点就是游戏化。从整体上提升课程建设和实施的水平，提升教育质量，是我们最根本的任务。课程游戏化项目式教学推进是以《指南》作为总体背景，理解生活、游戏、活动、经验之间的关系。聚焦儿童积极性、主动性、创造性。只有儿童的积极性、主动性、创造性得到调动，儿童才能成为学习的主人、成为学习的主体。儿童是主体，就必须是积极的、主动的和创造的。课程要聚焦儿童的多感官参与，开展多样性的活动。师范生关注现实的条件和资源，课程资源具有区域化特点，要努力让思想看得见、让学习看得见、让经验看得见、让愿望看得见。要真正以经

---

① 杨国荣.孟子的哲学思想[M].上海：华东师范大学出版社，2009：108.
② 陈夏青.孟子理想人格论的关怀伦理解读[D].华东师范大学，2020.

验论水平，以过程论质量，以适宜性论效果，以生活性论专业。所以，教学变革从提升教育质量的高度来理解，以艺术教育游戏化为抓手，研究儿童发展，深度学习指导课堂改变，提高课堂教学质量。

课程游戏化的关键在教师，焦点在学生，教学行为折射教师的思想。要从实际出发、从蓝本出发、从生活出发、从改造出发，走向创新和发展。课程游戏化的最后结果是过程和习惯，是不断丰富和发展的新经验，不只是文本。教师的专业化是确保课程游戏化顺利推进的关键，教师的教育理念、专业意识、专业能力直接影响设计课程的品质。活动组织专业化、课程游戏化是一个课程建设的过程，在这个过程中，教师的专业能力将起到关键的作用。因此，课程游戏化项目的实施过程，也应该是教师专业能力不断提升的过程。

教师专业化最终是通过有效促进儿童发展体现出来的，促进儿童发展是教师专业化的根本目的。然而，教师的专业化也是非常艰巨的过程，这要求教师不断反思自我、改变自我、挑战自我。卡罗尔·格斯特维奇在《发展适宜性实践——早期教育课程与发展》一书中指出，转变是艰难的，放弃原有的行为方式、学习新的知识技能、变化中出现的焦虑、个人时间的耗费、承受新的压力、处理新的关系等一系列由转变带来的问题，都会影响转变的真正实现。为了避免受教育和个人失败的风险，教师的改变是不可避免的，教师拒绝改变就是让受教育者接受风险，就是教师甘于低质量教育，因此，游戏化是一个系统工程，需要教师进行反思与改变。

项目式教学最常用的课堂活动是小组活动，学生作报告（presentation）也常见，把个人或小组学习的情况汇报给全班，锻炼演讲的能力。一个以学生为中心的课堂是什么样的？学生是每一堂课的主角，学生掌握学习的主动权，而老师辅助同学们成为最好的自己。学生不是批量生产的标准化商品，他们每一个都是不一样的花朵。学生拥有主动权的课堂，更容易培养对自己的学习负责的意识，这些同学也更容易成为终身学习者。采用项目式教育方法，往往学习进度会比较慢，因为老师不能直接给出答案，而是要让同学们去小组讨论、做研究、不断试错。

儿童的内心是游戏的，儿童的心灵有游戏的种子，内心更贴近游戏。我们应让课程更加适合儿童，让游戏更加生动、更加丰富、更加有趣、更加有效，从而让他们获得更多新的经验。教学变革新范式的固有基础。越是尊重原有的教学范式并以之为前提性条件，教学改革就会越容易推进；反之，越是抛弃旧有范式或离其越远，教学改革的阻力就越大，取得成效的可能性也就会降低。同时，作为个体的教师或学生的教学观念、习惯、风格与模式一经生成，也具有相当的稳定性和惯性，很难被完全打破。它会以不同的形式与样态被带到新的改革之中，转化成新教学改革的内在成分，影响和决定着新教学改革的进程与成败。课堂改革有了显著的成绩，同学们才会从内心对老师的专业引领产生接纳、信服。

## 二、关于疗愈教育戏剧

### （一）疗愈教育戏剧的定义

疗愈教育戏剧是应用情境多元化教育手段，解读客观世界现象的一种教育范式。疗愈教育戏剧遵循教育规律,通过教育学与戏剧的融合还原社会中的教育现象,基于教育者本身,从心理学认知发展、心理分析的治疗观点出发,去探索更多的可能性,从而给予参与者更多的视野,用社会学、人类学、艺术学之眼,通过戏剧游戏支持来自心的呼唤,感受自己身体的觉察,启发参与者展开自由联想,借助真实动作、舞动治疗等技术,在岩画外缘引领的游戏空间中,应用戏剧治疗发展转化法、具身化相遇,促进参与者在游戏中互动,把读到的内容表演出来。在表达与观赏的深度互动中,了解事件的来龙去脉和他人的所思所想,在对现象的复盘中觉察行为的自我革新,转化情绪能量实现思维能力的迭代更新,扎根自身的教育资源,进而提升积极进取的学习品质。

关于人类实践与艺术起源的多元决定论,法国结构主义学者阿尔都塞将结构符号学与精神分析学结合起来,用于研究马克思主义关于经济基础和上层建筑的理论,出于意识形态批评研究,他认为,社会发展不延一元决定,而延多元决定,并提出了多元决定的辩证法,或者说是结构的辩证法;文化现象的产生,都有多种多样的复杂原因,而不是由一个简单原因造成的。著名的芬兰艺术学家希尔恩就认为艺术本身就是一种综合性现象。因此,疗愈教育戏剧必须应用社会学、人类学、心理学、艺术学、哲学等多学科相结合的综合研究方法,才能真正揭示艺术起源的奥秘。总之,艺术的产生经历了一个由实用到审美、以巫术为中介、以劳动为前提的漫长历史发展过程,其中也渗透着人类模仿的需要、表现的冲动和游戏的本能。艺术的发生虽然是多元决定的,但是巫术说与劳动说更为重要。从根本上讲,艺术的起源最终应归结为人类劳动的实践活动。

(二)疗愈教育戏剧教学的阶段

1. 阐述本活动之主要内容与应注意事项
2. 暖身体验(安全与信任阶段)
3. 创设游戏活动
(1)舞动,寻找喜欢的岩画
(2)各组讨论分配角色以及表演出场顺序
(3)各组自行彩排
(4)分组表演
4. 团体讨论与建议(思维创造阶段)
5. 复演
6. 反馈与评论(接纳阶段,教师进行点评,鼓励并反馈学生的表演)

**案例卡片**

## 岩画精灵——不忘初心

**教学目标**

1. 通过体验、想象、讨论,了解个人性格的特质、态度。

2. 尝试肢体表达自己的内在感受,用3~4个动作表达个人特质。
3. 激发参与者对各种感受表达背后的觉察,反思对个人思维习惯的探索兴趣。
4. 理解铸牢中华民族共同体意识深刻含义。

**教学过程**

1. 暖身体验(安全与信任阶段)

(1) 制作能量球(建构)

玩法:教师带领,请感受自己的愿望,用自己的愿望包个希望球,给希望球起个名字。

规则:动作夸张地制作,大家模仿一起做。

(2) 抛接能量球(链接)

玩法:不能说话,用眼神沟通,说自己的名字,把球抛向对方。接球人重复前一个抛球人的程序。继续重复,传给未接过球的人。

规则:若传错,从头来做,直到参与者全部参与,最后传给教师收尾。

(3) 快速流动(深入)

玩法:复盘刚才的操作过程,从教师开始。

规则:若卡顿,则流动失败,可公布卡在那里的人名,从头开始复盘抛球说出人名,直到全部正确,球回到教师的手中。边观察边思考彼此的关系。

(4) 变身拓展

玩法:带大家去森林里寻找更多的能量,听教师指令:1、2、3,变身兔子(自检形象,提醒需要尽可能不同样子的动物形象)、狼、蓝马鸡、石羊、小鱼、小鹿、大树。

规则:尽可能与众不同。(观察大家游戏的状态,直到大家思维可以有所拓展。)

(5) 穿越金门(跨越)

玩法:穿越神奇之门,自由走,只要你盯住的,两个人中间转360度,你就可以穿越到另一个空间,看谁在音乐播放之内穿越的门最多。

规则:两人相碰,同时变石头;说话变石头。

(6) 找领袖(赋权)

玩法:在听音乐自由走中,自己设定一个领袖,模仿他的动作。

规则:两人相碰,同时变石头;说话变石头。

2. 复盘:自我打量(接纳阶段)

(1) 找出穿越门最多且未违规的参与者,请向前一步走。

(2) 自我觉察,感觉有人模仿过自己的动作,请向前一步走。

(3) 传递能量球时,有卡顿的,向后退一步。

(4) 违规变成石头,向后退一步。

渐渐地分出了几个获胜者,站立在队伍中心。大家请观察、讨论:你觉得,各位获胜者是运气好才能获胜,还是他们有什么品质,促使他们今天获胜?

(5) 启发参与者,尽可能分析得有理有据,请这几位同学复盘走的位置,总结每种能力并用词语概括,将其写出。问所有人是否希望自己也拥有此种能力。

3. 舞动出发(责任阶段)

玩法:(1) 在音乐的带领下,体验远古围圈仪式,屈蹲手上举收回的花山岩画蛙式动作,不断重复,加强围成新圆。

(2) 音乐尾音,小碎步弯腰甩头,结束造型,手向上举,到达宝藏。

(3) 教师入戏,请参与者缺啥补啥,有什么目标,就拿你想要的。

规则:用花山岩画留存舞动姿势,带领同学们在音乐的伴奏下舞动。

4. 寻找喜欢的岩画(探索阶段)

玩法:(1) 在音乐的伴奏下,观察提供的几幅图片,找到最喜欢、契合自己想法的图片。

(2) 容许重新选择,第二次给一个更为激动的音乐,请同学们再次选择,可以换,也可以依然坚持。如果选不出来,也可以自己创作一幅图片。

规则:在音乐停止前,走到自己最喜欢、最有感觉的图片前站立。

5. 分组表演(思维创造)

玩法:同一幅图前有几个人,就几个人讨论,设计成一个默剧表演。

规则:可以像个导演,邀请其他参与者,帮助进行乐器伴奏。

6. 围圈分享

过程中的心态或创造性、团队精神、沟通能力的感受。思维升华阶段在教师引导下,将自己各方面能力的提升具体化。

(三) 疗愈教育戏剧《岩画精灵》共同体剧场变革实践方法

1. 破茧成蝶的生命剧场

在实践中寻找具有自然性、真实性、时代性和稳定性的一种新的话语理论阐释。构建新的教学实践理论体系,从理论"先行"转向在场"扎根",研究过程需侧重"在场师生"的表现;研究方法采用现场观察和口述式;岩画呈现的人类的童年期,儿童对岩画的解读最为接近原义,岩石刻画代表着远古社会向往的信仰世界。应用岩画精灵共舞剧场,激发体验者发现、创造最温暖的岩画故事,使其成为中国文化故事最生动的传播者。岩画是人类最古老也是最有力量的文化遗产。符号的运用和象征的视角审视,能够让精神紧张、心灵困顿的现代人重新体验幻想飞扬的奇妙乐趣。刻画在岩石上的每个符号都传递着一种信息,表达着交流的意愿,这一古老的符号语言表达了精神层面的意义,岩画中的脚印或手印、形状或图画的轮廓具有神奇意义,我们把这种意义的联想看作人类认知能力的发展,向符号深层次的文化资源矿藏加以挖掘,追寻思想政治理论指引建设研究。我们的研究借助儿童的眼睛,感受身心的召唤,用叙事性岩画故事所传递的意义,面对当下社会环境、价值观念以及社会信仰变化的挑战,用孩子们的眼睛去看岩画、解读岩画,创新中国话语。

"游戏化教学""真实情境做中学"在情景化儿童适宜的艺术活动中帮助师范生回到童年环境,以理解儿童的心理特征,来培养和提高师范生的学科素养,从而设计出立足实践、注重创造的课程。设计学习、操作学习为其主要特征,运用多样化的学习方式促进师范生技术意识、工程思维、创新设计、图样表达、物化能力五方面核心素养的形成与发展,是本课程教学发展的新趋势。而项目式教学是一种以操作实践为导向、积极发挥教师主导作用、明确学生主体地位的教学方法。选择与教材知识相关、学生感兴趣的典型问题或主题来设计项目,以项目研究的方法进行小组合作学习,通过师生共同实施项目解决问题、制作作品进行教学活动。这种教学法在项目完成过程中鼓励学生积极地通过持续探索、团队协作来主动参与学习、自觉进行知识建构。显然,这种模式的教学能凸显通用技术课程的基本理念,非常适合基于学科核心素养培养的通用技术教学实践。为更有效地达成课程教学目标,需要在实践中探索以核心素养的培养为导向、以项目为载体、以学生为中心的基于核心素养培养的项目实践模式。

疗愈教育戏剧是创作内在世界概念的一种形式。叙事性情境、真实的想象、不同视角,"润物细无声"的思辨体验式教育模式,能浸润身心,创造交流机会,有效地促进心智成长,释放并疗愈个人成长的内在经历创伤,帮助体验者寻找生活的真谛,进而成为更好的自己。在疗愈教育戏剧《岩画精灵》共同体剧场中,生长出来的疗愈能力、创造力、想象力,具有强大的生命力场域,通过交流互动来迭代认知,团队彼此陪伴,拥有共同的目标,面对任务,鼓励大胆尝试,如果有思想萌芽,敢于发表意见、进行自信的展示,让体验者更具有掌控能力的感受,提高自信心。"蝴蝶效应"不断丰富延展,让未来的路更加宽广,具有更多的可能性,促进体验者正念积极地去思考人生的真谛,让思想、心灵不断地变得美丽而完善。

2. 艺术和疗愈融合的实践研究行动探寻、反思、整合及转化中,分六个步骤

第一步,戏剧性游戏安全与信任阶段:通过营造最自然、最放松的游戏进行象征性表达,解决内在冲突、释放压抑的情感。第二步,复盘反思接纳阶段:(剧场)针对刚才的游戏体验进行分析觉察,对于自己的无意识行为进行审视,请参与佼佼者呈现行为地图,实现榜样带领。第三步,角色扮演责任阶段:借助幻想来学习如何控制潜在的具有破坏力的冲动、表达不被接纳的自我,用岩画图像中最原始的动作、步伐舞动。第四步,高峰体验工作阶段:探索问题和发现解决方法、为真实生活中的事件进行演练、表达希望和心愿,实验新的角色和情景以及发展出自我身份感确定自己内心的图景,在岩画图案中,寻找与内心最契合的图案旁落座,分享看图感受。第五步,戏剧性仪式思维创造阶段:提供器乐及展示的平台,即兴表演喜爱的岩画描述的活动景象。第六步,分享总结思维升华阶段:在教师引导下,将自己各方面能力的提升具体化,系统地凭借教育剧场的过程,应用游戏治疗、舞动治疗、歌唱治疗、绘画治疗、叙事治疗技术,完成心理健康的梳理与调整,实现参与者心理的成长和改变。

(1)情绪的转换应用技术

舞动治疗之母玛丽安·切丝的基本理论是"舞蹈即沟通"。这是促进人们实现更恰当的表达的方式。通过镜像个体的姿势、动作,再以另一个动作表达在情感上进行回应来建

立关系。用节奏去组织团体,当团体能以一种共有的节奏来表达感觉时,每个成员都能从中汲取能量,获得更充沛的力量感、安全感,同时节奏帮助参与者觉察自己的身体内驱力、看到不同个体情感的身体模式,彼此分享动感。集体舞动往往比独自舞动更能令参与者感到巨大的神奇力量,这主要通过团体内互动凝聚而成,人们经由身体动作产生的内在能量发展出团体的安全感和凝聚力。这是"一种引入舞蹈和运动的心理疗法,该疗法能够使人创造性地投入治疗,促进情感、认知、生理、社会因素的融合"。身心互动,动作的变化将影响整体效果。动作体现性格,动作有其象征意义,能够反映人的潜意识过程。动作编排能够使来访者体验全新的自我存在感。由于存在大量的非语言调节,舞动疗法采纳了早期客体关系理论,比如温尼科特也认为"人只有在创新中才会发现自己。"①

(2)拉班动作研究体系理论应用

"拉班动作解析体系"是拉班研制的一种观察和训练工具,这个系统包括躯体、努力、造型、空间关系。主要是应用转化负面情绪和性情对身心的影响,使其成为可能的内在驱动力。将情绪与内驱力的关系一一对应,情绪与内驱力的表现有助于具体、形象地捕捉到人的行为背后的需求与现状。

(3)拉班-芭特妮芙动作研究体系理论应用

依据健康动作基本原则的理论,人类的学习、工作行为与表达性动作之间具有一致性,一个动作的内在动机与身体呈现之间有着精确的对应关系。实践训练很有效,动作的内驱力组合表达出不同的内在心态、情绪,同时外在的动作因素能导致内在情绪的迅速转换。

## 三、疗愈教育戏剧《岩画精灵》共同体剧场的创新

疗愈教育戏剧《岩画精灵》共同体剧场是"表演出来的研究"。每个人的成长阶段都对应了人类艺术史的发展历程,数万年前的人类从洞穴壁画、岩画、图式绘画到文字的发展和演变过程,直观地呈现了人类儿童期的思维在戏剧教育中应用岩画艺术,人类智慧的结晶引导人类想象力的发展,借助儿童解读人类早期精神面貌,更契合我们时刻不忘的人类初心梦想。疗愈教育戏剧《岩画精灵》共同体剧场,大力弘扬了中华优秀传统文化,有助于加强高校思想政治工作,实现创造性转化、创新性发展,转化和发展成社会主义核心价值观的有机组成部分,形成具有存在主义哲学、后现代主义和佛学禅宗思想的体验活动。戏剧中的情境不一定是真实的情境,但在想象力的作用下,体验到的恰似真实。强调中华民族共同体,充分激发教育对象的想象力,帮助教育对象编织情境,让教育对象将已有经验通过想象力融入当下的戏剧中,借助想象力的催化,内化真、善、美的积极基因,完善人格成长,提升教育技术,培养共情能力。

(一)研究借助儿童的眼睛,儿童万物有灵的世界,寻找喜爱岩画图片

这个探索的过程更加笃定,依据内心潜意识的需求,在互动学习中体验专业技术应

---

① 邦尼·米克姆斯.舞动疗法[M].余泽梅,译.重庆:重庆大学出版社,2017.

用,探索自我成长。不是教师说什么,就呈现什么,而是老师和体验者在游戏中自由驰骋的体验式教育模式。为了进一步考察3～6岁儿童对岩画的喜好程度,在岩画专家的协助下,从1 000幅岩画图片中,挑选出有代表性的岩画共120幅,并进行随机编号,每12幅画随机为一组,共10组。要求幼儿先整班观察120幅画,每位幼儿手里有10票,对每一组即每12幅画中自己最喜欢的1幅进行投票。幼儿按序号挨个进入预先布置好的场地进行投票。先后进入银川市一幼(公立),宁夏幼儿师范高等专科学校附属幼儿园(公有民办),旭日龙幼儿园(私立)三所幼儿园,调查大班5个班级共181人,中班5个共179人,由于小班幼儿对测验的理解及安排需要更多的时间,因此随机测验了小班2个共68人。3～6岁参与幼儿共428人,12个班。

对投票进行统计,对每个年龄阶段岩画喜好进行排序,结果见表1-2。大班、中班幼儿排名前13的共同岩画编号为61和47,证明这两幅画对4～6岁的幼儿有吸引力,画面所传递的信息和符号是这个年龄阶段幼儿所喜爱的。由于小班(3～4岁)幼儿人数及选择时的分散,最终选出的只有编号47票数较高。证明3～6岁幼儿对编号47的岩画最喜爱,这幅岩画所传递的信息是最受幼儿喜爱的。

**表1-1 幼儿对岩画投票的情况统计**

|  | 序号 | 票数 | 百分比 |
| --- | --- | --- | --- |
| 1 | 61 | 7 | 1.6 |
| 2 | 47 | 6 | 1.4 |
| 3 | 28 | 5 | 1.1 |
| 4 | 105 | 5 | 1.1 |
| 5 | 10 | 4 | 0.2 |
| 6 | 17 | 4 | 0.2 |
| 7 | 30 | 4 | 0.2 |
| 8 | 45 | 4 | 0.2 |
| 9 | 62 | 4 | 0.2 |
| 10 | 68 | 4 | 0.2 |
| 11 | 81 | 4 | 0.2 |
| 12 | 93 | 4 | 0.2 |
| 13 | 95 | 4 | 0.2 |

在对13幅岩画图像的分析中,我们惊异地发现图像投射的几种表达,有的属于具有疗愈能力的曼陀罗语义的图像类型,有的是幼儿非常喜欢的幼圆版图像类型,还有的图像属于有很强的情绪具有启发创造力、想象力的图像类型。由此,针对大部分心理健康的、阳光的同学,进行了分级分层的图像筛查—行动行为观察—释放情绪表达,在活动中悄然地借助这个安全的游戏空间,与孩子用角色人物的特质,解决他们所面对的困难,对于孩子们的成长更有益处。这种分级分类疏导、心理与德育的密切合作,有利于培养学生的积

极心理品质,实现团体心理问题的积极建设。

1. 人类精神及生命力素养的载体

岩画是人们探索自己生命意义的象征符号,图像赋予人们对于空间、信仰、精神力量的多种含义,更直接反映了人们对于空间的认知,展现了社会实践活动。岩画呈现的是人类的童年期,儿童对岩画的解读最为接近原义,岩石刻画代表着远古人们的信仰世界,破译岩画的过程有趣又困难。对于叙事性表达的岩画,研究人员比较容易做出猜测。但更多时候,研究人员在古人留下的谜题面前束手无策,比如一排短短粗粗的线代表了什么?参与研究的巴西伯南布哥州联邦大学人类学家安妮·佩西斯说:"想要精准地还原这些岩画信息是不可能的。我们唯一能做的就是建立假设,尽量寻找相对可信的答案。"

法国符号学家贝斯菲尔德提出,"舞台空间可以作为一个庞大的心理空间出现,在这个空间里,个人的心理力量和他人的心理力量相互碰撞"。用积极的心态对人的心理现象做出正面、积极的解读,挖掘人本身具有的潜在能力,并利用这些积极的品质来帮助人主动寻求良好的生活状态,达到助人自助的目的。岩画是人们在探索自己生命意义的象征符号,图像赋予人们对于空间、信仰、精神力量的多种含义,更直接反映了人们对于空间的认知,展现了人们的社会实践活动。

2. 复演说唤起参与者潜意识中的集体记忆

19世纪末20世纪初,达尔文的进化论影响甚广,当时在生物学上已经发现人类的胚胎发展史就是动物进化过程的复演。霍尔受这种思想的影响,把达尔文关于"进化(evolution)"的生物学观点引入心理学领域,并扩展为心理学的复演说(theory of psychological recapitulation)。该学说认为,个体的发展只不过是人类种族进化的复演过程。具体地说,个体在出生以前即胎儿期复演了动物进化的过程;4岁前的婴幼儿期复演了动物到人的进化阶段;4~8岁的儿童期复演了人类从蒙昧向文明过渡的农耕时代;12~25岁的青少年期则是复演了人类的浪漫主义时代。所以给予儿童一个演化的阶段成长,对于完善人类成长的需要,是非常重要的。

德育教育抽取了对岩画的认识中有价值的内容,儿童在岩画外缘的引领体验下认领角色,为将来成长铺垫的精神力量奠定基础,培养儿童的学习品质,让孩子们在玩中学、学中玩,实现与教育结合的童心教育。培养人才需要在人文精神的浸润中培养形塑社会、推动社会的能力,使理想成为实在。没有适合的文化教育理念去培养未来的社会栋梁,只是梦呓般的迷思,只是一句空泛的口号,人文精神的实践必须要有些条件与之搭配才有可能。真正学会理解和体谅,在不同的环境中照顾自己与别人,关注身体、情绪、情感的感受,激发学前教育者的同理心,更好地为教育事业服务,是共产党人勇于自我革新的写照。课程在组织形式上的变化,与时俱进的教育价值观的深层变革,体现了一种以学生整体发展为中心的问题导向意识,旨在促使教育对象建立各种艺术感觉、经验、知识、智能相互衔接,形成融会贯通的教育生态结构,并使学生具有积极探索、表现和创造艺术价值的能力。

3. 实现每个人的均衡发展,《岩画精灵》共同体教育范式调节社会主要矛盾

应对人民日益增长的美好生活需要和不平衡不充分的发展之间的矛盾,是切实的精

神素养的疗愈。在情景化言语的带领下，大家慢慢舞动起来，彼此更紧密地与名字产生链接，游戏化体验舞动，进入安全的游戏空间，与感知链接起来，借助寻找喜爱岩画图片的过程和抽象符号具体的投射，让自己更加笃定内心潜意识的需求，参与者在互动学习中，体验专业技术应用，不断生发探索自我成长。这个教育空间是具有生命力的场域，创造是自然意识的呈现，容许跟随参与者的思想，安全地表达。通过戏剧手段，在人物性格和情节的故事张力、悬疑和戏剧性的讽刺与惊喜、过程性戏剧的关键特征中，不断尝试各种可能性，给予体验者恰似真实场景的多种演练。在这个过程中，焦虑、不安得到释怀，应急创伤得到疗愈。借助有趣的哈利·波特式穿门的一系列戏剧游戏，触达身心灵合一的境界，凝聚力量，抓住自发的图景，尝试去做。突破自我限制，享受跨越高峰的体验，为未来的自己增添积极的力量。

　　从职业发展的角度来看，疗愈教育戏剧深度多元的探索方式对师范生的经验积累、应用型能力的核心素养培养具有直接帮助，对进入教育、心理学、法律或政治领域的学生而言，也是很好的起点，具有积极的情绪疏导能力，有效支持互动参与的开放式的自我表达与人生态度的选择，认真地听、自信地说，无论将来从事何种工作，都会奋发努力，绽放真实的自我，追求不悔的青春。这是真实地面对自己的生命，是一种看到过往的生活经验带给我们的情绪困扰和局限性的解决办法，转换视角尝试改变行为，进而回归到一种自然的幸福的生命状态，这种转换的过程，便是疗愈。疗愈教育戏剧的表现形式是戏剧扮演，其教育目的不是创作戏剧作品，而是通过疗愈教育戏剧培养参与者的创造性表达及发现问题、解决问题的思维能力。疗愈教育戏剧重过程，抓住戏剧"思考人生"的本质，也就是通过戏剧这种最能直接面对生活的艺术，让参与者学会思考、学会生活。

　　在戏剧扮演中尝试各种解决办法，促使参与者在"演戏"中思考人与人、人与社会、人与自然的关系和问题，从而丰富各种经验。疗愈教育戏剧的哲学思想来自卢梭的儿童中心理论和杜威的"做中学"思想，通过游戏和角色扮演、行为雕塑、坐针毡等戏剧习式，在过程中学习模仿、体验，解放儿童天性。深谙人类从工业社会向信息化社会转型中适应当代创新型社会的需要，从而强调知识的建构性、社会性、情境性、复杂性与默会性，疗愈教育戏剧生发于情感，浸润于情境中，在身体的参与中获得新的感受。

　　综上所述，疗愈教育戏剧《岩画精灵》共同体剧场，是岩画精灵与心灵及潜意识的对话，艺术的肢体、音乐、原始雕塑及绘画的链接，对人们不仅具有吸引力，而且具有生发潜意识的可能性，培养创造性思维的能力。全然地进入情境，仿佛有新的气息注入生命，对岩画价值新的再理解、再开发、再应用，将是凝聚民族力量、实现特色建设发展的切入口。也是自我革新的最佳契机，民族遗产岩画中恰蕴含着远古生命人类智慧的宝藏，孩子们与人类智慧有着天然的契合，我本自足的信念赋能，让我们向内去找寻力量，人们通过岩画精灵探索心灵，正是我们中华民族的力量彰显，获得对他人心灵更深刻的认知和理解。通过这种互动的开放的应用方式，疗愈教育戏剧《岩画精灵》共同体剧场成了为各民族文化交流寻找共同的美好未来同频共振聚力攒劲的原动力。岩画原始艺术所具有的艺术张力震撼而神秘，通过体验者基于好胜心、好奇心、爱美之心的不断追求的自发性，创造新时代不同人群对美好未来奋斗的新中国故事。

### （二）疗愈的理论支持

情绪表达"以画明志"为个体提供了非言语的自我表达途径。借由多种艺术手段与专业治疗技术的协同作用，人们能够精准地将内心情绪具象化，有效调节右脑的感性思维与左脑的理性思维，达成二者的和谐统一。心理学研究表明，大脑的前额叶皮层主管理性思考，而边缘系统则掌控情绪。当个体遭受痛苦或创伤时，情绪脑会占据主导，令人陷入情绪的洪流难以自拔。然而，一旦个体能够正视自身情绪，理性脑便会被激活，运用语言和逻辑梳理问题，降低情绪的强度，从而使情绪趋于稳定。心理学家巴塞尔·范德考克在《身体从未忘记》中指出，创伤往往潜藏于无意识深处，以压抑和回避的形式存在。当我们勇敢地直面创伤，大脑内的神经连接会重新组合，将内心"未完成的故事"转化为可以坦然接受的"过去式"，实现创伤记忆的重构。人本主义心理学强调，无条件的自我接纳是心理成长的核心。"看见即疗愈"的本质在于接纳自己的内在状态，不评判、不逃避，从而增强心理弹性，减少内心的冲突与内耗。存在主义心理学认为，人类有着"被理解"的深层需求。当个体的痛苦被自己或他人真诚地见证时，孤独感和异化感会减轻，存在的意义感得以增强，心理状态也会变得更加柔软和开放，为疗愈创造有利条件。这正是"看见即疗愈"理念的重要体现。人本主义坚信每个人都拥有无限的潜能，具备自我疗愈和成长的能力。

在认知疗法中，疗愈教育戏剧——《岩画精灵》所构建的共同体剧场，融合了游戏治疗、舞动治疗、声音治疗、戏剧治疗和等多种方法，为平凡人提供了一个展现真实生命的舞台，助力他们完成生命的转化，改变个体对事件的看法、信念和态度，进而影响最终的结果。同时格式塔心理学也主张通过对外在事物的有序调整，来触动内在无形无序的心理状态。将理论层面的疗愈可能性切实地转化为个体的成长与蜕变。例如，岩画曼陀罗绘画便具有自发的疗愈性，通过行动中的探寻、反思、整合与转化，将艺术与疗愈有机融合。

追溯疗愈的起源，国内外的专家认为，与萨满教在人类发展史的疗愈功能上表现形式略有渊源，现代戏剧治疗遵循了人类的习惯，进行了新的改进，不断为疗愈的技术发展找寻根基。萨满教起于原始渔猎时代，是一种古老的灵性修行，视自然为灵性和疗愈的源泉，萨满教有意识地被更广泛采用却是发生在当代的事实。萨满所疗愈的对象不只包括自己或他人，也包括大地或世界；萨满疗愈的范围则包含了物质、身体、心理和灵性等各个层面。更精简地来说，萨满教的意义就在于其疗愈功能，不论是治疗疾病或是意识转换，萨满教的目的都在于维持健康和增进健全，如前文所言，所谓健全不仅是指人类、自然以及人类和自然关系的健全，也包括了人类潜能的发掘、自我的完成或大我的实现。

### （三）戏剧治疗的历程

20世纪70年代戏剧治疗在英国发展为一门独立的学科。美国心理剧的创始人莫雷诺，将戏剧和心理学进行整合，并在行动中反映——于1979年正式成立美国国家戏剧治疗协会。丁瓒教授是中国著名的心理学家，中华人民共和国成立以后，他多次提出要以辩证唯物论作为心理学的指导思想，强调心理学要为社会主义建设服务。1943年，《大公报》发表了丁瓒心理学思想与莫雷诺思想在心理剧治疗的最早的推广的文章，倡导心理治

疗要"做中学",理解对方,表达性艺术治疗为中国心理学的发展做出了宝贵的贡献。他领导筹建了中国科学院心理研究,他是中国医学心理学的创始人之一,也是中国心理卫生协会发起人之一。1948年在伦敦召开的世界心理卫生大会上,丁瓒是唯一一位中国学者。他对发展中国医学心理学和宣传心理学的应用价值发挥了重要的推动作用。

1944年,丁瓒教授创办并主持了中国第一个心理卫生实验室,该实验室附设自己的实验区、咨询处和门诊部,比较系统而有计划地开展了医学心理学的科研、医疗、教学和科普宣传等工作。他较早地开展了青年心理学、儿童发展、儿童习惯养成和行为问题的研究,在20世纪40年代就提出要注意对儿童进行正确的性卫生教育。他所著的《青年心理修养》和《心理卫生论丛》二书,当时在学术界和社会上曾产生过较大影响;杂志上发表的许多文章,为广大读者争相阅读。二是较早地用辩证唯物论的观点来研究心理学和评价国外学术界的情况。他早年把欧美许多精神病学家和心理学家的工作向国内学术界介绍,他与人合译了《青年心理学》一书,在青年读者中曾产生一定影响;在当时的历史条件下,他对苏联心理学家,如鲁利亚及维果斯基等人的工作也做了相应的介绍。他在《怎样开始心理卫生工作》一文中曾提出:"在研究人类心理现象时,一面是有着主动积极的人类认识作用,一面还存在着作为人类认识作用对象的社会环境。人类心理现象中的认识作用,固然不是单纯的被动的环境反映,但更不是超现实而孤立的作用着的机能。无论是在常态或是病态的心理现象了解之中,不能忽略这主观与客观两方面的任何一端。"从这一基本观点出发,他对医学心理学一系列理论问题,诸如医学心理学的对象、方法、目标和研究手段都提出了系统而明确的观点。这些观点是符合辩证唯物主义基本原理的,不仅在当时的历史条件下难能可贵,在今天也不失其指导的意义。

人类在文明起步之始凭借自身身体作为确定无疑的"一"而成为万物之灵。在这种思维的统摄下,维柯以原始"身体"思维即他的诗性智慧的"一",建构了全部身体思维的诗性的逻辑功能、伦理功能、经济功能和政治功能,产生了隐喻、象征、神话等形而上的形式,甚而他认为原始人类通过"身体"思维发展出了物理知识、天文知识、时历和地理知识,这些是诗性的身体思维"一"的必然结果。[①] 原始思维里将看似不相干的东西联系在一起,是因为他们相信自然是有序的,而思维的运动一定建立在这种秩序当中,因此,原始人相信一切神圣物在大自然系统中都各自占有一定的地位,原始人类存在着一种普遍的维护宇宙秩序的思维方式,人们就能自然而然地在由自然和自己共同建造的一个结构"合理"的思维中生存下去了。这是最基本的一种思维,这种思维被他称为"野性的思维",是一种有别于现代性被驯服、被教化的思维。这种野性的思维是与现代文明不同的符号体系和思考方式,克洛德·列维-斯特劳斯认为它"借助于形象的世界深化了自己的知识。它建立了各种与世界想象的心智系统,从而推进了对世界的理解",它是"具体性""整体性"的,野性的思维在上述意义上是一种模拟式的思维。

---

① 鲁杰,张再林.作为原始思维的身体及其现代回归——哲学人类学视角的探讨[J].河南社会科学,2014,22(06):89.

## 四、教育戏剧的发展历程

(一) 教育戏剧的发展

1. 教育戏剧的起源

西方国家"戏剧是一个国家课程中必要的学习内容"。不同国家对教育戏剧没有统一的界定。在英国,这类应用于教育上的戏剧活动被称为"Drama in Education",简称"DIE",即教育戏剧。而在美国,它被称为"Creative Drama",即创造性戏剧。我国台湾地区受早期美国戏剧的影响,将其译为"创作性戏剧"。我国香港地区受英国教育历史的影响,采用"戏剧教学或教育戏剧"的名称。大陆有教育戏剧、创造性戏剧和儿童戏剧教育三种翻译名称。[1] 教育戏剧是自法国教育思想家卢梭的"成人的归成人,儿童的归儿童"及"戏剧性实作的学习"两个概念发展而来的。它自英国扎根、成长而形成了学制内的教学,并影响了世界各国的教育政策,运用戏剧与剧场的技巧,从事于学校课堂内的教学方法,它遵循人性自然法则,自发性的群体与外在接触。在指导者有计划、有架构的教学策略的引导下,以创作性戏剧、即兴演出、角色扮演、观察、模仿、游戏等方式进行,让参与者在彼此互动的关系中,能充分地发挥想象、表达思想,在实作中学习,以期使学习者从美感经验中增进智能、生活技能并获得知识。教育戏剧的重点在于"教育",教育戏剧为学生创设了一个较为安全的可以自由表达的环境,学生在戏剧活动的过程中通过小组讨论、创造表演,增强了彼此之间的交流,锻炼了自身的沟通与表达能力。同时,学生在教育戏剧的活动中,不断面对、探索及解决问题,这一过程促使学生积累了大量的生活经验,从而帮助他们更好地认识自己,不断发掘自身的潜力[2]。

2. 教育戏剧的特征

教育戏剧的价值主要表现在提升学生的核心素养、回归课堂教学的本真、形成学生的共生理念等方面,是可以让体验者思考社会化生活的有效育人途径。具体特征包括具身化、过程化、全人化。

(1) 具身化

"人的身体在认知的过程中起到了非常关键的作用;认知是通过身体的体验及其行为活动方式而形成的。"[3]教育戏剧创造环境及方式,让人们在体验的过程中将身体融入进去。

(2) 过程化

在课堂教学中创设一种让学生积极思考的问题情境,独立认识、独立探究知识的本

---

[1] 商妮.教育戏剧活动促进大班幼儿情绪调节发展的教育现场实验研究[D].沈阳师范大学,2016.

[2] 史楠.教育戏剧在高师课堂教学中的应用研究[D].陕西师范大学,2018.

[3] 叶浩生.具身认知:认知心理学的新取向[J].心理科学进展,2010(5):705-710.

质,认识到知识的不确定性和不断变化。过程教学就是让学生体验知识的来龙去脉,从而把知识变成智慧。

(3) 全人化

教育戏剧是从一元到全人的教学。一元的教学,就是只教给学生知识的教学,所教的知识是被窄化了的具体知识、退变为符号形式的知识,教学仅仅停留于知识本身。学生对教师在课堂上讲授的知识能不能内化于心,能不能"学以致用",这不是课堂教学中教师所能掌控的。

3. 教育戏剧与戏剧教育

欧阳予倩等老艺术家在20世纪30年代已经提出,戏剧教育的两大支柱是台词和形体,由这两大支柱发展出声、台、形、表等主要课程,以及专业的编、导、舞美等知识体系和技术技巧;而这些并不是教育戏剧所必需的,教育戏剧是不强调这种戏剧教育的知识体系和技术技巧。反过来讲,教育戏剧也需要把戏剧的目的剔除掉,它才能称之为"教育戏剧(Drama in Education)",成为名副其实的"DIE"。"教育戏剧"的宗旨非常明确,就是用戏剧的手段来实行教育,来实现在人文学科,以及游戏、公民教育、公德教育、矫正治愈等非戏剧目的。根据戏剧在教育过程所起作用的不同进行了区分:教育戏剧的"戏剧"被看成一种教学的手段,而戏剧教育的"戏剧"被看作学习[①]。

(二) 我国儿童戏剧的发展历程

根据古画的记载,戏剧故事、偶戏在儿童的教育中出现的很早。中国儿童剧的萌芽,一般认为黎锦晖创作的儿童歌舞剧,如《小小画家》等。儿童剧的最早表现形式是舞台表现,我国多以儿童为服务对象的话剧、歌剧、舞剧、歌舞剧、戏曲以及童话剧、神话剧、木偶戏、皮影戏等不同类型剧种统称为儿童剧。1935年成立的新安旅行团、1937年成立的孩子剧团,都是最早成立的进步儿童剧团。抗战时期,陕甘宁边区和上海等处都有儿童戏剧组织陆续成立,如重庆育才学校戏剧组、昆明儿童剧团、上海团囝剧社等。他们都在艰难的环境中为中国儿童剧的发展做出了贡献。1947年4月10日,宋庆龄先生亲手创办了中国福利会儿童艺术剧院,是中国历史最久的儿童剧团体,得到了黄佐临、张石流等一大批杰出艺术家的支持和帮助。中华人民共和国成立前,中国优秀的儿童剧有《乐园进行曲》《猴儿大王》《小主人》《表》等。

1. 中华人民共和国成立后戏剧的发展情况

中华人民共和国成立后,北京、上海、武汉、辽宁、四川、云南、宁夏、乌鲁木齐、西安、石家庄、鞍山等地区相继成立了20多个儿童戏剧院团。其中有中国儿童艺术剧院、北京儿童剧团等。各地院团先后创作和演出了《大灰狼》《宝船》《马兰花》《报童》《革命的一家》《枪》《童心》《儿童团》《果园姐妹》《双双和姥姥》《草原小姐妹》《巧媳妇》等题材丰富、形式多样的优秀剧目。1982年,文化部举办了全国首届儿童剧观摩演出。1986年举办全国首

---

① 史楠. 教育戏剧在高师课堂教学中的应用研究[D]. 陕西师范大学,2018.

届学校剧评奖,相继又产生了一批新的儿童剧剧目,如:《朱小彬》《喜哥》《宋庆龄和孩子们》《闪烁吧繁星》等。1983年,中国儿童戏剧研究会在北京成立。

儿童剧除了具有戏剧一般的特征外,还要适应儿童的情趣、心理状态和对事物的理解、思考方式。要求通过具体、鲜明的形象与活泼、明快的情节向他们剖析严肃的主题,进行美的感染。在美的感染过程中,培养儿童积极的创造性精神,发展他们的意志和想象力,从而使他们的思维能力受到锻炼,唤起他们的求知欲,尽可能使他们正确地认识现实世界与周围事物,以达到巩固其自身既有的道德感的目的。儿童剧一般都具有思想的明确性、道德的纯洁性、人物性格与行为的真实性、摄取生活素材的广泛性和准确性、艺术构思的完美性。在有些国家,根据儿童各个年龄时期的差别,有学龄前、学龄初期和少年期儿童剧的明确区分。苏联、日本、罗马尼亚、澳大利亚、挪威、瑞士、德国和美国等都是儿童剧比较发达的国家。著名的儿童剧作品如《灰姑娘》《乞丐与王子》《皇帝的新衣》《十二个月》《神镐》《青鸟》《青年近卫军》《快乐的汉斯》《乐园进行曲》等在许多国家已广泛流传。

2. 教育戏剧在中国的发展

自李婴宁女士1995年开始系统介绍教育戏剧到中国以来,部分中小学校、幼儿园展开了各类教育性戏剧类别方法、理论、体系的启蒙。从2014年在中国南京首届国际教育戏剧的召开,寻找新的更适宜教学的方式慢慢升温,教育戏剧与各学科的碰撞也越来越多,直到今年,义务教育的课标等文件已经明确教育戏剧进课堂的内容。正如伟大的哲学家亚里士多德说过,"对于那些需要学习才能掌握的事情,我们在做的过程中学习"。

英国戏剧教育学者桃乐丝·希斯考特(Dorothy Heathcote)作为这一范式的创始人,认为教师将戏剧运用到教学课堂情境中,可以帮助儿童深化对生活经验的理解、反思,并深入认识周围世界。这种应用而生的就是过程性的教育戏剧,运用戏剧游戏激发及重新唤起参与者的想象和扮演热情,让参与者能投入原有的创造力,在喜悦中学会掌握操控自己的肢体及情绪。以引发参与者的共同学习热情为切入点;通过不同的教育戏剧范式互相搭配,进行有目标及完整结构的主题学习;进行成果展示,参与者进行过程性总结;最后进行舒松游戏,使参与者恢复平静,在冷静、理性的情绪下把用激情学习到的知识、态度、技能,内化为智慧。根据主题引导者与参与者一起探索发展,挖掘各种可能性,生成当下大家对这一观点的戏剧内容的展示与解读的新表达。在戏剧课上习得的技能并不只在戏剧课上有用,在英语、科学或社会研究等学术课上同样有用武之地。除了培养自信心、锻炼公众演讲能力等显而易见的益处,戏剧还能帮助学生提高管理时间、约束自我和汲取他人建议的能力。戏剧排演过程中,演员会随时听到来自各方的反馈乃至批评,这种经历将让学生习惯倾听不同的声音,在面对批评时能够虚心受教,而非粗鲁辩解。

## 第三节 疗愈教育戏剧应用的心理学基础

表达艺术被称为艺术疗法或艺术治疗。广义上来讲,当艺术活动关注心灵的成长时,以艺术为载体开发帮助体验者认识问题、调整关系、宣泄情绪、疏解压力外,可以使参与者

建构一种全新的心理世界，并使受到心理困扰的个体从困境中解脱出来。如有目的地开发游戏、舞动、歌唱、绘画、雕塑、制陶、诗歌、戏剧等，服务于心灵的治愈。从狭义上来讲，艺术是一个通情高手，依靠健康心理标准的研究，依据用艺术的方法避开阻抗，更易觉察整合自己与自己的关系、自己与他人的关系、自己与社会的关系。关注人生，给生命一种解释，给生命的意义一种解释，探讨生命的意义问题，帮助人们自我超越和谐的共同生活，拥有自由精神和独立人格。

每个人的生长环境不同，秉性、性格不同，遇到的事情也不同，戏剧成为创造我们感知外在世界的门户，而且是认识得以可能的基本前提和先决条件，在这个技术中回归身体、研究身体，重返"活生生的、敏锐的、动态的、具有感知能力的身体"，呼应诸如尼采、梅洛-庞蒂、舒斯特曼、福柯等思想家不绝如缕的呼声和追求。

最原始的思维就是身体思维，对于我们时下正在研究的身体哲学无疑具有重要的借鉴价值和启示意义。艺术表达与艺术教育虽有相似性，却是两个不同的研究方向，两者运用的艺术材料有很多一样，创作的过程也都是从开放性到结构性，引导的语言也会是友好而温暖、富于启迪性。艺术表达与艺术教育最关键的区别是看不见的：艺术教育关注艺术的认识，成长的是专业技术的能力；艺术表达关注的是参与者的宣泄、心理与外部认识结构感觉，帮助引导提高个人情绪调节能力，促进心智成长。这是更深入地爱孩子的教育方法，借助有效、专业的技术操作，才能真正帮助教师，使教育中"润物细无声"的理想师生关系遍地开花。书中的"疗愈"元素主要是从教师职业拥有天然的建议功能与调整的地位、教师与教育对象的密切关系出发，如果教师能够与时俱进掌握一些心理咨询领域的技术，更早地辨别教育对象深层次需求，随着社会发展的需求专业化成长，才是真正"润物细无声"地陪伴、引导孩子们，关注孩子们的心灵需要及价值观的生长，更好地成为自己，提供采取行动的机会，促进其身心一体化的进程。

人格是一个复杂的结构系统，它包含着各种成分。主要包含人格的倾向性和人格的心理特征两个方面。前者是指人格的动力，后者是指个体之间的差异。人格也称个性，这个概念源于希腊语PERSONA，原来主要是指演员在舞台上戴的面具，类似于中国京剧中的脸谱。

需要和动机是人格的动力，它表现了人格的倾向，是人格中最活跃的因素，是人格积极性的源泉。人格的倾向决定着人对现实的态度，决定着人对认识对象的趋向和选择。后来心理学借用这个术语用来说明：在人生的大舞台上，人也会根据社会角色的不同来换面具，这些面具就是人格的外在表现。

人格心理特征是人的多种心理特点的独特的结合，构成了一个人心理面貌的独特性，说明了心理面貌的个体差异。人格的心理特征包括人的能力、气质和性格。面具后面还有一个实实在在的真我，即真实的自我，它可能和外在的面具截然不同。

能力它是顺利有效地完成某种活动所必须具备的心理条件的一种心理特征。气质是表现在心理活动的强度、速度和灵活性等动力特点方面的心理特征。性格则是表现在人对客观事物的态度，和与这种态度相适应的行为方式上的人格特征。人格主要是指人所具有的与他人相区别的独特而稳定的思维方式和行为风格。人格是指一个整体的精神面貌,是具有一定倾向性的和比较稳定的心理特征的总和。

**图 1-5 人的气质类型与之相应的性格一览图**

关怀伦理产生于二十世纪七八十年代的美国,是伴随着新一轮的女权运动政治实践和受现代哲学理论成果影响出现的一股新兴伦理思潮,卡罗尔·吉利根(Carol Gilligan)的《不同的声音》及诺丁斯的《关怀:伦理学和道德教育的女性视角》等著作最早介绍了关怀伦理的相关内容。"关怀"一词为"caring",有注意、关心、照顾、忧虑之义。诺丁斯认为"关怀"有两种基本的含义,一是为某人或某事负责,使他人幸福,关注其需求利益;二是指对他人有所期待或关注。因而,关怀意味着对某人或者某事负责,帮助其实现和发展,关怀伦理学就着力于培养主体的这种关怀能力与关怀特性。

### 一、孟子理想人格的培养是建立自律道德

孟子性善论的起点是个体内在于心的仁义礼智,仁义礼智的本质是心,也就是道德的本心,这种道德本心是人人皆有、先天存在的,无须外在的规则约束,是内在于心的道德自律,孟子的理想人格的培养就是建立在这种自律道德的基础之上的。孟子的理想人格学说认为,人格的美好应当在人际交往中得到确证,要在意他人的需要和反应,而非仅仅停留在自我的空间之内。因而,理想人格的修养不仅仅是个体内在品格的修养,还应与外在的行为方式相联系,外在的行为方式很大程度上体现为关怀他人的利他行动。孟子的理想人格学说并非仅仅在意个体内在品德的培养,它对个体在人际关系中的外在行为方式的重视使得它有很大空间去发掘其关怀内涵。

孟子理想人格理论的亲亲、仁民、爱物三个关怀层次以有差别的爱为前提,将人与万物都囊括进自身的关怀范围内。同样地,关怀伦理也讲求有差别的关怀,诺丁斯按照关怀程度的不同,将关怀的类型分为了"自然关怀"与"伦理关怀"。"自然关怀"是一种原始的最初的道德感觉,这种关怀的特点是无须诉诸伦理努力,直接表现为关怀者对被关怀者的本能反应,道德主体无须进行伦理与逻辑的审思,它是人天然具有的关怀倾向,往往倾向于关怀自己的家人和身边的人,与君子的"亲亲"相接近。孟子理想人格的养成是内向化的,不凭借外在的普遍原则,不诉诸一般的道德原则来培养自身的德性,而关怀伦理也认为个体在实施道德行动时并不诉诸一般的道德原则。关怀伦理注重道德情境,所谓的道德情景就是将道德问题置于具体的生活境遇之中进行分析,根据具体情景中人的实际反应及体验来进行道德判断,而不依照抽象的普遍法则来进行道德推理。①

在一段关怀关系中,关怀者是按照被关怀者的行动和反馈来进行和调整自身的关怀行动的,关怀者的行动动机是他人而非自己,因而关怀者的行动是利他主义的。在理想人格的塑造过程中,个体所进行的利他行动能够符合关怀关系的建立过程。首先,人生而皆有"恻隐之心",可以对他人产生关怀之情,道德境界越高,关怀能力也越强;其次,有德者按照他人的需要施以帮助;再次,被助者做出或感激或抵触的情绪反应。②

## 二、人格教育的心理学基础

### (一) 弗洛伊德的相关理论

哲学家萨特认为:人类一直是一个说故事者,他总是活在他自身与他人的故事中,他也总是透过这些故事来看一切的事物,并且以好像在不断地重新述说这些故事的方式生活下去。可以说,故事创造一种世界观、一种人生价值。好的故事不仅可以治疗心理疾病和精神问题,而且可以从中寻找自信和认同,透过令人愉悦、感动的隐喻故事,我们可以重新找到面对烦恼的现实状况的方法,正视我们的过去,并且找到一个继续努力、正向发展未来的深层动机和强大动力。"为了创造生活的意义,人就面对了一项任务,那就是他必须安排自身时间经验的时间顺序,建立自己和周遭世界前后一致的一份记录。他必须把过去和现在,以及未来预期会发生的事件经验连成线性顺序,才能够建立这一份记录。这一份记录可以称之为故事或自我叙事。这个叙事如果成功,人对生活就会有连续感,觉得生活有意义。简单地说:若要创造生活的意义,表达我们自己,经验就必须'成为故事'。"

1. 人格发展理论

弗洛伊德认为,一个成年人的人格发展程度和各种复杂心理,可以在 6 岁前找到各种对应,因此在技术中把每个时期的行为具象化,对自觉意识、潜意识与无意识,以及本我、自我和超我,测量是否恰当做出该动作,测量这个时期来访者发展的程度。做得越好,发

---

① 韩玉胜.儒家关怀伦理研究[M].济南:齐鲁书社,2018:18.
② 第斯多惠.德国教师培养指南[M].袁一安,译.北京:人民教育出版社,2001:269.

展就好;不能够做出或者做出时有阻碍,就需要不断探索觉察,发现问题,解决问题。将人格发展分为五个阶段,分别为:口欲期,肛欲期,性蕾期(俄狄浦斯期),潜伏期,生殖期。也被称为性心理发展阶段论。

**阶段一　口欲期**

人类的口欲期在0~1岁,快感中心集中在口腔部位。口欲期,孩子发展的是信任。关于口欲期的心理,可以总结为三点:

(1) 婴儿要用嘴吃东西,这是婴儿的头号需求,一个人常被饿着,那这个人长大后就容易成为对吃极为感兴趣的人。

(2) 婴儿需要用嘴感知世界,他们对任何东西感兴趣,都会往嘴里塞,这未必是要吞进去,而是要用嘴感知。

(3) 这一阶段的意义,就是婴儿的嘴与母亲的乳房,这一对意象所构成的画面有无限的含义。

所以,如果一个人特别爱吃,那就可能是固结在了口欲期。

**阶段二　肛欲期**

1~3岁,快感中心集中在肛门部位。

肛欲期,发展的是自主。幼儿主要通过粪便的保留和排除以获得快感。除了生理的角度,肛门的快感从心理角度来说更多的是自我的扩大。到了肛欲期,孩子逐渐开始有了"人我概念"。他们开始意识到,原来像"爸爸""妈妈"这种,曾经以为是自己可以完全控制的"自己"原来不是"自己",这会让他们很焦虑。而对大便的控制,会帮助他们建立自我,他们意识到,能自我控制的事物才是真正属于自己的。这也就带来了人格发展中儿童的第一次反叛期!孩子们也是在这个时期第一次学会跟家长说"不"!在肛欲期,控制感是最核心的一个内容。所以肛欲期固结的人格特征会表现出对控制感的特别关注。他们除了会强调要对自我进行严格控制以外,还会将这种控制感泛化到控制身边的人、事、物。

**阶段三　性蕾期/俄狄浦斯期**

3~6岁,性器期,发展的是竞争与合作。这个阶段也被称为俄狄浦斯期。俄狄浦斯的来源可以看这个神话故事。这个时期的孩子开始有了性别的意识。他们开始变得更愿意跟异性的父母跟亲密,同时会对同性的父母显现出排斥心理。固结于这一时期的孩子最后所表现出来的一大特点就是"恋母",同时会与同性父母竞争异性父母,并产生攻击欲。这一阶段的心理非常复杂,弗洛伊德认为的解决方式是认同,孩子明白他们不能攻击同性父母,于是转而认同他们,因此形成这种心理:我可以成为同性父母的样子,长大了去找和异性父母像的异性。所以,父母不要总是赢自己的孩子,可以适当地输给他们,把竞争变成好玩的游戏,让孩子得以良好地发展。

**阶段四　潜伏期**

6~12岁,进入潜伏期,更重视和同性的交往。这个阶段,一个人对异性的强烈欲望像突然没了一样,反而表现得对同性更有兴趣,整天是男孩和男孩一起玩,女孩和女孩一起玩,如果谁整天去粘着异性,就容易被嘲笑。这个阶段,最重要的任务是发展和同性合作的能力。从弗洛伊德的理论来看,可以把潜伏期看作一个准备阶段,先学会如何与同性合作，能更好地度过接下来性能量大爆炸的时期，也就是青春期。

**阶段五　生殖期/青春期**

12～20岁，即青春期，一个人的心理和生理都趋向成熟，最终做好了生殖的准备。青春期里最突出的一个特点就是对异性的渴求，突然对异性有了深入探索的欲望。

育人先愈己。意识层次理论帮助支持教师进行自我觉察审视，了解表象背后的潜意识行为，能够更清晰地体察问题的本质，做出恰当的回应。弗洛伊德意识层次结构理论阐述了人的精神活动，包括欲望、冲动、思维、幻想、判断、决定、情感等，会在不同的意识层次里发生和进行。不同的意识层次包括意识、前意识和无（潜）意识三个层次，好像一座冰山，露出水面的只是一小部分意识，但隐藏在水下的绝大部分前意识和无意识却对人的行为产生了重要影响。意识即能随意想到、清楚觉察到的主观经验，有逻辑性、时空规定性和现实性。前意识虽不能即刻回想起来，但经过努力可以进入意识领域的主观经验。无意识（潜意识）是原始的冲动和各种本能、通过遗传得到的人类早期经验，以及个人遗忘了的童年时期的经验和创伤性经验、不合伦理的各种欲望和感情。

2. 人格结构理论

弗洛伊德认为人格由本我（id）、自我（ego）和超我（superego）构成。

在通常情况下，本我、自我和超我处于协调和平衡状态，从而保证了人格的正常发展。如果三者失调乃至被破坏，就会产生心理障碍，从而危及人格的发展。

本我（id）是人格结构中最原始部分，从出生日起算即已存在。构成本我的成分是人类的基本需求，如饥、渴、性三者均属之。本我中之需求产生时，个体要求立即满足，故而从支配人性的原则言，支配本我的是唯乐原则。如婴儿每感饥饿时即要求立刻喂奶，而不考虑母亲有无困难。

自我（ego）是个体出生后，在现实环境中由本我中分化发展而产生。由本我而来的各种需求，如不能在现实中立即获得满足，就必须迁就现实的限制，并学习到如何在现实中获得需求的满足。从支配人性的原则看，支配自我的是现实原则。此外，自我介于本我与超我之间，对本我的冲动与超我的管制具有缓冲与调节的功能。

超我（superego）是人格结构中居于管制地位的最高部分，是由于个体在生活中，接受社会文化道德规范的教养而逐渐形成的。超我有两个重要部分：一为自我理想，是要求自己行为符合自己理想的标准；二为良心，是规定自己行为免于犯错的限制。因此，超我是人格结构中的道德部分，从支配人性的原则看，支配超我的是完美原则。

人格结构中的三个层次相互交织，形成一个有机的整体。它们各行其责，分别代表着人格的某一方面：本我反映人的生物本能，按快乐原则行事，是"原始的人"；自我寻求在环境条件允许的条件下让本能冲动能够得到满足，是人格的执行者，按现实原则行事，是"现实的人"；超我追求完美，代表了人的社会性，是"道德的人"。

（二）荣格的心理学理论

荣格心理学是表达艺术治疗的理论指导，因集体无意识和心理类型理论而声名远扬。荣格认为，人从出生那天起，集体无意识的内容已给他的行为提供了一套预先形成的模式,这便决定了知觉和行为的选择性。我们之所以能够很容易地以某种方式感知到某些东西并对它做出反应,正是因为这些东西早已先天地存在于我们的集体无意识之中。集体无意识一词的原意即是最初的模式,所有与之类似的事物都模仿这一模式。

1. 学派分类

(1) 人格面具

所谓人格面具,即指一个人公开展示的一面,其目的在于给人一个好的印象,以得到社会的承认,保证能够与他人,甚至不喜欢的人和睦相处,实现个人的目的。

(2) 阿妮玛

阿妮玛是男性心理中女性的一面。他认为每个人都天生具有异性的某些性质,要想使人达到和谐平衡,必须允许男性人格中的女性性质在人的意识和行为中得到展现。如果一个男人展现的完全是男性的气质,他的女性气质始终留在无意识中,那么,他的无意识就有一种软弱、敏感的性质,所以那些表面最富于男子气的人,内心又往往十分软弱柔顺。有些男人则反其道而行之,过分突出阿妮玛以至显得儿女情长,英雄气短;有的甚至患上易装癖、恋物癖。

(3) 阿妮姆斯

阿妮姆斯是女性心理中男性的一面,它为女性提供了一个理想化的男性形象,那就是英勇强悍、聪明机智、才华横溢、体格健壮。荣格认为,对一个女性来讲,否认她的男性倾向,就是否认她精神生活中的一个重要方面,这是不幸的;但另一方面,一个过分强调男性特征的女性也是不幸的。

(4) 暗影

这是精神中最隐蔽、最奥秘的部分。由于它的存在,人类就形成不道德感、攻击性和易冲动的趋向。暗影代表一个人的性别,同时影响着这个人与其他同性别的人的关系。他们往往把自己受压抑的暗影冲动强加到别的同性别的人身上,因而与同性别的人之间总处不好。唯有当自我与暗影相互协调和谐时,人才会感到自己充满生命的活力。

(5) 自性化

自性化是荣格分析心理学中特别术语,也是其核心概念。所要表达的是,一个人最终成为他自己,成为一种整合性的、不可分割的,但又不同于他人的发展过程。荣格说:"自性化的目标主要表现在两个方面,其一,为自性剥去人格面具的虚伪外表;另一方面,消除原始意象的暗示性方面。"自性化被看作一种源自无意识的自然发生的过程。分析师仅仅是创造一种能够促进自性化的过程的环境,并且以所能表现的耐心和同情在旁守望。

2. 人格类型理论

在荣格的人格类型理论中,有两种基本的心理态度:内倾(introversion)与外倾(extraversion)以及四种心理功能:思维(thinking)、感知(sensation)、直觉(intuition)和感觉(feeling)。两种基本的心理态度,即内倾与外倾,是每个人适应生活的基本心理模式。前者能量与兴趣朝向内在世界,后者则朝向外在世界。外倾型的人具有向外发展的主导性驱动力,而内倾型的人具有向内心深处发展的驱动力。

内倾与外倾的背后,是生命力(与弗洛伊德的"力比多"有某种渊源)的发展与表现,因而也就有了四种基本的心理功能。我们可以把直觉与感知看作接受信息的认知性功能,把思维与感觉看作处理信息的判断性功能。当两种基本的心理态度和四种基本的心理功能搭配,就有了八种基本的人格类型。

(1) 外倾思维型

从定义来看,该类型指这样一个人,他要求自己的所有行为皆服从理智的结论,即外在事实或者普遍接受的观念。这种人按固定的规则生活,客观、冷静,善于思考但固执己见。他们通常压抑天性中感性的一面,因而显得缺乏鲜明的个性,甚至冷漠无情。如果压抑过分,则会变得专制、自负、迷信,拒绝接受任何批评。

(2) 内倾思维型

内倾思维型的人受到观念的决定性影响,但是他的观念来源于主观基础而非客观材料。这种人喜欢离群索居,由于判断力贫乏而不愿社交。他们极端聪明却又不顾实际。发展过度就会变得顽固执拗,刚愎自用,不体谅别人,骄傲自大,拒人于千里之外。

(3) 外倾情感型

情感较之思维具有更明显的女性心理特征。这种类型的人以女性较多,她们的理智屈从于情感,往往表现为反复无常、朝秦暮楚、多愁善感、浮夸卖弄、过分殷勤,强烈地依恋他人,但情感并不执着。

(4) 内倾情感型

突出的内倾情感型主要出现在女性当中。这种人文静多思、敏感忧郁、沉默寡言、难以捉摸,不出众也不有意显露自己,表现得恬淡宁静、怡然自得,给人以莫测高深之感。极端者会显得冷漠和不屑一顾。

(5) 外倾感觉型

这种类型的人对客观事实的感觉得到了极为特异的发展,他的生命就是对具体对象的实际经验的积累。这种人被认为是真正理性的人。这种人追求欢乐、善于社交、不断寻求新的刺激,他们头脑清醒但对事物浅尝辄止,他们情感浅薄经常沉溺于各种嗜好,具有强迫行为。

(6) 内倾感觉型

这是一种非理性类型,纯粹定向于偶然发生事件而不是理性判断,被客观刺激所激发的主观感觉的强度所引导。这种人爱好艺术,沉浸在自我主观感觉中,与自己的内心世界相比,他们觉得外部世界索然乏味。这种类型的大多数人表现得较为沉静、随和,有一定的自制力,但思维和情感大都不够深沉。

(7) 外倾直觉型

外倾的直觉定向于客体,表现出一种对外在环境明显的依赖,但是完全区别于感觉型的那种依赖。这种人异想天开、喜怒无常、见异思迁、好高骛远,一个问题没解决又忙于解决另一个问题,不能持之以恒,由于情感转移快,难得知己。

(8) 内倾直觉型

神秘预言家、艺术家或者幻想狂人。倾向于把自己限制在直觉的知觉范围内。这种人往往是能产生一些新奇观念的梦想家,别人看他们不可思议,而他们自己却自视甚高,自以为是不被理解的天才。

(三)皮亚杰的认知发展理论

绘画治疗理论经常会用皮亚杰认知发展理论图式的四个具体阶段来分析图画的含义。每一种新的图式的出现,都标志着儿童认知发展到了一个新的阶段。为此,他提出具体表现为以下几个阶段:

第一,感知运动阶段(出生~2岁左右)。此时语言还未形成,主要通过感知觉来与外界取得平衡,处理主、客观的关系。

第二,前运算阶段(2岁~7岁)。语言的出现与发展,使儿童能用表象、言语,以及符号来表征内心世界和外在世界。但其思维还是直觉性的、非逻辑性的,且具有明显的自我中心特征。

第三,具体运算阶段(7岁~11岁)。思维具有明显的符号性和逻辑性,能进行简单的逻辑推演。但在很大程度上局限于具体的事物以及过去的经验,缺乏抽象性。

第四,形式运算阶段(11岁至成年)。能够把思维的形式与内容相分离,能够设定和检验假设,能监控和内省自己的思维活动,思维已经到了抽象的逻辑思维阶段。

皮亚杰认为,任何人的认知发展都要经历上述四个连续的阶段,且这种连续发展的先后次序是不变的。这种发展模式具有全球性的意义,在任何文化社会中都一样。每一个阶段都是形成下一个阶段的必要条件和基础。虽然,在两个相继发展的认知阶段之间存在质的差异,但这种差异是思维发展量变到质变的必然结果。

(四)埃里克森的人格发展理论

埃里克森的人格发展理论分析了解在体验时的需要及表达。戏剧治疗中根据埃里克森的理论判定来访者需要完善的内容,而进行这个方面的探索完善。

埃里克森认为,人要经历八个阶段的心理社会演变,这种演变成为心理社会发展(psycho-social development)。这些阶段包括童年阶段(4个)、青春期阶段(1个)和成年阶段(3个)。每一个阶段有这些阶段应完成的任务,并且每个阶段都建立在前一阶段之上,这八个阶段紧密相连。他认为,自我是人格中一个相当有力的、独立的部分,其基本功能是建立并保持自我认同感,把自我认同(又称自我同一性)描述为一个复杂的内部状态,它包括一个人的个体感、唯一感、完整感以及过去与未来的连续性。当人出现自我认同危机时,就会感到混乱和失望,自我认同危机通常出现在青春期,但又不限于年轻人。

童年阶段,主要表现为以下4个阶段。

1. 婴儿期(0~1.5岁):基本信任和不信任的心理冲突

此时不要认为婴儿是一个不懂事的小动物,只要吃饱不哭就行,这就大错特错了。此时是基本信任和不信任的心理冲突期,因为这期间孩子开始认识人了,当孩子哭或饿时,父母是否出现是建立信任感的关键。信任在人格中形成了"希望"这一品质,它能够增强自我的力量。具有信任感的儿童敢于希望,富于理想,具有强烈的未来定向。反之则不敢希望,时时担忧自己的需要得不到满足。埃里克森把希望定义为:对自己愿望的可实现性的持久信念,反抗黑暗势力、标志生命诞生的怒吼。

2. 儿童期(1.5～3岁):自主与害羞(或怀疑)的冲突

这一时期,儿童掌握了大量的技能,如爬、走、说话等。更重要的是他们学会了怎样坚持或放弃,也就是说儿童开始有意志地决定做什么或不做什么。这时候父母与子女的冲突很激烈,也就是第一个反抗期的出现。一方面,父母必须承担起控制儿童行为并使之符合社会规范的任务,即养成良好的习惯,如训练儿童大小便,使他们对肮脏的随地大小便感到羞耻,训练他们按时吃饭,养成节约粮食的意识等。另一方面,儿童开始有了自主感,他们坚持自己的进食、排泄方式,所以训练良好的习惯不是一件容易的事。这时孩子会反复应用"我""我们""不"来反抗外界控制,而父母决不能听之任之、放任自流,这将不利于儿童的社会化。反之,若过分严厉,又会伤害儿童自主感和自我控制能力。如果父母对儿童的保护或惩罚不当,儿童就会产生怀疑,并感到害羞。因此,把握住度的问题,才有利于在儿童人格内部形成意志品质。埃里克森把意志定义为不顾不可避免的害羞和怀疑心理而坚定地自由选择或自我抑制的决心。

3. 学龄初期(3～5岁):主动对内疚的冲突

在这一时期如果幼儿表现出的主动探究行为受到鼓励,幼儿就会形成主动性,这为他将来成为一个有责任感、有创造力的人奠定了基础。如果成人讥笑幼儿的独创行为和想象力,那么幼儿就会逐渐失去自信心,这使他们更倾向于生活在别人为他们安排好的狭窄圈子里,缺乏自己开创幸福生活的主动性。

当儿童的主动感超过内疚感时,他们就有了"目的"的品质。埃里克森把目的定义为:一种正视和追求有价值目标的勇气,这种勇气不为幼儿想象的失利、罪疚感和惩罚的恐惧所限制。

4. 学龄期(6～12岁):勤奋对自卑的冲突

这一阶段的儿童都应在学校接受教育。学校是训练儿童适应社会、掌握今后生活所必需的知识和技能的地方。如果他们能顺利地完成学习课程,他们就会获得勤奋感,这使他们在今后的独立生活和承担工作任务中充满信心;反之,就会产生自卑。另外,如果儿童养成了过分看重自己的工作的态度,而对其他方面木然处之,这种人的生活是可悲的。埃里克森说:如果他把工作当成他唯一的任务,把做什么工作看成是唯一的价值标准,那他就可能成为自己工作技能和老板们最驯服和最无思想的奴隶。

当儿童的勤奋感大于自卑感时,他们就会获得有"能力"的品质。埃里克森认为,能力是不受儿童自卑感削弱的,完成任务所需要的是自由操作的熟练技能和智慧。

青春期阶段,主要是12～18岁。

5. 青春期(12～18岁):自我同一性和角色混乱的冲突

一方面,青少年本能冲动的高涨会带来问题;另一方面,更重要的是,青少年会因面临新的社会要求和社会的冲突而感到困扰和混乱。所以,青少年期的主要任务是建立一个新的同一感或自己在别人眼中的形象,以及他在社会集体中所占的情感位置。这一阶段的危机是角色混乱。

这种同一性的感觉也是一种不断增强的自信心,一种在过去的经历中形成的内在持续性和同一感(一个人心理上的自我)。如果这种自我感觉与一个人在他人心目中的感觉相称,很明显这将为一个人的生涯增添绚丽的色彩。

埃里克森把同一性危机理论用于解释青少年对社会不满和犯罪等社会问题上。他说:"如果一个儿童感到他所处的环境剥夺了他在未来发展中获得自我同一性的种种可能,他就将以令人吃惊的力量抵抗社会环境。"在人类社会的丛林中,没有同一性的感觉,就没有自身的存在,所以,他宁做一个坏人,或干脆死人般地活着,也不愿做不伦不类的人,他自由地选择这一切。

随着自我同一性形成了"忠诚"的品质。埃里克森把忠诚定义为不顾价值系统的必然矛盾,而坚持自己确认的同一性的能力。

成年阶段,主要表现为以下3个阶段。

**6. 成年早期(18~25岁):亲密对孤独的冲突**

只有具有牢固的自我同一性的青年人,才敢于冒与他人发生亲密关系的风险。因为与他人发生爱的关系,就是把自己的同一性与他人的同一性融合一体。这里有自我牺牲或损失,只有这样才能在恋爱中建立真正亲密无间的关系,从而获得亲密感,否则将产生孤独感。埃里克森把爱定义为:压制异性间遗传的对立性而永远相互奉献。

**7. 成年期(25~65岁):生育对自我专注的冲突**

当一个人顺利地度过了自我同一性时期,以后的岁月中将过上幸福充实的生活,他将生儿育女,关心后代的繁殖和养育。埃里克森认为,生育感有生和育两层含义,一个人即使没生孩子,只要能关心孩子、教育指导孩子也可以具有生育感。反之,没有生育感的人,其人格贫乏和停滞,是一个自我关注的人,他们只考虑自己的需要和利益,不关心他人(包括儿童)的需要和利益。

在这一时期,人们不仅要生育孩子,同时要承担社会工作,这是一个人对下一代的关心和创造力最旺盛的时期,人们将获得关心和创造力的品质。

**8. 成熟期(65岁以上):自我调整与绝望期的冲突**

由于衰老,老人的体力、心理和健康每况愈下,对此他们必须做出相应的调整和适应,所以被称为自我调整对绝望感的心理冲突。

当老人们回顾过去时,可能怀着充实的感情与世告别,也可能怀着绝望走向死亡。自我调整是一种接受自我、承认现实的感受,是一种超脱的智慧之感。如果一个人的自我调整大于绝望,他将获得智慧的品质,埃里克森把它定义为:以超然的态度对待生活和死亡。

老年人对死亡的态度直接影响下一代儿童时期信任感的形成。因此,婴儿期和成熟期首尾相连,构成一个循环或生命的周期。

埃里克森认为,在每一个心理社会发展阶段中,解决了核心问题之后所产生的人格特质,都包括了积极与消极两方面的品质,如果各个阶段都保持向积极品质发展,就算完成了这阶段的任务,逐渐实现了健全的人格,否则就会产生心理社会危机,出现情绪障碍,形

成不健全的人格。教师需探索儿童至成人的人格发展阶段,以及创意进化阶段。儿童在图形、认知和情感发展阶段是有相似之处的。一旦建立了理解基础,老师将会带领大家总结艺术如何帮助儿童表达痛苦的情感。教师将会鼓励学生创造艺术,更好地理解艺术治疗过程,并学习适当的技巧。

# 第二章　诗性　创造性游戏化设计与指导

教育,是一项细微且深远的工程,儿童教育更需尊重生命、尊重生命的发展计划。教育是一颗灵魂影响另一颗灵魂,是一棵大树撼动另一棵大树。去"看见"、去"听见"儿童的成长,是一个教育工作者的最佳状态。

## 第一节　游戏活动概述

### 一、铸牢中华民族共同体在外交中应用创造性游戏化理解的教学体验

政治上要相互尊重,平等协商,坚决摒弃冷战思维和强权政治,走"对话而不对抗、结伴而不结盟"的国与国交往新路。人类历史上战乱频仍,生灵涂炭,教训惨痛。要和平不要战争,是各国人民朴素而真实的愿望。建设一个持久和平的世界,根本要义在于国家之间要构建平等相待、互商互谅的伙伴关系。大国要尊重彼此的核心利益和重大关切,管控矛盾分歧,努力构建不冲突、不对抗、相互尊重、合作共赢的新型关系。大国对小国要平等相待,不唯我独尊、恃强凌弱。国家间出现矛盾、分歧和争端,要通过平等协商,以和平方式处理。只有各国都走和平发展道路,各国才能共同发展,国与国才能和平相处。

- 专题游戏化练习(聚焦/专注/放松/即兴/协作)。
- 提升想象力、放松力、自发性、专注力、合作力。
- 游戏化开展联合国安理会理事国会议。

操作方法:

(1)扮演安全理事会成员,每个人成为姓氏国度的代表,首先逐一自我介绍,同姓氏可放到一组,自己选出发言人;

(2)各组对自己所关心的事提出议题,主持人组织对议题进行投票选择,大家通过票数确定此次议题的任务,针对议题大家举手发表意见进行讨论与阐述政见,逐条记录并呈现;

(3)梳理表达意见的内容,进行归类、归纳,把每一个意见表达完善;对于每一个意见分组领取任务,进行深度表达的设计表现;

(4)尝试不断完善表达,进行完整的艺术形式彩排,通过排练实现提升;

(5)邀请观众进行表达分享与讨论。

辅助知识要点:

游戏教学法是一种以即兴戏剧为重心的戏剧活动,它重视戏剧的过程性,具有即兴

性、全体参与性的特点,学生即兴表演,教师也即兴回应;它不以表演为目的[①]。戏剧是存在,不是假装。戏剧不是为表演准备,而必须通过即兴构建一种角色的参与,展现给彼此,但核心是能够在当下,存在在角色或事件中。儿童所进行的表演,并不是直接产生的目标性价值,而是为其自身提供一个新的环境。在一种愉悦的游戏状态中建立明确的矛盾冲突。儿童在"信以为真"中所获得的愉悦完全独立于任何欣赏的目光的。人类的价值是栖居在想象力,而不是理性中的,理性与想象力也不能够被分开。[②]

## 二、关于游戏活动

### (一) 游戏活动的基本内涵

游戏是儿童与生俱来的本能,自呱呱坠地起他们便开启了玩的旅程。然而,真正洞悉游戏的本质却并非易事。鲜少有一个行为范畴能如游戏这般包罗万象、错综复杂,几乎难以找到像游戏这样极具综合性的活动,它广泛涉及儿童的神经系统、动作、认知、情感、社会性以及个性等诸多层面,既能助力儿童的身体茁壮成长,又能充分满足他们强烈的探索欲与求知欲。相较于游戏的结果与目的,其过程更为关键,儿童正是在游戏进程中不断学习。适度的家务劳动同样可视为一种体验式游戏,将家务转化为规则游戏,能让儿童悠然品味生活的多彩多姿。此处所言的学习,并非局限于常规意义上的知识获取,而是涵盖更广泛范畴的经验积累。儿童自出生那一刻起,便踏上了学习之路,而游戏无疑是他们最为契合的学习途径。

回溯人类数百万年的漫长进化历程,在绝大部分时间里,人类及其生存模式处于原始状态。人类学家指出,人类在进化史上,长时间是以狩猎者和采集者的身份生活。从狩猎社会伊始,人们便借助游戏开展学习,拥有充裕的自由时间与广阔空间去游戏、去探索,诸如追逐打闹游戏、假装游戏、搭建游戏以及沙水游戏等不一而足。可以说,在狩猎采集社会,游戏就是儿童的"工作",这一过程也是自然而然的学习过程,儿童正是通过游戏来学习日后如何融入狩猎采集活动,因此,心理学家彼得?格雷认为游戏是狩猎采集社会存续的根基。

尽管当下人类生活环境已然发生翻天覆地的变化,但儿童的心智与数万年前相比并无显著差异。因而,游戏依旧是儿童学习的最优方式。人类漫长的生长发育期决定了需要借助多样的游戏来满足学习需求。相较于其他灵长类动物,人类的生长发育期长得超乎寻常,狐猴、恒河猴、大猩猩的生长发育期分别为两年半、七年半、十年,而人类长达二十年。人类之所以需要如此漫长的生长发育期,是因为人类社会远比其他动物群体繁杂多样,这要求人类不仅要具备灵活的智力,还需要花费较长时间学习与掌握社会习俗、规范制度及必备的技能知识,而延长的生长发育期必然意味着儿童需要更多的游戏来承载这

---

① 马利文.以教育戏剧为载体的行动研究:教师自我发展过程案例研究[J].教育学报,2014(1):75-87.

② 王毅.学校教育戏剧研究[D].华东师范大学,2019.

种学习诉求。

　　游戏是令人愉悦且趣味盎然的活动,它能使人精神抖擞、心境豁然。游戏是孩子们交流、学习以及探索情感的天然媒介,随着儿童认知与语言能力的持续发展,游戏为儿童提供了宣泄苦恼的途径,相较于口头表达,他们更倾向于通过游戏来抒发内心的烦闷,这进一步拓展了个体的自我表达、自我认知、自我实现以及自我效能感。游戏还能够缓解压力、驱散无聊,以积极的方式将人们紧密联系在一起,激发创造性思维,鼓舞不断探索,调节情绪,提升自我。从神经生物学的发育视角审视,婴儿早期,母亲与孩子间的互动至关重要,孩子的脑部发育依赖于这些互动。故而,父母若能以恰当方式为孩子营造美好回忆,便能在他们大脑中建立紧密连接。当父母向孩子传递喜悦情绪时,孩子能感知到被爱,认识到自身的可爱,借由趣味互动去认识周遭世界与人群。例如,轻晃宝宝时哼唱儿时歌谣,孩子能体悟到家庭的温暖和自身的重要性。待孩子稍大一些,玩捉迷藏游戏时,实则是在传授"客体恒常性"这一概念,让孩子明白即便短暂分离,最终也会归来。随着孩子再大些,奔跑、跳跃等身体运动对其手眼协调性等精细动作发育至关重要,缺少这些活动,孩子的成长便会有所缺失。随着年龄递增,游戏形式也随之变化,孩子可能会模仿周围人的话语,像爷爷、奶奶、医生、老师等,父母会惊讶地发现孩子将他们的言行模仿得惟妙惟肖。

　　从神经发育层面来看,童年经历的伤痛会留下痕迹,而游戏能强化大脑中社交道德部分的能力。通过游戏,儿童不仅能习得文化常规,还能洞察人际交往中的适宜行为,体会自身行为给他人带来的感受,学习解决问题、纠正错误,以低风险方式尝试危险之事,掌握与喜爱之人的互动技巧,让身边围绕着支持自己的人。学校若能将游戏与学习有机融合,学习过程会妙趣横生,记忆效果比死记硬背更好。教师若能将音乐、舞蹈融入课堂,儿童专注学习的时间将显著增加。当教育者充分认识到游戏对儿童成长的关键作用时,便能帮助儿童在学业上取得更优异的成绩。

　　游戏宛如一扇通向儿童内心宇宙的窗口,意味着成人若能融入儿童的游戏世界,便能理解他们的所思所想。老师与家长借助游戏能更深入地了解儿童,明晰儿童行为背后的缘由。倘若父母察觉到儿童对自身看法不佳,便可设法扭转,进而优化与儿童的互动模式,增进对儿童的了解。尝试与低龄儿童进行严肃对话往往难以持久,因为这与儿童的发展阶段相悖,成人不应以自身标准苛求儿童,而应贴近儿童的发展水平,与之建立有效连接。

　　儿童凭借游戏去认知世界,因为游戏是他们的专属"语言"。若成人能接纳游戏并融入生活,为儿童的游戏创造空间,便能构筑更健康、紧密的关系,让儿童真切体会到自身价值与被爱。一个内心充盈价值感与被爱体验的儿童,成年后更易将这份温暖传递给他人。反之,缺乏游戏滋养的儿童在自我发展、人际关系构建以及情绪调节等方面极易出现严重短板,现实中此类情形屡见不鲜。倘若儿童成长于严苛或被忽视的环境,无人与之互动、游戏,那么其在各个成长阶段都可能遭遇重重局限。赋予儿童游戏中的主导权益处颇多,自由游戏作为一种基本的生物学天性,缺失自由游戏虽不像饥饿那般直接损害身体健康,却会侵蚀精神世界,阻碍智力发展,这一观点极具说服力。在自由游戏中,儿童能够学习交友、战胜恐惧、自主解决问题，进而掌控自己的生活轨迹。无论为儿童购置玩具，还是给予陪伴、训练，都无法弥补剥夺其自由游戏权利所造成的损失，儿童在自由游戏中凭借本能习得的知识，是其他方式难以企及的。

（二）游戏的基本定义

儿童借助戏剧性游戏进行象征性表达，化解内在冲突，释放压抑情感，凭借幻想学习掌控潜在的破坏冲动，展现不被接纳的自我，探索问题、寻觅解决之道，为真实生活事件预演，寄托希望与心愿，尝试全新角色与情景，塑造自我身份认同感。游戏在早期学习与发展进程中占据核心地位，这一传统认知构筑了学前教育坚实的理论基石，催生了"儿童中心"理论。艾萨克斯认为，游戏的意义既体现在想象层面，又彰显于认知领域。基于她在麦芽房学校对儿童的细致观察，主张想象游戏与操作性游戏是儿童发现、推理以及思维的起点，游戏可被视作在想象与现实间持续往复切换的活动，借此儿童得以洞察自身在智力与情感方面的需求。心理分析理论指出，象征性游戏与想象游戏具有宣泄功能，助力儿童处理内心深处的情绪困扰、内在冲突与焦虑情绪，使儿童能够约束自身行为，理解并接纳现实世界的种种限制，进一步发展自我与现实感知能力，因此，游戏兼具教育与发展双重功能。弗朗伯格回顾游戏相关研究成果时表示，游戏丰富多样的功能依赖成人与儿童间的互动协作，儿童需依托成人示范教导来掌握游戏技巧，毕竟出色的游戏者并非自然而然就能出现。正是在这样的互动过程中，儿童在言语沟通、社会性与人际交往技能、创造性运用游戏材料、解决问题以及想象与发散思维能力等诸多方面实现飞跃。鉴于儿童能够构建积极的自我评价体系与高水平的认知能力，这种积极成效被认为对儿童后续学习有益。

柏拉图曾言，游戏是人的本性，亦是我们至关重要的经验。事实上，我们对儿童的认知尚浅，他们的语言发展滞后于认知进程，难以运用情绪语言或常规语言精准表述当下体验，而游戏成为儿童与成人沟通的独特桥梁，能够折射出儿童生活中的困境。游戏甚至可进阶为游戏治疗，游戏治疗的定义为系统运用理论模型构建人际交往过程，由训练有素的游戏治疗师借助游戏的治愈力量，助力来访者预防或化解心理问题，实现理想化的成长与发展。这一定义既涵盖预防难题，又聚焦解决困境。埃里克森提出，儿童戏剧性游戏具有"自动疗愈天性"，即儿童在未受外在引导或预先强加结构束缚时，会自发借助戏剧表演展开自我疗愈，通过象征性表达化解内在冲突，释放压抑情感，借助幻想学习掌控破坏冲动，展现真实自我，探索问题、找寻答案，预演现实事件，寄托希望，尝试新角色与情景，塑造自我身份。疗愈教育戏剧通过有意识、系统化地运用戏剧、剧场流程，推动表演者实现心理成长蜕变，其目的绝非单纯娱乐，而是鼓励儿童深度体验角色、感受情感、思考问题，助力改变灌输式教育模式，推广启发式、交互式、参与式、游戏式教学理念，培养儿童的创造力与表现力。运用疗愈教育戏剧并非教导儿童表演，而是将戏剧元素与形式融入教育，引导儿童从中思考问题、体悟多元情感。游戏形式主要分为两大方向，其一为舞台剧，最终呈现形式涵盖音乐剧、哑剧、肢体剧、偶剧等；其二是在教室或安全空间内开展角色扮演、不断入戏探讨的心理剧、戏剧性游戏、戏剧性仪式，借助角色扮演与剧场戏剧手段，实现教育功能。每一个行为都是沟通形式,参与者通过这些行为向我们传递信息的途径,作为旁观者,我们只需设法理解他们,这是一种运用综合性艺术形式助力我们发现自我、了解自我、探索自身需求并优化自身行为的有效方式。

### 三、游戏的概述

(一) 什么是游戏

福禄贝尔认为,游戏是儿童内部存在的自我活动的表现,是一种本能性的活动;心理学家霍尔提出复演论,认为人类的文化经验是可以遗传的,游戏是个体呈现祖先的动作、习惯和活动,是重演史前人类祖先到现代人进化的各个阶段。心理学家维果斯基认为游戏是社会性关系,是在真实的事件情况之外,在行动上再造某种生活现象。游戏的本质是以物代物进行活动,在这种活动中,凭借语言的功能,以角色为中介,了解、学习和掌握基本的人与人的社会关系。精神分析学派是最重视游戏问题的一个派别,他们认为,游戏是人们表现原始的、受压抑的冲动和欲望的隐晦曲折的最好的一种方式,是可供个人支配的自由天地与领域。游戏可以发展自我力量,应对现实环境,补偿现实生活中不能满足的欲望和要求,从而获得正常发展。皮亚杰的认知发展理论认为,游戏是思维的一种表现形式,实质是同化超过了顺应。儿童早期认知结构发展不成熟,不能保持同化和顺应之间的平衡。当同化大于顺应时,认识主体完全不考虑事物的客观特性,而是为了满足自己的需要与愿望去改变现实。这就是游戏。皮亚杰认为,儿童需要游戏,游戏可以帮助他们解决与外部世界的冲突,获得情感方面的满足。杜威则认为,游戏是幼儿生活的一部分。他提出"生活即游戏,游戏即生活"。游戏是自我选择、自我导向的,游戏是内在驱动、会被"心理规则"所指导的,但这些规则依然留有发挥创造力的空间。游戏是富有想象力的,游戏是在警觉、活跃但相对不紧张的心态下进行的。游戏的发展过程是儿童在游戏时产生的一系列变化,包括身体、认知、语言、情感和社交技能的成长和发展。

(二) 为什么要理解游戏的发展

我们需要了解儿童,发展儿童的技能。我们需要了解游戏,教育他人游戏的重要性。真正的游戏不单单是指儿童需要进行游戏,而且还要享受游戏。

(三) 游戏的发展需要

儿童内在拥有安全感,在他人推动游戏时,在合适的环境、合适的时间,不断重复的游戏中疗愈自己,成就自己。

## （四）游戏与儿童发展阶段

**表 2-1  游戏与儿童发展阶段**

| \multicolumn{5}{c}{Play Development Stagnitti, K. (2017)  游戏发展 Stagnitti, K. (2017)} |
|---|---|---|---|---|
| Child's age 年龄 | Play Themes 游戏主题 | Sequence of play actions 游戏活动的顺序 | Object substitution 客体代替物 | Social Interaction 社交互动 |
| 0～12 months 0 到 12 个月 |  | Imaginative play absent or random 缺少或偶尔出现想象游戏 | Manipulates and explores objects 操作和探索客体 | Imitates adults actions 模仿成年人的行为 |
| 18 months 18 个月 | Related to body, for example sleeping, eating 与身体有关，比如睡觉、吃饭 | One simple imaginative action 简单的想象游戏 | Relates objects functionally. For example a spoon is placed in a cup 可联系功能相关的客体。如勺子要放在杯子里。 | Imitates a pretend play action e. g. Giving a drink 通过模仿进行假装游戏行为，如：递一杯饮料等。 |
| 20～23 months 20 到 23 个月 | Daily activities in the home, for example Feeding a doll 家庭中的日常活动 如给娃娃喂食 | Two or three similar actions play actions are illogical 两三次类似的活动；不符合逻辑的游戏活动 | Uses similar looking objects for needed object. For example paper for a blanket 使用相似的客体来代替需要的客体。如纸代替毛毯 | Imitates an adult using object 模仿成人如何使用客体 |
| 24～30 months 24～30 个月 | Daily life in/out home, for example fixing the car, shopping 家里家外的日常生活 比如修车、购物 | Simple, sequential, logical 简单、顺序性、逻辑性 | Inanimate objects For example a box as a table or a car 无生命的物体；例如，将一个盒子当作一张桌子或一辆汽车 | Asks adult for objects needed in play, plays alongside other children 向成人索取游戏中所需要的物品，与其他孩子一起玩 |
| 30/1～35 months 30～35 个月 | Less frequently life events 较少发生的生活事件 | Detailed, Logical no planned story line 详细、逻辑性强；无设定好的故事线 | Inanimate objects two or more functions. 无生命的物体：两个或以上功能 | Imitates another child, plays alongside other children 模仿另一个孩子，与其他孩子一起玩 |
| 36～42 months 36～42 个月 | Beyond personal experience For example fire officer, rescuing people 超越个人经验，如消防员救人 | Multiple actions, in a logical sequence 多个活动，按逻辑顺序进行 | Inanimate objects used for many functions, build wall 用于多种功能的无生命物体，建造墙体 | Plays in association with others. I. e. play the same activity beside another child. There is little negotiation 与他人一起玩。即在另一个孩子旁边玩同样的活动几乎合作协商 |

(续表)

| Play Development Stagnitti, K. (2017) 游戏发展 Stagnitti, K. (2017) | | | | |
|---|---|---|---|---|
| Child's age 年龄 | Play Themes 游戏主题 | Sequence of play actions 游戏活动的顺序 | Object substitution 客体代替物 | Social Interaction 社交互动 |
| 42/3~47 months 42到47个月 | Beyond personal experience 超越个人经验 | A play strategy is present 开始运用游戏策略 | Body parts used as objects, imaginary objects start to be referred to in play 开始将身体部当作客体；在游戏中开始运用想象客体 | Plays in association with others. I. e. play the same activity beside another child. There is little negotiation 与他人一起玩。即在另一个孩子旁边玩同样的活动几乎合作协商 |
| 4 years 4岁 | Beyond personal experience including subplots for example home corner play 超越个人经验；包含子剧情，例如家庭角色游戏 | Pre-planned story line with comples sequences and sub-plots 预先计划好的故事线伴随着复杂的序列和子剧情 | Objects with a distinct function used in substitution, For example a hat for a boat 寻找具有独特功能的客体替代物。如将帽子当作船 | Cooperation/negotiation occurs 合作/协商出现 |
| 5 years 5岁 | Never personally experienced e. g. space 从未亲身经历过的；如太空 | Pre-planned, organised with comples sequences and sub-plots 预先计划好的故事线伴随有井井有条的复杂的序列和子剧情 | Language used to describe an object and it function, imaginary objects fluently 用语言描述客体及其功能；时常出现想象客体 | Cooperation/negotiation occurs, play is well organised 合作/协商，游戏井然有序 |

如图2-1，这三个游戏阶段，在孩子的正常健康发展中具有至关重要的意义。

图2-1 游戏的三个发展阶段

(1) 具象游戏：使用身体和感官探索自我、他人和世界；一般从出生后的第一年开始，孩子通过感官探索他们的世界，发现"我"的存在。

(2) 投射游戏：通过外部的客体探索自我、他人和世界玩具或物体拟人；从出生后的第二年开始，孩子利用身体以外的东西探索世界，发现客体是存在的。

(3) 角色扮演游戏：进一步探索了解自我、他人和世界，儿童/青少年，扮演一个人物、对象等。大约在2岁半开始，孩子通过重演生活事件和故事来探索世界，扮演和探索他人的角色，这是移情的开始。

这些游戏发展过程是在体验中实现的，最初在儿童时期发生，它们作为一个年轻人和成年人在日常生活中需要使用的情感工具而出现。

(五) 游戏化方式的自我探索

从自我觉察中反思自己的个人成长，你需要对什么地方有所关注。

心理学视野中的游戏需要与愉悦，虽然我们都是成年人，也经常进行游戏，但是很多人都缺乏这样一种经验：即通过"追问"来澄清自己进行游戏活动获得的"快乐种类"和"快乐产生的机制"。因此，我们也很少思考：游戏到底是怎样的一种活动？

心理学家马斯洛及其后续的实验证实：

(1) 人只有经过努力获得"成功"（需要满足）后，大脑才能产生出特定的生化物质，进而使人感到愉悦。

(2) 如果主体能够经过自己的努力，或者部分依靠自己的力量最终获得任何需要的满足，都能够间接获得对自身力量的认可，进而获得自我实现的高峰体验。游戏的快乐来自个体需要的满足以及满足带来的愉悦的高峰体验。

(3) 愉悦的"前提"与"底线"

人的需要是一个复杂的动态体系，即时的需要与长远的需要、现实的需要和潜在的需要往往存在着各种各样矛盾的或依存的关系。我们需要享受品尝一块蛋糕的愉悦，但同时我们也有保持窈窕身材的需要。

因此，当我们从"游戏"的视角来看需要的满足时，也应当学会综合考虑问题。我们尝试用一种站在幼小儿童立场上提问的方式来思考：愉悦的"前提"和"底线"究竟是什么呢？我们该如何支持他成为自己呢？

① 我和自己的关系　② 我和别人的关系　③ 我和自然的关系

表演能让人"变得不同"。不同的场景和角色使来访者有机会体验和展现他们新的一面。跳出自己、进入一个新角色令人自由，诱发人从日常生活中时常体验到从内在和外在的限制中得以解脱和释放。在戏剧表演的场景下，潜伏的自我特质能够显现，压抑的情绪也能得到表达。参与者希望拥有的品质和性格能在此时进行尝试和展现。一个人的"阴影"也能被容忍，并通过被认可的角色表达和发生[①]。

---

① 蕾妮·伊姆娜. 演绎真实的生命[M]. 徐琳, 别士敏, 译. 北京: 北京师范大学出版社, 2018: 153.

## （六）游戏治疗

游戏治疗是一种有效的、基于证据的心理治疗或咨询形式。符合资质的游戏治疗师利用游戏的治疗力量帮助儿童和青少年表达、交流和处理他们的情感经验。游戏治疗与成人的言语治疗有相似之处，但它选用了儿童的主要交流方式游戏。游戏治疗不仅仅涉及玩具，它还包含了许多媒介，从而使儿童或青少年能够满足其个人需求和发展需求。涉及社交、情感和游戏发展各个方面，如玩玩具、感官游戏、唱歌、戏剧艺术与创意游戏、故事游戏、和水相关的游戏、运动游戏跳舞、手偶游戏、依恋关系游戏、音乐游戏、沙盘游戏、电子游戏等。

## （七）游戏活动设计与实施

提炼其游戏"教学五步"遵循艺术本身规律，激励幼儿积极自信地参与教育戏剧活动，让他们在已有的知识经验基础上开始走近艺术，从最简单的、最基本的做起，步骤如下：

第一，提供一个与现在的社会生活经验相联系的情境；

第二，有准备地去应付在情境中产生的问题；

第三，产生对解决问题的思考和假设；

第四，自己对解决问题的假设加以整理与排列；

第五，通过戏剧辅助的应用来检验这些假设。

皮亚杰根据同化和顺应考察了想象游戏，他建立了图示的理论概念，通过经验，现存的新观点和新关系就可以被联想，并添加到原有的图示中，他把这个过程称作同化。他认为，在想象游戏中，游戏的想象要素可以被同化到特殊图示中，即使它是想象；如果它在真实生活中发生，同化过程就会发生。如《岩画精灵》中主人公去大山与每一类不同的族群相互认识，具身体验交流互助，就看似是一场外交，全剧利用了儿童已经存在的对贺兰山的知识，并且把获得的信息添加到游戏里。如果新信息完全是新颖的，没有现有的图示去整合它，那么为了适应新的信息，现有的图示必须被调整，于是新的联系就会形成。想象的游戏可以帮助儿童测试想法和概念，而且这一同化使想法和概念更有意义。在皮亚杰看来，儿童的发展经历了机能性游戏阶段、戏剧性游戏阶段和社会性扮演阶段。想象游戏的整个过程蕴含着儿童现有的知识、技能和对世界的理解，这样的理解是同化在他们现有的图式中的，或者创造出新的相互关系。如果没有足够的价值，儿童发展认知的本能就会改变方式以顺应过程中发生的变化。

游戏能让指导者与参与者像游戏伙伴一样，互相影响、随时接触、沟通、体会、回应。指导者与参与者一起玩戏剧游戏，让人耳目一新、充满活力。奥尔卡·王尔德曾说："人在以自己身份讲述时最难做真实的自己，给他一个面具，他就会讲真话了。"学生对他们心智发展中的基本问题与想法，透过游戏扮演功能，可以增加自觉；游戏还可以让参与者接触不同学科，改善参与者的沟通能力及语言外的表达能力。这些课程是活力的源泉，能帮助参与者发展集中精神、解决问题以及群体互动的技能。戏剧性游戏能促使自发性的产生，并促进参与者之间的关系和互动。"参与者将个人或社会层面的有意义的主题，以象征性

的、富有创意的和合作的方式扮演出来,当参与者进入想象的世界时,熟悉的主题和议题也被置之身后。"①借助人类的与生俱来的"游戏性",指导者有意识地引领、启发参与者,对于成长中的一般困惑问题,在体验的过程中,通过感受提高了认知,一些负面的情绪在不断的游戏中解离、消融。转身而出的时候,又成为那个积极面对生活的、好奇且好问的、充满想象与创造力的能量满满的少年。

关于游戏发展方案资源可以有以下几种:

(1) 投射游戏:人物形象、动物、车辆、房屋、栅栏、树木、石头、贝壳、棍子、叶子、沙盘、桥梁、木偶/手偶、故事卡片、明信片、故事开场白、书籍、故事板。

(2) 具化游戏:沙盘、水盘、豆袋、毯子、毛线球、护手霜、玉米粉、沙子、黏土、橡皮泥、颜料、面部颜料、儿童泡沫沐浴、手指颜料、大米、意大利面、油、可食用颜料、不同的布料、砂纸。

(3) 角色扮演游戏:打扮衣服、鞋、帽子、炊具、医疗包、货币、电话、面具、编写情节、故事、面部涂料、珠宝。

以下是两则设计教案。

> **案例卡片**
>
> ### 教案 2-1 《小熊过桥》
>
> (一) 活动目标:
> (1) 随儿歌节奏做出简单动作。
> (2) 感受小熊过桥的心情,懂得遇到困难要勇敢克服的道理。
> (3) 知道别人遇到困难时应鼓励帮助。
> (二) 活动准备:略
> (三) 活动过程:
> (1) 导入:PPT 图片谈话交流,让幼儿知道儿歌的内容,学习朗读有节奏的儿歌内容,老师有节奏地完整朗读儿歌,幼儿欣赏。
> (2) 提问加深记忆,带领幼儿有节奏朗读儿歌。
> (3) 小结:鼓励幼儿做勇敢的好娃娃。

> **案例卡片**
>
> ### 教案 2-2 游戏化设计《小熊过桥》
>
> (一) 设置管理游戏规则
> 大家尽量在屋里各个地方走起来,但是记得不能碰到任何人、任何地方,否则你

---

① 蕾妮·伊姆娜. 演绎真实的生命[M]. 徐琳,别士敏,译. 北京:北京师范大学出版社,2018:153.

就会变成木头人。我们需要到不同地方去采集不同颜色的果子,而我手上有个魔法铃,铃的节奏快大家就快些走,铃的节奏慢大家就慢些走,当我停下来的时候,所有人的眼睛看我,听我说做什么就要变成什么。

(二)暖身围圈开始:

1. 教师在音乐的伴奏下,从"脚—胯—脊椎—手臂"带领大家活动起来。

2. 逐一让同学们每人带领一个动作,大家跟随做起来,让同学们的情绪热起来。

3. 边摇铃边说:"请大家像温柔的熊一样走起来,停!(雕塑)请大家变成千姿百态的大树。"教师观看几遍后,选几个形象逼真的同学不动,其他人放松学习观看,教师点评优点。

4. 游戏继续,边摇铃边说:"请大家像刚强的猎人一样走起来,但是记得不能碰到任何人任何地方,否则你就会变成木头人,大家尽量在屋里走起来。停!(雕塑)请大家变成可爱娇小的小花。"教师观看几遍后,选几个形象逼真的同学不动,其他人放松学习观看,教师为其拍照留影。

5. 教师入戏讲故事:(围圈,大家舒服地坐下来)"我有一个神奇的魔棒,只要我指向谁,谁就按我的指令用身体摆成描述的样子。"

(1) 有一个高15厘米的小桥(邀请四人摆成小桥),通向地中央的水潭周围有几条水波纹。水面上有几个荷叶和荷花。(邀请五个人雕塑扮荷叶,扮荷花。)

(2) 语言和身体示范引导,边念儿歌边做动作表现,摇晃、走不稳、站不牢、心慌张:"这里的水好清澈呀!"

(八)案例思考

以上两个活动体验后,说说:有什么不一样,你会选择哪个?

教案 2-1 目标以教师导向为主,是结构化"三段式"的教案,属于重视结果认知的幼儿园常规课程的一种教学方式。教案 2-2 能给引导者带来教育戏剧的游戏体验,属于"一体式""单段式",学生很快进入情境,能够自然地投入角色游戏,产生彼此信任、相互尊重、快乐学习的氛围。教师以引导者的身份问小朋友:"你觉得谁最像呢?"小朋友互相提出他认为表演好的人,也有夸自己表演好的,一个个畅所欲言,充分表达自己的体验,显得自信满满。这两种不同的教学范式,根据故事、音乐的变化来创造音乐舞蹈剧,从而将从随意听音乐带入了试图听懂音乐的阶段,使情感世界逐渐变得丰富充实,进入一个丰富多彩的世界中。音乐舞蹈剧的情节,以具体的形象表达了一定的思想感情,弘扬真、善、美的做人做事方式,实现了形象、生动的教育。

教师是合作者。孩子们亲身感受了旋律,这种过程让孩子们深入学习的求知欲不断增温,引导孩子们主动尝试,一个小朋友走出来表演了,又有三个小朋友展现了不同的表演方式后,其他孩子的思路打开了,不敢发言的孩子也走出来了,最后三人、四人一组走上来进行表演。

教师也是支持者。在游戏表演的过程中,幼儿潜移默化地学会了《小熊过桥》这首歌,掌握了礼貌用语,学习品质得到了充分的锻炼,活动的过程很愉悦,创设的环境让孩子们能够自主地表达自己,为孩子们心灵的飞舞创造了条件,教师支持了孩子们想象的空间。通过广泛接触不同情感、不同内容的音乐舞蹈剧,孩子们的情感世界逐渐丰富、充实起来。

经过教师的启发和诱导,创作的音乐形象更加丰富,在互动交流中,促进了社会情感的发展,形成良好的行为习惯,发掘了潜能。用音乐、图片、照片、说故事的方式引发学生兴趣,以暖身活动导入情境,示范引导创作;能够对指示做出适当的反应,运用其感官领受力描述细节;运用肢体、声音来表现情感与情绪,表达出要求的动作或物体的特质,以及所在的地点、活动、人物的动作与行为等。儿童是"成人之父",孩子是我们的老师!面对幼儿的心理世界,我们需要"弯曲身体,升华心灵",做自己教育对象的学生。实践科学的儿童观和教师观,才能真正让幼儿快乐生活、健康成长。教育者是孩子们的支持者、引导者,也是合作者,我们要向幼儿学习!

(九)游戏剥夺

"游戏剥夺"指的是当游戏被剥夺时,可能会剥夺一些对儿童发展至关重要的经验,并导致儿童产生生理和社交缺陷。

游戏与游戏连接的障碍:生理上无法游戏;不知道如何游戏;不知道游戏的价值;以错误的方式游戏;游戏失败;批判;拒绝游戏;自我意识过强;感到尴尬。

### 四、游戏的基本类型

儿童心灵世界发展的自然姿态,必须要有多元管道出现,疗愈教育戏剧活动有效地与体验者的情感、社会、生活、科学、自然、文化相联系,通过教学实践活动提升学生的探索性、实践性、反思性、创造性、自主性的学习能力。它是培养自信的最佳途径,也是通往成功、迈向胜利彼岸的有效工具之一,能使人的潜力得到最大程度的发挥。教育戏剧的价值,正是对道德情感的净化与升华起到潜移默化的作用,使之逐渐形成高尚的、健康的心理,在人与人沟通逐渐含蓄的今天,让交流变得透彻、简单①。播放一部好的音乐剧,让学生从中了解美、认识美、接受美,以美导真、以美引善,让学生领悟到什么是人间的真善美、假恶丑,使千姿百态的美有所依附,促使学生形成高尚的情操,从而达到促进健康心理的目的。②

(一)常见的游戏类型

适合各个年龄阶段的游戏有偶然的行为,单独游戏和游戏的旁观者;还有平行游戏、联合游戏、合作游戏。游戏对于孩子而言,恰如语言对于成人——它是表达情感、探索关系、描述经历及表达愿望的媒介。游戏有许多不同的类型,存在于全世界各种不同的文化

---

① 叶香.从岩画中寻找我们的文化基因[J].幼儿100 教师版,2018(6):11-10.
② 加利·兰德雷斯.游戏治疗[M].重庆:重庆大学出版社,2011:156.

当中。既适用于成人,同样也适用于幼儿。这些游戏能够分别或者同时在体能—智能、模仿—创新、竞争—合作等不同方面挑战幼儿的自我实现、自我超越的愿望,激发幼儿学习的内部动机。

1. 情境表演游戏

情境表演游戏是老师们在教学过程中经常使用的一种游戏类型,包含了局部运动的表演,如故事表演。

2. "领袖"模仿游戏

这类游戏在教学的过程中也非常常见,如我们熟悉的"请你像我这样做"以及"照镜子"等游戏都属于这一类型。

3. 输赢竞争游戏

输赢竞争游戏的类型有很多,如追捉、争物、抢朋友、占位、比大小、对攻等。

4. 控制游戏

控制游戏有造型、默唱、休止等不同的类型。

5. 传递游戏

传递游戏包含传物、传话、传位等不同的种类,在教学活动中的应用也十分丰富。

6. 身体接触游戏

花式拍掌等教学常用的游戏均属于身体接触的游戏。

7. 队形变换游戏

队形变换游戏诸如换位、穿插、跳转、换朋友等游戏类型均属于此类型。

8. 猜谜游戏

猜谜对歌、猜"领袖"、猜音源、猜缺失的人或物等。

9. 玩影子、玩东西游戏

如玩影子、玩乐器等。

(二) 疗愈教育戏剧游戏

1. 暖身游戏

主要目的在于提高专注力、感知能力训练,参与者学会用心感受聆听。

例如:听引导者手中的铃鼓声走动起来,当引导者停时,大家看老师的眼睛、听老师的指令,教师让儿童用手与眼睛、鼻子、嘴、耳朵、眉毛链接定格雕像,通过节奏变化,逐渐把参与者带入有秩序、放松的环境中;请三人一组做朵花;二人一组,最后请五人一组找朋友。

2. 构建场景游戏

主要目的在于提高想象力、创造力。可从各种艺术领域进入来描述时间、地点、人物以及主题情境背景。

例如:我们通过眼睛可以看到物体的哪些信息？你们都听到了哪些声音？是通过什么器官感知到这些信息的？按要求把信息表达出来。

3. 注意力游戏

身体雕塑的主要目的是提高肢体表达。让参与者开展假想，用身体雕塑出生物的形象，定格后让观察者表述出生物名称。

一组人分别用身体造型摆出，各种动物的造型。如猫、狼、鱼、羊、鹿。

4. 扮演游戏介入文本

主要目的是提高阅读理解能力。以第三人称叙述方式告知参与者文本信息，课程前做好文本的情节梳理，分化好各个情节点。

扮演成身体器官，如眼睛、鼻子、嘴、耳朵、眉毛，说说在人的活动中自己的重要性。可参考动画《身体器官的故事》。

5. 沟通游戏分组呈现

主要目的是提高协作能力、创思能力。根据文本要求，5~6人一组，分组后，参与者进行文本情节讨论，呈现过程中引导者根据情况参与入戏。

各组用肢体搭建一个正在运行的大型机械工作场面。如水泥车、收割机。

6. 瞬间定格游戏

主要目的在于提高观察力、想象力。呈现过程中，引导者随时介入定格画面，让观察者解析具体情境下动作的含义、情景关联等。

请想象自己的超能力，尝试在做一件平时不可能做到的事，用认识游戏把所有的画贴在墙上或放在地板上，大家一起认识，说说自己是怎么想的，希望有什么超能力。

7. 问题链游戏

主要目的在于提高分析解构。让参与者、观察者介入讨论。

例如:请用笔画出想表达的一个复杂情绪的事件，用肢体表现出来，让对方描述他看到的素材，通过连串的提问，了解对方画的什么意思，可以分组，A/B两人为一组，A先画，B观察，之后交换。

8. 身心放松游戏

尝试让你的身体变成软硬不同的棉花糖、钢板；在音乐中自由展现身体的能力。

### 五、游戏活动案例

（一）肢体游戏:两人三足

1. 目的:互相配合，使身体动作之活动产生各种变化，使学习者学习如何有效地运用自己的身体各部机能。

2. 时间:15~20分钟

3. 准备：丝巾、大场地
4. 流程：两个朋友靠在一起，把挨着的腿用纱巾捆起来，探索各种时间、空间、能量的关系。
5. 辅助知识要领：在安全空地玩肢体动作游戏，对协调大小肌肉、消除幼儿对成长的恐惧及对世界认知发展很有帮助。

（二）想象游戏：送你一个水果篮

1. 目的：通过运用自身的嗅觉、想象力，进行内外部的感觉创造。
2. 时间：15～20分钟
3. 准备：藤篮/纸盒一个
4. 流程：
（1）围圈坐，老师将一个空藤篮拿出来，开始传递。
（2）请同学想象里面有一种水果，当他们"看见"这种水果时，做出反应。
（3）接过篮子后，想象自己看到、闻到了那种水果。
（4）拿起水果并吃一口，然后表现出当时的情景，例如：有的吃西瓜，感觉味道甜美，水分多多；有的吃青橘子，剥皮时汁水溅到眼睛，一尝酸到心里；有的闻到一股榴莲的味道，就躲开；有的吃水蜜桃，汁水直滴……
（5）吃完后，将藤篮传给下一位同学。
5. 辅助知识要领：
一般是扮演游戏、戏剧游戏，通过想象进行假装，以一个想象的角色进入想象世界。例如，扮演动物、植物、昆虫、鱼类、物件、人物等。通过角色扮演的游戏，将会显示出"内在自我"，游戏就像潜意识的一面镜子，通过在角色中增加想象和情感的成分来建构角色。通过想象游戏表演角色有助于减轻情感压力的影响，还有助于消化创伤经历，这个过程被弗洛伊德称作"升华"。它是现代幼儿教育产品而非一种消费品，是孩子学习未来社会角色的方法。最好是与小朋友合作，以简单物料制造故事与戏剧的扮演道具及服饰，激发孩子的扮演兴趣。

6. 案例反思
戏剧游戏是儿童生活中最重要且最原始的一种活动，长久以来，它一直受到幼教界的重视，无论是释放精力的游戏、模拟战争的游戏、有文字的假装游戏、模仿成人世界的角色游戏、精巧的建构游戏，还是有语言或口头约定的游戏，它都是反映儿童心理需求的一面镜子，也是儿童用来了解自己及外在世界的最佳媒介。在一个"假装"的自设情景中，儿童试着去揣摩各种角色的想法、言语和行动。他们也经历不同事件的开始、过程与结束，并遭遇各类人际的沟通、合作与冲突。既然要生活化，就一定要游戏化；既然课程是游戏的，也必然有情境。游戏是一个过程，既然是一个过程就包含经验，这是相通的，只不过采用不同的表达方式而已。对幼儿园来讲，游戏是幼儿园的存在方式，也是生活内容。

第一，幼儿游戏的过程需要我们去欣赏。游戏不是幼稚的，游戏中有很多亮点，有很多值得我们关注的要素。

第二,要服务游戏。我们要努力为幼儿提供游戏环境、游戏材料。

第三,学会观察游戏。

第四,合理指导游戏。

为何要提"合理"指导游戏?因为教师指导过头了,指导就成了"导演",儿童在游戏中就会失去自由自主、失去创造,因此要合理指导游戏。教师的专业化是确保课程游戏化顺利推进的关键。课程游戏化的关键在教师,教师的教育理念、专业意识、专业能力直接影响课程的品质。

## 六、游戏应用时的基本原则

(一)教师与幼儿的关系

第一,教师要与儿童建立温暖、友善的气氛,并尽快建立良好、和谐一致的关系。

第二,教师要接受儿童就是他本身。

第三,教师要在关系上提供宽容的感觉,好让儿童能够完全地表达自己的感受。

第四,教师必须警觉儿童所表达的情绪,并能做出回应,让儿童更加明白他的行为。

第五,教师要深信儿童有解决自己困难的能力,只要提供合适的机会。儿童有责任去做决定和改变。

第六,教师要跟随儿童的步伐,而非尝试以任何形式指导儿童的行动或对话。

第七,教师不用催促治疗的过程,游戏治疗的过程是循序渐进的。

第八,教师只在儿童需要学习在关系上负应有责任或面对现实环境所需的条件时才设下限制[1]。

第九,教师游戏的目标,是帮助儿童学习识别和表达感受,帮助儿童建立内源性评估,并更加信任自我,帮助孩子掌握他们的恐惧。

第十,通过模拟情境处理,经历过去的;通过行为预言,掌握现实和未来的;通过模仿和幻想来探索能力,处理情绪的冲突和情感的沟通与表达,经历解决问题的人际过程、认知过程、情感过程。儿童游戏的一个功能是教他们养成适合自己行为的需要。

第十一,游戏本身便具有治愈性。游戏疗愈师帮助孩子通过游戏来寻找和解决问题。他们会跟随孩子的引导,这种关系是一种能够带来治愈的矫正性的情感体验。疗愈师需要评估和理解游戏,确定和处理主题,并且需要了解创伤、虐待和痛苦对孩子及其游戏的影响。

(二)游戏创设原则

第一,儿童的观点和兴趣是游戏的重要内容。

第二,游戏提供了理想的学习条件,能提高学习的质量。

第三,主人翁意识是通过游戏来学习的重要部分。

第四,如果学习是自我发起的,那么它就更适应于儿童的发展水平。

---

[1] 加利·兰德雷斯.游戏治疗[M].重庆:重庆大学出版社,2011:156.

第五,儿童通过游戏学会如何学习。

第六,儿童能更好地记住游戏中所做的事情。

第七,游戏中没有恐惧,没有人为树立的障碍物,学习更容易发生。

第八,游戏是自然而然的——儿童就是他们自己。

第九,游戏是发展适宜性的——儿童可以直接感知到自己的需要,并在游戏中满足这些需要。

第十,游戏推动了儿童的探索和实验。

第十一,游戏中没有对和错,儿童不会有失败的体验。

第十二,游戏可以使教师观察到真正的学习。[①]

## 第二节 创造性戏剧的理论

创造性戏剧的本能途径是想象力,想象游戏中儿童创造了什么?这表明这一理论更适合作为一种方法去解释在儿童想象游戏中发生了什么。通过想象游戏,儿童创造了新的假装情景。这些情景包含了来自儿童原有经验中的大量看似没有联系的要素。其中,想象充当了整合经验、知识和理解的方式,帮助儿童发现个体之间的联系。当儿童能够控制想象游戏时,他们也能够控制它的构成。参加关于太空旅行想象游戏的儿童将会考虑旅行会像什么、怎样准备,以及在离开期间时间怎样流逝、到达时的感觉有多好,而且他们也会考虑太空的方方面面,如黑暗、距离、需要的氧气和特殊的衣服。想象贯通了人物刻画、动作展现、即兴创作。

### 一、关于创造性戏剧

"创造性戏剧"一词,在1977年经美国儿童戏剧协会定名为教育戏剧之词汇后,定义为一种即兴、非正式展演,且以过程为主的一种戏剧形式。其中,参与者在领导者的引领下,去想象、实作并反映出人们的经验。尽管创作性戏剧在传统上一直被认为与儿童及少年有关,其程序却适合所有的年龄层。"创造"戏剧的基本理论需要包含:艺术形式的本质,以及结构一个临时准备的戏剧所需的元素;意义的制造及意义的层次;框定参与者;过程戏剧中的参与模式;排序以及结构的内在连贯性;保护进入角色;高阶象征和连接角度;班级的游戏以及教师的游戏;学生的角色扮演。

史莱德的儿童戏剧实践始终持有一种"儿童本位"的教育观,他的核心观点是:"儿童戏剧是一种艺术形式,戏剧的过程始于儿童在声音和运动中自发的、以自我为中心的创作,以及(发展)到儿童游戏中产生的、由儿童产生和表演的。"他认为,儿童戏剧是儿童的一种艺术形式,儿童的创作活动不能以成人的标准来衡量。这种戏剧体现着生活的艺术,

---

① 尼尔·本内特,利兹·伍德,休·罗格斯.通过游戏来教——教师观念与课堂实践[M].刘炎,刘峰峰,译.北京:北京师范大学出版社,2010:89.

是儿童们在生活中随时会将自己投入一些自然的假扮游戏中参与创作的过程。与此同时，他反对正式的剧场形式，对于儿童戏剧的严格排练，他认为"会破坏儿童戏剧，因为如果让儿童仅仅去复制一个现成的剧场，在属于儿童扮演方式中不会成功。他们只需要空间，并不需要任何剧场编织复杂的技术，因为剧场往往使儿童想的只是观众，破坏了他们的真诚，而老师们则只是在作秀"。

## 二、创造性戏剧是一种动力

创作性戏剧教学是培养二十一世纪能力领域的工具，对学前教育研究的学子而言，对其个人的成长的建设也是非常有力的实施工具。马斯洛认为，艺术体验就是一种高峰体验。处于高峰体验中的人想象更丰富、更有诗意，有着更敏锐的审美直觉，"真正的人正因为他是真正的人而可以变得更像诗人、艺术家、音乐家和先知。"在这一层面来看，艺术就是人的高峰体验的产物，这个时候的人本身也是完美的艺术品。在一定程度上可以说，创造是人类生命活动的最高形式的存在。人的本质就在于其创造性。而艺术作为一种特殊的精神活动，生命的自由创造本性体现无疑。艺术的创造性除了表现在艺术作品上，还存在于艺术家创作前及创作中的体验时期。艺术家通过想象的方式来感悟事物，把自身置于体验对象的位置去设身处地体察和领悟，从而获得超越自身经验的新体验。这一储于内心的体验过程就是一种创造性活动。不断创造，不断实现自我，其中是"超越性动机"在起作用。正是这种动机驱使人投身于某一事业，使事业成为自我的一部分，并将此内化为内在价值，这样就实现了存在价值和内在价值的统一。自我实现者所展现的高峰体验，正是对这些价值的内省。高峰体验是自我实现的重要途径，它不断引领人达到更高层次的自我实现，不断超越自我。通过疗愈教育戏剧，带领儿童应用游戏经验、游戏行为、游戏策略、游戏智慧，激发儿童的自主性、内生性成长，以及潜在性、累积性、意义性和挑战性，参与活动训练了思维的抽象性、灵活性和变通性，锻炼了思维发散的能力。

艺术形式的本质是"帮助体验者通过戏剧的媒介获得理解的满足"。创造戏剧是教师运用经验理论带领学生体验感受的一个过程，在这个过程中，体验者发展出理解这种艺术工作的方法、途径，并能够共同汇集才智塑造艺术形式的理解和满足。如在真实活动中，孩子穿好衣服去幼儿园。这是一个模仿的戏剧表演过程，有一个角色，一对一地对实际事件进行模仿，这就是戏剧作为艺术迈进了一步。希斯考特将这个过程描述为"自我观看"，但这还没有完全解释清楚。这个过程暗示了一种间距，这容许了内省的过程同时存在于两个阶段，即"我做事情"和"我看我做的事情"。我更倾向于用"虚实之间"来描述，也就是两种状态同时存在，两种状态在内部相互争斗。这个过程需要一种自我反思的刺激。我追求的是这两种角色之间的自我观看，也许"虚实之间"的概念更能准确地捕捉到我追求的这种参与模式，它需要戏剧事件来唤起，在事件中角色会找到自己。戏剧不是为表演准备的，而必须通过即兴构建一种角色参与，展现给彼此，但核心是能够在即时的时空下，"存在"在角色的事件里。即便参与者之外没有观众，但是当他们入戏的时候，一种觉察的关键维度也是存在的，在一种对话氛围下和他人互动的维度，这超越了单纯互动，同时也是一种超越了自我观看的内省维度。

"创造"戏剧作为建构一个戏剧事件的整个过程,并将"虚实之间"作为关键元素,让戏剧的中心目的成为角色的"存在"和"活在当下"。领导者引导一组学习者,透过戏剧性的实践去开拓、发展、表达与交流彼此的理念与感觉。在创作性戏剧中,每组学生以即兴演出之动作与对话,发展出适宜的内容。而所采用的戏剧素材,是在经验的范围内产生出形式与意义。创作性戏剧的主要目的是促进参与者人格的成长与有效的学习,而不是训练舞台的演员。创作性戏剧可用于戏剧艺术的教学,并激励与延伸对其他领域内容的学习。参与创作性戏剧具有提升语言与交流能力、解决问题的能力、创造力的作用,并能提升积极的自我概念、社会认知、同理心、促进正确的价值与态度观的建立,并了解剧场艺术。它以人类本性的动能与实作的能力,来表现出其所生存世界的概念,以使学习者了解之。创作性戏剧同时需要逻辑与本能的思考和个人化的知识,进而产生美感上的愉悦[①]。

## 三、教学基本技巧

### (一) 创造性戏剧游戏范式

(1) 说故事:语言要有情景感,边说故事边请人表演,"呼之即来,表演一个场景,挥之即去"瞬间回到原位。使故事的表达更形象生动,不确定的部分请参与者参与表演,能调节情绪深入理解故事,给予大家不同视角去理解故事的内容。

(2) 想象:戏剧游戏中的想象留白,就是尊重对方的思维,容许对方安全地表达、释放情绪。

(3) 身心放松:可以用深呼吸来调节,深深地吸气,深深地呼气,调节若干次,直至身体到放松状态。

(4) 注意力集中:是戏剧游戏中很重要的要素,戏剧游戏就是在体验中感悟、在变化中觉察,稍纵即逝的感觉需要注意力集中,才能有所得。

(5) 角色扮演:不同的角色带给我们不同的体验感受,只有进入了角色的限制中,才能更好地共情角色、体验更丰富的生活。

(6) 速度节奏:速度的快慢决定节奏,节奏在戏剧中像是情绪的色彩。

(7) 结构戏剧:通过以下词语的逻辑关系,表达戏剧内容的顺序:故事、人物、性格、动作;情节、结构、逻辑、悬念;场景、情境;开始、发展、高潮、结局(起承转合)。

(8) 镜像:对方做什么动作,扮演镜子的就做一模一样的动作。

### (二) 建构戏剧游戏范式

(1) 建立情境活动:生活中的不同情境给我们不同的体验感受的视角,通过不同角度的放大,进行仔细的观察,领略不同场景下的体验感受,给我们更多新思路的可能性,戏剧游戏的魅力便在于此。

(2) 日记信札:请每个人给主要探讨内容人写一封信,每一个人的信传给下一个人,

---

① 陈泊蓉.中小学创新型教师的素质与成长研究[D].陕西师范大学,2017.

下一个人在指导者的示意下,逐个朗诵信的内容,大家在倾听中觉察自己的情绪状态。

(3) 巡回演出:某些戏剧场面需要大家边巡回、边表演的欢庆样子。

(4) 坐针毡:融入个体创造性阅读,即教师或儿童扮演某一个角色,提出一个面临的难题,请其他儿童对此提出建议,从而使早期阅读活动真正成为儿童自己的创作性阅读。①

(5) 导游观光:像导游一样带领体验者走向教室的各个方位,描述出"到了哪里""这里有什么",体验者在恰似此情此景的环境下感受此刻的状态,教师不时地询问体验者是否感受到了什么,提供觉察的机会。

(6) 见物如人:用一件衣服、一个皮包、一个旧物,创造情景展开联想,进行表达自己当下的情绪情感的训练。

(7) 定格:对于一个连续的情绪或事件,让状态停顿在一个瞬间,对内部或者外部进行探索感受。

(8) 建构空间:在讲故事或描述场景的时候常常使在场的观众更多地参与进来,可以分组邀请几个或个别人扮演场景中的物件或人物,让大家更能准确地感知效果。

由此,顾名思义,根据描述情况和需要借助已知的方式去感受探索更多的可能性,有集体绘画、有墙上角色、有模拟实况,还有声效陪衬和生活圈子、涟漪、线索材料。

(三) 叙事性活动范式

(1) 生命中一天:顾名思义,借用生命中的一天的场景,来聚焦感受事件,发现其中的不同,启发体验者。

(2) 教师入戏:避免"剧本先行"的编戏、排戏和演戏。戏剧教学策略即为了解决戏剧教学的问题而采用的方法和技巧。有重要事件,有焦点人物,有访问质询,还有专家外衣及会议、场外音、偷听、新闻报道、竭力角色。

(四) 诗化活动范式

诗化,是指小说创作构思的一种审美趋向,主要表现为作家对艺术形象的情感分析和对社会生活的诗意描绘,以诗的意境和象征化的形象思维组成小说形态的主体。

(1) 边做边讲:一边做一边用生活的诗意化表达出来,主要是意境和象征化的形象思维展示出的表现给人以启发和新的认识。

(2) 心底话:借由诗意的表达心底话的环节,给予人与人彼此了解的一种利用戏剧的表达方式。

(3) 温馨时代:借用温馨的事件画面,让来访者回顾强化温暖的时刻,从而影响改变他的看待问题的视角,由此对认识事物的模式进行调整。从生活中找到比喻、标题创作、仪式、新思维、对剪片段、纪录片、倒叙法、民族模式、装腔作势、面具、偶具、变身、蒙太奇、戏中戏、外来角色、事件重演、文化串烧、角色互换、移形换影、小组演绎、声音合奏等都是借由一种特定的方式,通过诗化的再创造,发现不同的认识,改变现有的固化的认识及思

---

① 张金梅.将戏剧运用于早期阅读活动的行动研究[J].幼儿教育,2009(36):27-31,40.

维的模式。

(五)反思活动范式

反思,回头反过来思考的意思。作为哲学概念,是借用光反射的间接性意义,指不同于直接认识的间接认识。思考过去的事情,从中总结经验教训。对自己的行为进行深刻的。反省反应反深思。

(1)集体朗诵:通过集体朗诵加大对事物的感受力度,从而生发出不同的认识,获得新的收获。

(2)立体人物:人物本身就是对面的,当对一个人物进行剖析时,分别演出不同的事件,丰富人的形象,也让大家对人物的理解认同更加包容。

(3)目击证人:通过目击证人的视角线索,由此展开对时间的深入分析与理解。在集体雕塑、请听我说、重要时刻、真实时刻、讲故事、人际空间、观点角度、谁是谁非、自圆其说、思绪追踪、内心斗争等主题活动中都是可以通过分析思考过去的事情,从中总结经验教训。对自己的行为进行深刻的。反省反应反深思。

## 四、案例导入

(一)情景表演

邀请一位同学扮演妈妈,请她想象上班的地方特别远,班车每天早上只有一趟,如果赶不上班车就会迟到,妈妈很着急。而孩子的扮演者表现3岁半年龄段的特质,要自己弄好才出门。当表演开始后,一边是专注的孩子要认真完成穿衣任务,妈妈(有三个不同的表现)

(1)耐心地一起穿好衣服出门。
(2)逐渐地开始没耐心穿好衣服出门。
(3)强行替孩子穿好衣服出门。

整个过程倒计时,开始朝向艺术形式前进,制造的意义成了这个活动中心。

剧情结构:起承转合

(二)案例思考

把戏剧引入学生活动中时,应如何充分发挥戏剧在学生成长中的价值,又避免重复排练带给学生苦闷及压力呢?借助岩画非物质文化图像投射扮演每个人解读的故事,或结合经典文化的绘本、儿童故事的理解变成学生亲身感受的过程。教师通过轻松的戏剧游戏与即兴扮演技巧的策略调配,调动起学生的各种能力及积极参与的情绪,游戏化地参与到戏剧中,体会故事的各种可能性。

(三)希思考特设计

一个动作有五个意义的层次,寻找有意义的戏剧动作开始,发展作为戏剧老师复杂的技巧,创造自己想表达的戏剧作品。

（1）动作　做了什么　穿衣服
（2）动机　即时的原因　送孩子去幼儿园,妈妈要上班
（3）注入　为什么这样重要（紧急）　上班要迟到了
（4）模式　从哪里获悉的（积极/消极的模式）对待儿童的方式
（5）立场　人生应该/不该是什么样的　儿童自我为中心阶段的发展特点/粗暴地无理由地对待

（四）动作分析

分析三位妈妈的表演者的不同的表现:她们的语境是什么状态?（请三位表演者先回避,大家猜测讨论,妈妈的表演者逐一告诉大家她的心理独白）

复盘三个境遇都是建立在同一个动作上的,但因为最后一个动作的情况改变了,它已经具有不同的意义了。最后一个场景可以是一个戏剧结构中的一部分,或者一个关于教育的戏剧中的一部分。通过家长的一系列戏剧动作,"她"概括了学习的主要理论,并且呼应了教学理论,从主动探索学习,到有组织的干预;为良好表现提供奖励（评星）,进行行为主义的塑造;对失败进行惩罚。为了提升探索意义的可能性,这里对动作进行了一种合理的变形。戏剧作为艺术形式的元素被安插到此境遇里,这些的艺术形式的关键元素有角色、态度、目的和反目的、张力、限制、时间、故事线及情节、前史及语境、戏剧动作、戏剧事件、制造意义。多萝西·希思考特的五个"意义的层次",也被称为"意义的层次":动作、动机、注入、模式、立场。

（五）体验案例分析

在优优与大灰狼的追赶中,借助戏剧《三岔口》中的肢体动作来表现各种剧情的"虚拟"戏剧效果,即两人彼此追杀却互相看不到,但观众看着两人马上就会砍到对方,却峰回路转,把观众的心牵动得不能平复。让狼和优优多次似要碰到却未碰到,孩子们的心跟随着剧情此起彼伏,反映出孩子们担心爱护主人公的态度,并对大灰狼产生了质疑,按下了独立思考的按钮,给予戏剧更广的张力。

孩童比成人有智慧,他们对未知世界充满好奇心和探索欲,敢于面对真理、为自己的心灵负责,如皇帝新衣里说真话的孩子、小王子等,他们一眼就能看到真相,但偏见和利欲使我们蒙蔽了双眼。剥去各种身份认同,唯独没有人可以替代你感受人生以及独立思考和独处的充实,这个时候你是独立面对自己,开始与自己的心灵及宇宙中神秘力量的对话,独处可以检测你灵魂的深度,唯有在两个灵魂充实而丰富的人之间,才可能有真正的友谊和爱的感觉。从古人送友人的诗词里可以窥视出人生难得一知己的感叹,灵魂如同一个游子,内心体验敏感而丰富与否的确重要,它决定一个人感受幸福的能力。人有着不同于肉身的精神生活,我们为人父母在成长岁月中有很多缺失的拼图。孩子出现这样那样的问题而呈现许多不自然的状态,父母是否真的能如是地投射自身不得而知,而真实的转念和改变,需要外力去驱动这种惯性模式的认知慢慢转换成身心的舒展,回归本真。

不管是成人还是儿童,有些感受无法用语言表达出来,如压抑在内心深处的潜意识,通过戏剧情景的再现,能够唤醒并在当下环境中表达出来,但是可能大多数并不会显现出来,因为它们具有隐藏性和矛盾性,或者太危险以及不被社会认同。如当表演者感受有过创伤,在被讨论之前,非常矛盾,常具有暴力性和潜在的破坏性,以至于人们不能在剧场中表达这些,因为他不能完全理解这种感受并在剧场中具体化,这太危险。而童话能够给予人们最大的帮助,并且事实说明很多童话故事能够被人们演绎,但这只有在人们和故事的关系亲密后才能表达出来,尤其孩子们并不能靠自己去创造故事。如在戏剧课上很多孩子喜欢扮演公主,但只有当这个童话故事变成他们想象世界的一部分时才能产生影响,特别是故事的欢乐结局和竞争场景。让孩子们幻想控制力成为可能,他才有力量越过,去感受到超常的力量。孩子是脆弱、易受伤害的,他们对于艺术没有成熟的评价准则,但仍在寻找关于美的标准,对自己和周围的世界知之甚少,可以接受(欣赏)我们提供给他们的任何东西,因为对我们信任。因此,制作戏剧的成年人,应该敏锐并熟知这些事实。我们应该认真对待参与者,在平等的基础上与他们沟通,不要纵容或教育他们,而是引导他们成长,发展他们自己的艺术标准和对美的感受能力。最重要的是,我们不可滥用他们的天真来满足我们的物质需求。当然,我们需要制作成功的演出,让参与者享受戏剧体验教育的不同凡响,但它不应该大过艺术创作和通过艺术作品与学生交流的需要。我们应该意识到自己的责任,与参与者分享我们的经验,从而帮助他们更好地了解自己和这个等待着他们的世界。

斯坦尼斯拉夫斯基有一句著名的话"儿童剧表演应该与成人戏剧表演一样,或者只能更好"。我们的成长与发展中,面对着超我的非理性倾向,当我们成熟时,身份、自我意识和超我这三种意识的体系,变得能越发清晰地表达出来并且与他人区别开,每一个都可以对另外两者产生影响。在潜意识没有超越意识时,自我意识的全部技能和身份和超我的处理变得更多元,在一般事件中,这种影响会超越他们的互动。无论何时他们的潜意识跑出来会立马淹没他的个人意识,在自我意识到混乱的无意识这种经验加强前,参与者的自我意识会被这种直接接触减弱,因为潜意识是隐藏的。这就是为什么要体验者外化他的内心,我们教师才好帮助他们,而这并不是想要控制体验者们。

(六) 体验案例导入

> **案例卡片**
>
> ## 岩画精灵——个人成长
>
> **目标:**
> 1. 要想快乐健康地成长,就要积极勇敢地面对成长过程中出现的一切问题。
> 2. 要想不害怕、不恐惧、寻找到成长的快乐,就要去了解、去交流、去认识。
> 3. 只有了解才能不害怕,只有交流才能克服恐惧,只有认识才能化解压力。
> 4. 积极健康地发现自己,了解自己,探索自己的真实需要。

**准备：**

1. 希望今天每个成人都像孩子一样享有魔幻的空间，在魔幻的世界无所不能，而今天太阳神也交给我们一个任务，需要自取火种，来完成我们美好的愿望。

2. 唤醒信心在哪儿？能力呢？不知道大家有没有信心和能力来一起完成这件事呢？

**过程：**

1. 管理游戏：(安静有序地传递)

教师要求：唤醒精灵，发现你的精灵的力量，我的魔法棒指向谁，那个人就做一个你喜欢的样子，可以开始随意在教室走动起来，我的魔法棒向天空转圈用铃鼓发出声响时，大家就要看我，听我让你做什么，马上执行，如果我念道"不啦不啦"时就会收走你精灵的魔法，必须安静地回到位置。

(1) 围坐圆圈用精灵声音传递打招呼，主持人从左发起，转一圈。利用语言让大家的思维流动起来。"我是××，谢谢你；我爱你。"

(2) 两人一组，用肢体和声音1、2分出一个温柔精灵和一个调皮精灵，用动作打招呼。"我是××，谢谢你；我爱你。"

2. 创造空间讲故事：

在很久很久以前，贺兰山上有一个神奇的传说，有四块拥有勇敢、善良、忍耐、爱心的圣牌，谁找到了圣牌，就能改变这个世界，变得强大无比。

静态画面：分组建构贺兰山的不同造型，对山的造型进行上下左右的不同变化，实现造型上更多可能性艺术化表现。

3. 闯关游戏：

(1) 精灵在森林散步四人组合，1、2、3、4报数，数字相同的人一起。

(2) 角色扮演

介绍蓝马鸡、岩羊、鱼、鹿的圣牌，他们是活泼可爱的蓝马鸡、坚强敦孝的岩羊、自由活泼的鱼娃、温顺善良的小鹿、勇敢但又"凶狠"的狼以及胆小但不断成长的优优。

每组全队讨论认领并扮演一种角色，不能重复，集体强化自己的认领角色，分组展示数数"1—2—3"，做集体每人各有特色的"雕塑"动作。

(3) 分组探索讨论：作为文化使者你们会做什么自己喜欢的事？你们会关注什么呢？蓝马鸡会干什么呢？岩羊会干什么呢？鱼娃是怎样生活的呢？小鹿是怎样生活的呢？大灰狼会遇到谁呢？优优用什么办法把它们从岩画中唤醒？

(4) 扮演狼或优优可能是少数人的选择，可选用活跃或不善于积极参与集体活动的同学，或胆小的同学担任，适当给予更多的关注。

4. 主题游戏：观点与角度

我如何在这个世界生活？我如何能成为真实的自己？我们怎么实现自己的梦想？情感强度(1~10分)，五人一组进行肢体表达。

5. 传递圣火。点火,传递爱的火炬,让我们记住自己的梦想,不忘初心、勇毅前行。

**案例思考:**

体验性、伴随性、随时随地的学习,特别是在戏剧规则的学习中,模仿、同化和强化都可能让学生表现出符合规则的行为,但"只知其然而不知其所以然"是不利于儿童形成自觉性和主动性的。因此,理解规则的意义是必要的。但对儿童来说,理解规则的意义往往不能靠说教,而应以更丰富的体验感受为基础。疗愈教育戏剧是一种教学方法,在这种教学方法中蕴藏着教育者纯真、美好的教育理想,说到底教育的根本是对人的自我学习能力的培养。所以对人才的培养要符合教学对象的特点,未来的幼儿教师需要认知孩子的世界、理解儿童的行为,用"爱和责任"站在现在看未来的角度,唤醒教师之爱;儿童的教育以童话故事、生活故事为主,让儿童表达自己,了解社会规则,促进与同伴的交流。

创新的关键在于人才,人才的成长依靠教育,培养创新型人才是当今教育的主要目标之一,而创新型人才的培养依赖于创新型教师。另一方面,随着知识教育向创新教育转变,教师作为教育过程中的一个重要影响因素,其素质与成长问题是教育改革和教育研究的重要主题。创新型教师是培养创新型人才、实施创新教育的关键。创新型教师是适应新时期学生学习方式转变的急切需要,是教师专业发展的潜在追求,是解决基础教育现存问题的必要条件。[①] 现今,人们在探索心灵奥秘的旅途上,比以往更容易迷失自我,但许多时候,人们以为掌握了个人意义,其实不然,如果无法形成关于自我的认识,那么所坚持的可能是假的自我,所谓理直气壮地做自己,不过是让假的自我更顽固、更彻底。在自性化的历程中,认识原型及其对个人影响是不可忽略的,敏锐而感性的童话分析不只是显微镜下真实的心灵,也体现了人性,惯常使用的各种透镜与滤镜加在真实之上又如何幻化?[②]

## 第三节 学前儿童疗愈教育戏剧表演活动的基本内涵

在心理治疗领域中,表达艺术被称为艺术疗法或艺术治疗。它是一种成长性团体情绪和认知并重的教育方法,以小团体的形态呈现,使成员在自由、安全的气氛下,互相尊重与接纳,从而坦诚开放、交换解决问题的意见或分享生活经验,并透过团体互动的历程,促进自我了解与成长,学习改善人际关系的技巧,进而达成自我实现。广义上来讲,当艺术活动用于心理建设的领域时,包括各种各样的已开发创造性为目标的活动,如音乐、舞蹈、

---

① 戴晓慧. 高校青年马克思主义者的自我教育研究[D]. 湖南大学,2017.
② 陈泊蓉. 中小学创新型教师的素质与成长研究[D]. 陕西师范大学,2017.

戏剧、绘画、雕塑、制陶、戏剧、诗歌等,以这些主题为内容的艺术活动,除了其本身所具有的宣泄情绪、疏解压力的功效外,还可以起到调节紧张神经、改善心理环境的作用。所有这些艺术活动都可以使参与者建构一种全新的心理世界,并使受到心理困扰的个体从困境中解脱出来。从狭义上来讲,这是以岩画艺术为主的视觉艺术与戏剧治疗形成的心理治疗领域中充当介质的作用过程①。无论是克洛德·列维-斯特劳斯的野性的思维、维柯所论述的诗性智慧,还是兰德曼与约翰·奥尼尔的拟人论,事实上是一种以身体为工具进行度量模拟世界的原始思维,即"身体"的思维。通过"身体"思维,人与动物的界线清晰了,动物以自己为中心,而人不仅根据自己(身体)为世界定向,而且也通过世界重新给自己(身体)定向,人类用身体在度量世界的同时,反过来也被客观化。②

叙事治疗是后现代心理治疗中越来越受欢迎的一种治疗方法。后现代学派跟古典学派不同,古典学派重视诊断、分析并解决人的问题,将问题看成个体内在品质的一种外在表现;而叙事的观点则提倡对人的尊重,将问题和人分开,问题是问题,人是人。谈话的方向即是支持个案在问题和自我之间建立合适的关系。

## 一、作品主体意蕴的确立和开拓

亚里士多德认为:"戏剧是一种模拟的模式,为对一个动作的模拟,而此动作应属完整并具有某种长度,一个完善的整体之中各部分须紧密结合起来,如果任何一部分被删去或移动位置,就会拆散整体。因为一件东西如果可有可无,就不是整体的真正部分。而完整是指有开始、中间与结束。一个整体就是有头有尾有中部。头本身不是必然地从另一件东西来,而在它以后却有另一件东西自然地跟着它来。尾是自然地跟着另一件东西来的,由于因果关系或是习惯的承续关系,尾之后就不再有什么东西。中部是跟着一件东西来的,后面还有东西要跟着它来。所以一个结构好的情节不能随意开头或收尾,必须按这里所说的原则。"

朴素的经验告诉我们,人的学习若不能触及心灵(内心、灵魂),至多只是抽象个体的心理活动,而不是一个活生生的有思想、有灵魂的人的活动。只有当心灵(灵魂)伴随着感觉以及其他客观的心理活动进入学习当中,学生才真正作为主体主动、积极地展开学习。在这个意义上,学习是非常个人化的活动,与学生的个人经历、内心感受以及思想水平与想象力都有着密切的关联,如果只是从生理和心理的年龄特征来抽象地理解学生,就难以真正触动他的心灵,引发有意义的学习。

教育所要培养的,绝不仅仅是指抽象的、偶然的个体,而是能够进入伟大的社会历史实践进程的、具体的、社会的人,要有历史感、责任感和担当意识。它超越生理学、心理学,而达至社会历史实践的深度,它触及学生的心灵深处,与人的理性、情感、价值观密切相

---

① 张晓涧,王志强,周建平.论社会文化视野下美术心理学的主要研究取向[J].南京晓庄学院学报,2010(7):20.

② 鲁杰,张再林.作为原始思维的身体及其现代回归——哲学人类学视角的探讨[J].河南社会科学,2014,22(06):89-94,123.

连，它要培养的是社会历史进程当中的人。所以，首先"深"在人的心灵里，"深"在人的精神境界上。学生的学习是非常社会性的。学生关心什么、能够有怎样的心灵，一定与他的老师、同学有关，与他所处的社会环境有关，与正在进行的沸腾的社会生活有关。

论语中有：听其言，观其行。说明了行为的真实性和可辨别性。行为、行动都属于动作语言和动作文化的范畴，如果我们把舞蹈训练看作一种行为训导，通过孩子喜闻乐见的游戏形式，从而达到心智训练的效果，这对孩子来说就太自然不过了。

## 二、叙事治疗

寻找生命的力量。主流文化影响我们，这是叙事流派的主轴，认为自己就是问题，认为自己是没有力量的。叙事治疗帮我们把问题和人剥离开，将问题"外化"，解构主流文化对我们的影响。叙事治疗认为每个人都是面对自己的问题的专家，都是生命的主人。虽然很多问题还没有找到答案，但是慢慢地去走、去看，我们一定会找到属于生命的力量。

### （一）问题才是问题，人本身不是问题

人与问题的关系是叙事治疗中极为关注的话题，这也是叙事疗法的精髓之所在。生活中，人们总是将从外界得知的信息构建到个体已有的认知架构当中，当个体构建了不合理的认知架构，问题就会接踵而至。当个体以内化了的不合理的价值观及人生观去看待周围的事物和人时，往往会采用消极的意义诠释积极的事件，从而对个体的自我成长产生负面的影响。问题与问题的影响力有一种互相依赖的关系，问题的影响力可以视之为问题的生存条件，叙事治疗所要做的就是将人与问题分开。在实际咨询中我们不难发现，传统的心理治疗往往通过一些既定的标准对来访者自身存在的问题予以诊断，而这种诊断结果往往会导致来访者将问题内化，给自己贴上问题的标签，使来访者产生视人本身为问题的观念，容易使其感到筋疲力尽，不利于问题的解决，这也是叙事疗法对传统疗法的批判之处。

### （二）问题来自个体主控叙事之间的冲突

叙事心理治疗认为，我们生活中的每个人都有自己的主控叙事，主控叙事是诠释我们生活意义的重要依据，也是指导个体生活方式的重要"真理"。叙事疗法的创始人之一麦克·怀特（Michael White）指出，人是因为自己或他人用来说自己经验故事的叙事不足以代表他的生活经验，自己生活经验的重要部分和主控叙事互相矛盾，才感受到问题。麦克·怀特的这一思想源于对米歇尔·福柯（Michel Foucault）知识与权力关系的思考。米歇尔·福柯认为真理是人建构出来的，又赋予它"真理"地位的一些观念。这些"真理"具有"矫正作用"，因为人会受到煽动，依据这些"真理"建立的标准塑造或构造自己的生活，这种煽动就是所谓的知识表现出来的权力。主控叙事产生于个体与社会的互动以及社会历史文化的影响，是个体深深内化了的自我认同的故事，它在个体的生活故事中享有支配性的权力。人的生活经验是非常丰富的，主控叙事会有选择性地建构主流文化所允许的部分生活经验，在这一建构的过程中有主动性，也有被动性，然而当个体的主控叙事与自

己生活经验的重要部分产生矛盾时,心理问题就会产生。

### (三) 咨询师与来访者之间是合作治疗的关系

传统的心理咨询往往会表现出这样的特点,即咨询师是专家。传统的心理治疗效果是值得肯定的,然而这种咨询师持有专家的态度,往往让许多来访者在咨询的过程中产生被动依赖的情绪,我们也经常在咨询中看到这样的情况,来访者仿佛把自己全部交给了咨询师,希望咨询师能帮其解决所有问题,因为咨询师是专家。然而这种专家的态度容易使来访者过于依赖咨询师,难以挖掘自身的能量。在叙事治疗的过程中,咨询师与来访者建立的关系更多的是一种合作治疗的关系,并且认为来访者才是专家,因为没有比来访者更能了解他人生故事的人了,只有他才能真正地帮助自己打开新的视窗,而咨询师在这一过程中是来访者的合作者[1]。

### (四) 戏剧疗法是一种积极的、体验式的方法

通过讲故事、投射性游戏,有目的的即兴表演和表演,参与者被邀请来排练他们想要的行为,联系建立关系,扩展和发现生活角色之间的灵活性,并执行他们希望成为的和在世界上看到的改变,通过有意识地、系统地凭借戏剧/剧场的过程,来实现表演者心理成长的改变。[2]

疗愈在教育戏剧教学过程中的指导理念是希望教师初步懂得简单的疗愈技术,在戏剧故事的重构中,润物细无声地解决参与者的认知,挖掘参与者自身资源中的积极能量。有点像中国的太极图,当事人积极的资源有时会被自己压缩成薄片,甚至视而不见。如果将薄片还原,在意识层面加深自己的觉察,这样由薄而厚,就能形成积极有力的自我观念。

### (五) 每个人都是自己的问题的专家

从后现代主义的视角出发,叙事治疗相信每个人都是自己的问题的专家。

我们每个人都会遇到各种各样的困难,如,有的人成长于单亲家庭,有的人遭受家庭暴力,有的人身体不好,有的人从小自卑……人的成长不是一件容易的事,要面对那么多的问题。但我们仍然能够走到今天,这表明一定是有一些资源在支撑我们,这些资源本来就蕴藏在我们自己的生活之中,将这些积极资源调用起来,我们就更有可能找到不一样的生命故事,之前的问题也就解决了,所以我们都是面对自己的问题的专家。

### (六) 放下主流文化的量尺

叙事疗法的创始人麦克·怀特说:"个人问题的形成,有很大因素与主流文化的压制有关。"社会文化通过引导社会评价体系来塑造社会成员的行为(如什么样的人才是成功

---

[1] 杨世欣. 叙事疗法:话语下绽放的叙事自我[J]. 闽南师范大学学报(哲学社会科学版),2013,27(4):134-137.

[2] 蕾妮·伊姆娜. 演绎真实的生命[M]. 徐琳,别士敏,译. 北京:北京师范大学出版社,2018:153.

的？什么样的行为才是的？什么样的生活才是幸福的？），社会成员间的相互对比成为个体社会化的主要途径。文化主流总是有一定的压迫性，其忽略了个体生活的丰富性，将原本丰富多彩的生活压缩为单薄的"例行公事"。很多人对自己的消极结论就是在文化的大背景下形成的，换一个背景，该结论将不复存在。

（七）较期待的自我认同

当个体完全用主流文化价值观作为评判自己行为的唯一标准时，个体往往只能看到那些符合或者不符合主流文化标准的行为，对其他行为视而不见①。如个体认为自己的行为长期都不符合（达不到）社会主流标准，那么其就有可能形成消极的自我认同，认为自己是不好的或有问题的。但是实际上，任何生活事件都有多元的意义价值，一件事情可能既是消极的又是积极的，将生活事件的多元意义的丰厚性展示出来，个体就更可能在其中选择符合自己价值判断的意义，进而感到自己人生是主动的，改变被动面对问题的策略，从而形成适合且符合自身体验的自我认同②。

## 三、心理剧

（一）玩耍与自发性和创造性

莫雷诺对自发性的早期思考，在某种程度上是被儿童玩耍激发出来的。儿童的玩耍过程包含大量自发性，如通过赋予熟悉的事物新鲜的想象，一小撮珠子变成了身穿军礼服的几行士兵，一个城市边缘的花园变成了整个亚马孙热带雨林，充满了奇特的植物和动物。莫雷诺发现，随着人们的成长，他们似乎越来越不具备自发性。这意味着他们更容易焦虑，更不容易做出合适的反应。在某些情况下，他可能变得极端，从而引起心神不安，造成身体不适和亚健康。心理剧专家的一个明确的信仰就是唤醒和释放被阻碍的自发性和创造性，从而找到新方法来解决老问题，并在遇到新问题时有更好的解决方案。通过相遇的过程，自发性和创造性被唤醒和提高了，生活质量也随之改善。在我看来，每一个心理剧专家，尽管他们各有专业取向，但都明确或暗自地把这视为真理，并加以推崇。具体的做法形式可能不同，但实质上莫雷诺已经提供了实践的框架。

（二）练习生活的方式

心理剧已经被定义为练习生活的一种方式，这种方式不会因犯错而受到惩罚。这就是说，你在练习成长中成长，团体表演是观摩个体生活的最好方式。心理剧的一个核心思想就是主角选到最适合的俯角人选，不管这个选择看上去是多么荒诞。莫雷诺将这个过程称为心电感应，指的是主角和俯角之间的相互欣赏和理解。这个过程大部分都凭借直觉通道，通常直到表演结束后，这个选择的合理性才彰显出来。俯角通常的回应包括"我

---

① 庄瑜璐. 叙事治疗在学生心理咨询工作中的运用[J]. 江苏教育，2019(48)：51-53.
② 庄瑜璐. 叙事治疗在学生心理咨询工作中的运用[J]. 江苏教育，2019(48)：51-53.

就知道你会选我""我的父亲就是这个样子"或者"我选的这个角色就跟我年轻的时候一样四处奔走"。

(三)心理剧的基本方法

莫雷诺阐述了五个心理剧疗法的基本工具:第一,舞台;第二,主角及心理剧的主题以及轴心演员;第三,导演运用一整套专业技能使表演顺畅进行,并为主人公和团体成员营造出安全氛围的人物;第四,附加角色是通过角色扮演来协助表演的人物;第五,观众观看心理剧的人。

(四)体验案例

从戏剧游戏开始,综合感官表现喜悦的样子和苦闷的样子。训练同学的反应能力,让学生注意别人的动态,同时也要完成自己动作和语言,进行拥有自我的语言动作的多感官综合训练。

- 说明本活动之主要内容与应注意事项。
- 暖身活动

(1)教师叙述某一个故事或情况,全体人员在场内任意走位并依所叙之内容做默剧动作。

(2)每人轮流带领大家做日常生活环境中的任一事件,做人物反应之默剧动作。

- 创设默剧游戏活动

定格画面与故事结构:把故事结构变成四段,变成丰富的画面,再创作台词,按照台词整理出先后,先有画面再有台词,动作创作在可控的范围,体现出艺术性。一般演出不超过20分钟。

(1)每组推选一人担任故事叙述者。

(2)各组讨论故事,分配角色以及表演出场顺序。

(3)各组自行彩排。

(4)轮流表演。

- 团体讨论与建议
- 复演
- 反馈与评论(教师进行点评,鼓励并反馈学生的表演。)

多元感官的综合训练会让孩子提升专注力,比如戏剧锻炼、乐器演奏等,这个时候就是左右脑合作"搭建天桥"的时候,当这个"天桥"锻炼得很强大的时候,也就是孩子大脑发展得很强大的时候。想象大脑中的神经元就像"一颗种子",两岁是长成一棵"小树苗",2岁~8岁是"人脑神经树"的修剪期,刺激较多的神经元就会茁壮成长,刺激较少的就会萎缩枯萎。然而,最新研究表明,在孩子2岁~8岁,也就是幼儿园到小学的前两年,用多感官综合训练可以重新让这些枯萎的"小树枝"充满生机。这也是戏剧锻炼、艺术类等活动的宝贵作用。

（五）案例思考

班杜拉的社会学习理论强调，人类行为是个体与环境交互的产物，个体通过观察学习、榜样示范等方式提升道德品质。榜样教育自古以来就是备受重视的德育方式之一，学科教学中榜样效应可以很好地由学科模范激发。学科模范是在该学科领域有着卓越成就和贡献的专家，是学生在学习学科知识时必然"接触"的伟大人物。个体通过观察、模仿榜样的行为可以获得替代化经验，并以此强化或者抑制自身行为，这种影响的心理机制在于人所具有的模仿天性。[①]

## 四、默剧

（一）关于默剧

默剧游戏的演员不可以说话，而是通过肢体动作进行表达，但可以发出笑声、哭声，一些情节还可以通过旁白来完成。默剧主要表达严肃的题材，场景单调但充满象征意义。演员的表演强调默契，动作、表情比较夸张，情节一般不复杂，给观众留有想象空间。"在儿童剧场的演出中，由于默剧完全是以演员的姿态、表情所呈现的，在传达意念上，非常能结合儿童的想象与认知。所以，默剧非常受儿童的喜爱。同样，在教室里的默剧活动，不论是个人或团体表现，都能使儿童在愉悦的参与中强化他们的肢体语言表达能力，同时亦扩大了观察、思维、认知与理解的空间。"[②]

（二）默剧活动

- 自由走动，教师叙述口令全体同学自由走动。
- 大圆圈的活动，拍掌接力、表情接力、情绪接力。
- 单一情景动作之默剧游戏。

单一情景之设计多由教师列举情况，再由学生在自己的位置上作即兴的表演，教师可将题目写在卡片上，由各组来猜。

（三）发展情况之默剧游戏

游戏：分别写出时间、地点、人物，即兴练习表演，训练戏剧发展表演能力。

（四）动作加配音效之默剧游戏

由教师或领导者叙述故事，学生按内容做"动作"进行。首先教师介绍故事，然后按故

---

[①] 杨婷.整合交互的教育力量,发挥协同效应——榜样教育的实效性探索[J].思想政治教育研究,2017(6):68-72.

[②] 赵立新.剧评:《世界无声四十年》德阳国际戏剧节——艺术要与人民生活在一起[J].戏剧之家,2015(20):27-28.

事内人物进行分组,担任角色的同学必须完全以肢体动作配合同学故事的叙事及音效作表演(像双簧表演训练)。

（五）叙述中的默剧游戏

由教师或领导者担任故事的叙述者,学生随着叙述内容做默剧的扮演。

（六）创作人物在环境中之默剧游戏

关于人物特制个人表现的层面设计有以下几点:

（1）外形:有年龄、性别、国籍、地域、高矮、胖瘦、生理特征、时代等各种不同的动作特质。

（2）社会地位:有职业、身份、家庭背景、教育程度、经济能力、宗教信仰、自我意识等不同的动作特质。

（3）心理反应:有恻隐、喜悦、意外、愧怍、惊惧、哀怨、愤怒、羡慕、嫉妒、失望、淡漠、泄气、犹豫、疑惑、贪婪等。

（4）道德衡量:爱与恨、取与舍、施与受、忠与义、庄重与轻浮、容忍与懦弱、努力与怠惰、诚实与虚假等动作特质。

（七）模仿戏剧动作的默剧游戏

世界各地的传统戏剧都有其表演的形式与特殊的风格,可以用图片或影像资料导入模拟其动作。

## 五、一人一故事游戏剧场

（一）基本定义

一人一故事游戏剧场是基于即兴戏剧的原创剧场形式,人们可以在这里讲述自己人生中的真实故事,再看着这些故事在舞台上被表演出来,有一个清晰的形式,同时经常以不同的方式调整后再应用,这些基于个人生活经历,值得被关注;故事本身才最重要,我们需要用故事建构生活的意义。在一人一故事游戏的方式中,我们可以站在旁观者的角度去内观自己的行为,深陷问题之中则无法看清目标是什么,旁观者的角度可以更冷静地看待事件,从而让自己走出困扰。到达高峰体验后,对当前生活中的角色、关系和冲突的检验逐渐将参与者引领到一种深层次的内省当中。

角色和生活模式意识的提升,能帮助参与者进入无意识的状态。伴随之前进行的练习,参与者自然而然地开始进入日常生活表面之下隐藏的内容,质疑自我身份,思考如何看待自己、自己为何会有现在的行为表现,以及什么环境影响了自己的情感发展。而后从具象的、当下生活中的问题转移到一个人生活中更为核心的问题。过去显现出来,无意识的素材变得触手可及。记忆、梦境、联想和形象(有些是关于家庭系统排列、童年创伤、重大事件)为尚未解决的问题、反复出现的主题和持续的挣扎提供了阐释。后续的场景通常以现在的生活的体验为中心。有些场景蕴含了自我显现，这些自我的面相在此之前对于团体、治疗师甚至是来访者自己而言，都是隐藏的。

## 六、戏剧性仪式

### （一）基本定义

在高潮和高峰场景（这个过程可长可短）之后，疗程到达尾声。这个尾声本身是十分重要的发展过程，促进之前阶段中治疗过程的整合与同化。而后将帮助来访者把在戏剧治疗情景下做出的改变付诸外部世界的行动中。个人在团体中所实现的和他自身改变之间的关联得以加强，来访者开始意识到，这些改变在疗程结束后也不会停止。

最后阶段关乎转化和完结。该阶段从概念上来说与仪式相关，其首要的戏剧过程是戏剧性仪式。在早期社会中，戏剧性仪式被社会用来记录转折点，分享祝福和成功、庆祝事件。该阶段的中心是戏剧的庆贺性。通过对仪式和其他戏剧过程的运用，帮助来访者回顾整个疗程、评估进程、互相给予反馈、体验成就的奖励并表达完成的情感。这个过程也是为了反思和加强与团队成员之间的团结和亲密感。

### （二）扮演综合练习

- 创建可视化。
- 创作填空式的即兴故事。
- 用角色卡片进行角色扮演。
- 诗歌创作。
- 文献的背诵、颁布或解释。
- 复述或重演熟悉的故事。
- 通过小雕像、木偶或物品讲述故事。
- 故事总结和标题。

正确的练习和技巧将取决于每个参与者的独特问题和需求，上面列出的是在戏剧疗愈过程中最有可能遇到的一些问题。

# 第三章 舞动与自由舞蹈

## 第一节 自由舞蹈训练与拓展

### 一、铸牢中华民族共同体在安全上应用自由舞动的教学体验

安全上,要坚持以对话解决争端、以协商化解分歧,统筹应对传统和非传统安全威胁,反对一切形式的恐怖主义。当前,国际安全形势动荡复杂,传统安全威胁和非传统安全威胁相互交织,安全问题的内涵和外延都在进一步拓展,同时人类越来越利益交融、安危以共。在这种新形势下,各国应树立共同、综合、合作、可持续的全球安全观。国家不论大小、强弱、贫富,不论历史、文化、传统、社会重度存在多大差异,都要尊重和照顾其合理安全关切。要恪守尊重主权、独立和领土完整、互不干涉内政等国际关系基本准则,统筹维护传统和非传统安全。各国都有平等参与地区安全事务的权利,也都有维护地区安全的责任。要以对话协商、互利合作的方式解决安全难题[①]。

- 创设情景专题舞动戏剧练习(聚焦/专注/放松/即兴/协作)寻找身体安全距离的界限。
- 提升你的想象力、放松力、自发性、专注力、合作力。安全问题的内涵和外延都在进一步拓展,同时人类越来越利益交融。
- 找到你的舞蹈,去了解舞蹈如何工作。发现身体的界限,恪守尊重主权独立和完整、互不干涉内部事务等基本准则,统筹维护传统和非传统安全。

操作方法:

每两个人合作摆出一个"雕塑",寻找表达突出的"雕塑"进行体验、分享感受,去体会如何做舒服、如何不舒服。

辅助知识要点:

身体是人类表达情绪最直接最显现的方式之一,《毛诗序》中说:"情动于中而形于言,言之不足,故嗟叹之,嗟叹之不足,故永歌之,永歌之不足,不知手之舞之,足之蹈之也。"在共命运的思想影响下,用身体的对话去探索、感受身体雕塑中,彼此身体交互的安全界限怎样的,在这个过程中真正让体验者感同身受确定了界限,也能让自己了解到个人的限

---

① 王衡,白显良,孙贺,等.毛泽东思想和中国特色社会主义理论体系概论[M].北京:高等教育出版社,2021:306-309.

度,培养觉察界限问题的多元思维。我们就是身体,只有道德被我们的身体体验,我们才能深切地感受、领悟到道德的意义和价值,才能真正认同、接受道德。① 在原始社会,舞蹈是人类语言不够发达时辅助的语言,而后成为祭祀活动的重要组成部分。到了汉代,舞蹈成为士大夫们在饮宴作乐时重要的"以舞相属"的社交礼仪活动。到了唐代,创编了众多风格特色的舞蹈作品,舞蹈也一度发展达到了巅峰时期,成为民族的高度融合的体现。它不断通过身体体验得以延续和扩展,最终被我们所领会、理解和接受。这种感知让我们发现,如果一个人被创伤化了,那么他的知觉便不再是有效行为的信号,而是恐惧性瘫痪、无助和四处发泄怒气的前奏。当有人试图停止感知令人难受无比的知觉时,他也付出了相应的代价,即失去了感知微妙的知觉变化的能力,而无法体验到舒畅感与愉悦感,并察觉到当下显而易见的危险。② 故双人舞可以让我们更清晰地体会到相交的舒适,进而促进了解合作的边界,探索更紧密、积极的空间,感受礼节与共同、综合、合作、可持续的安全观的建立。在身体雕塑的训练中,让课程思政引导思考、促进人格健全,形成积极的心理品质。充满灵性的身体是我们感性欣赏和创造性自我提升的场所,从生命经验层次中涌现的"多",回到作为原始思维的丰富感性的身体状态。把身体美学划分为三个基本分支,分析身体美学,实用身体美学,实践身体美学。③ "人在跳舞时既可恢复失去的属性,又可发掘潜在的属性,对动作魅力的全部经验,或者可以称作是通过动作获得有价值的生活经验。"④在对动作的观察体验中,去认识周围的人、事,从而获得生活的经验。人的实践活动是对于现存生活的不断超越,人在超越中驰骋于创造的无限空间,正是人的超越性和人的感性现实之间存在着张力,这种超越性一旦进入现实活动之中,便能释放出巨大的能量,推动人和社会的发展。人的生活也才具有了意义,它的意义就在于为可能生活的实现而超越,而创造。⑤

## 二、舞蹈即沟通

闻一多先生在《说舞》中认为:"舞蹈是生命情调最直接、最实质、最强烈、最尖锐、最单纯而又最充足的表现。"舞蹈表达着人类的本能冲动。人们通过舞蹈动作来颂扬宇宙万物的神秘。早期希腊作家卢森(Lucien)在他的《关于舞蹈》(On Dances)一书中提到:所有神秘的推论都与舞蹈有关。他也提到奥菲士(Orpheus)曾经将舞蹈定义为能够将人们引入神的境界的载体。他认为通过舞蹈,人们能够直接体验到他的动作和对舞蹈的理解是浑然一体、不可分割的,而直接地参与则是打开与众神邂逅的一扇大门。

肢体行动是心灵的镜子。"舞动治疗之母"——玛丽安·切丝的基本理论是"舞蹈即

---

① 谢延龙.教师道德发展的身体沉沦与救赎[J].当代教育与文化,2019(1):97-101.
② 彼得·莱文.心理创伤疗愈之道:倾听你身体的信号[M].庄晓丹,常邵辰,译.北京:机械工业出版社,2017.
③ 王品.拉班教育舞蹈思想初探[D].上海师范大学,2007.
④ 霍蕾.拉班的"教育舞蹈"思想研究[D].中国艺术研究院,2015.
⑤ 鲁洁.超越性的存在——兼析病态适应的教育[J].华东师范大学学报(教育科学版),2007,22(06):89-94,123.

沟通"。首先,通过镜像个体的姿势、动作,再以另一个动作表达在情感上来回应从而建立关系,促进人们实现更恰当的人类表达方式。其次,用节奏去组织团体,当团体能以一种共有的节奏来表达感觉时,每个成员都能从中汲取能量,获得更充沛的力量感、安全感,同时节奏能帮助参与者觉察自己的身体内驱力,看到不同个体情感身体模式并彼此分享动感。

舞动治疗,又称舞蹈治疗、动作治疗。舞动治疗的焦点在于抓住身体表层的感觉并向内探寻,协助来访者面对既硬又紧的身体。感觉肌肉僵硬紧绷,试着和不舒服的感觉共处,并倾听对方的心理状态,从不明到清楚地被觉察或确认。这个过程正是舞动治疗与其他身体活动之间最大的差异。舞动治疗是以动作的过程作为媒介的心理治疗,即运用舞蹈活动过程或即兴动作来促进个体情绪、情感、身体、心灵、认知和人际等层面的整合,既可以治疗身心方面的障碍,也可以增强个人意识、改善人们的心智。

舞动疗法的心理学依据来自荣格的分析心理学、完形心理学及自我心理学的概念。"舞动"这种运动形式,不仅可矫正人们适应不良性运动、姿势和呼吸,而且也可将潜伏在内心深处的焦虑、愤怒、悲哀和抑郁等情绪安全地释放出来,使人们感受到自己对个人存在的控制能力。因此,舞动疗法可作为促进身心健康的一种重要手段。舞动心理治疗被定义为运用动作、身体觉察、舞蹈和放松技术来促进人类在以下方面的发展:社会性、情感、生理、认知和交流。它能带人进入一种体验,这样的体验使得我们开始觉察自己,关注自身的动作、情绪的变化,以及与他人对话时自己的反应。这让我们在认识自己、认识自己与世界的关系时有了直接的工具。

这个领域的专业发展已经有70多年的历史(在欧美已经有了第二代、第三代舞动治疗师)。舞动心理治疗的理论和工具应用于成人、儿童和家庭,从精神病患到普通都市神经症人群都有应用。它对那些有需要用非语言和肢体表达的人尤其有帮助。舞蹈治疗专业化的推动是在"二战"后,战争结束后的美国人回归正常的生活,但因为战争留下的恐惧阴影始终困扰着他们,适应生活成了这一群体需要面对的非常重要的问题。战争期间的生与死的场景始终让他们不能忘记,这种强烈的刺激带来了严重的后遗症,极大地影响了其正常生活。心理治疗师使用多种方法想去帮助他们,尝试采用心理辅导帮助他们建立新的生活,但始终没有得到很好的效果。一些临床的心理学家们尝试一种全新的医疗方法,让患者参与心理剧、绘画治疗等活动,并进行团体的运动模式,将这种治疗手段转向关系的建立与人性的关怀上。玛莉安·雀丝的特殊技能得以承认,她被邀请到华盛顿 St. Elizath's 医院工作,主攻舞蹈治疗。同一时间,另外一个在舞蹈治疗领域的重要人物玛丽·怀特豪斯主要关注运动和神经之间的关系,强调动作经验中的内心历程,即深层舞蹈动作治疗。

### 三、舞蹈动作治疗的起源

舞蹈起源于古代文明中萨满祭司一类的角色,他们带领着族人在篝火边用最原始的乐器(乐器起源都是一种法器)舞蹈,用这种身体的逻辑带人们进入一段意识的转换之旅,进入一个精神的旅程,这就是最初的音乐、舞蹈和美术。舞蹈作为成长和解体的实体形象,是最古老的形式。从神话的角度来看,光的到来、世界的开始意味着主观现实的发现,人类体现出反思、独立和看待进化的能力，以及感知自己与神圣和意识的行为有关的能力。舞蹈疗法中，为动作命名是重要的一部分。当模糊的动作具体成形时，疗者再把这些动作诠释成情绪、意图或形象。把无意识变成有意识是舞蹈疗法过程中的主要方面。

舞蹈疗法集合了一些古代和现代治疗仪式中的传统幻象。这些幻象大多源于早期的舞蹈，早期的舞蹈用大众的音乐风格和身体作为乐器来创造团体节奏，把自然界同神的世界连接到了一起。所有的成员都参与其中，这是在观众、专业表演者或专业医生的角色职业化之前的。舞蹈中的队形排列也对应着宇宙的规律：圆形、线形、种植、采集、起与落。作为萨满的舞蹈疗者是群落的疗者，他或多或少了解舞蹈治疗的神圣来源。他把艺术、仪式、诊断同治疗结合到了一起，重新认识和理解舞蹈疗法中的传统幻象，可使人获得关于舞蹈疗法这门古老艺术的新的见解和看法，从而恢复个体在群落背景内的生命力。

## 四、治疗性的动作关系

疗愈教育戏剧《岩画精灵》共同体剧场，用荣格的"活跃想象"引导来访者表达潜意识的技术，从岩画抽象的图示中，同学们自由选择感兴趣的符号来"活跃想象"，并找到志趣相投、喜欢这个符号的人，恰恰可以给同学们提供认识与自己更契合同学的可能性，几人合作创造设计出岩画中的故事，舞动表达出来，这个过程为舞蹈动作治疗铺平了道路。通过潜意识的象征性符号中的信息，把梦和艺术性结合的过程作为直接理解其真实内涵的渠道，用舞蹈直接表达，舞出同学的梦。

### （一）舞动治疗的流派理论

我们只有理解了疗愈的理论核心，才能灵活地应用各种技术，不同的技术方法是可以根据引导者的需要逻辑组织搭配进行疗愈干预的，如果我们不懂得其中的原理，只是照猫画虎复制技术流程，在应用上稍有不同可能就无法达成目标。

20世纪50年代舞动治疗逐渐兴起，目前主要有以下几个流派。

1. 心理分析和心理动力治疗流派

图 3-1 舞动岩画表现

这个流派以西格蒙德·弗洛伊德的理论为基础，以肢体潜意识的挖掘为主导线索，寻找出童年心理创伤的根源，通过肢体的自发舞动打开常年封锁的情感闸门。

2. 发展阶段治疗流派

该流派以爱利克·埃里克森的人类心理自我发展阶段论为基础，着眼于患者肢体动作节奏发展的健全与停滞，通过提高来访者欠缺的阶段性运动质量，开发其欠缺的节奏特征，补充来访者欠缺的阶段性心理营养。

3. 行为认知治疗流派

该流派以生物神经学和行为认知心理科学为基础理论，在发展中丰富了自身观念。

重视当下现状、思维逻辑、行为功能、自我情绪调整技术。通过呼吸放松训练，积极思考的肢体化、象征性暴露探索、富于组织化的健康动作模式实践等来与来访者互动。

4. 附着性关系治疗流派

这类治疗流派建立在依恋关系理论基础之上，在舞动治疗时以患者与他人的关系为入手点，注重观察来访者与他人交流的方式、对他人的依恋或与他人保持距离的程度，以及这种附着模式在肢体结构和动作特征上的反应。

5. 综合选择治疗流派

根据患者的特定条件、需要，临场选择治疗模式和手段，可以是任何一种流派的手段，也可以同时结合使用不同流派的手段。

6. 肢体愈合治疗流派

许多舞动治疗师同时兼授不同的身体治疗手段训练课程，通过排除肌肉紧张点或气流障碍，改变躯体姿势与运动模式，帮助患者得到心理的释放和平衡的调节。

20世纪50年代，威廉·赖希的两个学生亚历山大·洛温和约翰·皮尔瑞克斯博士创建了躯体心理学的一种模式——生物能量分析，设计了一个现代心理治疗程序，有效地结合口头语言、理智思维、肢体肌肉紧张模式及心理情感的表现方式，探索和解决身体与内心的矛盾冲突。该理论强调：个人的特性通过其特有的行为模式得以展示，也通过其肢体的组成及运动的物理程度来描摹。肌肉的全方位紧张，作为一个完整体，构成有机体的肢体表达。肢体表达是典型情感表达的生理观察，是其心理程度的个性化呈现。人从出生到死亡的肢体动作进程及其自我心理的发展相应关系，是舞动治疗理论的一个重要基石，西格蒙德·弗洛伊德和卡尔·荣格开创的心理动力与心理分析理论体系为此奠定了基础。

## 五、情感肌肉盔甲及肢体心理功能

### （一）身心合一探索

肢体的每一个部分都具备其心理情感功能。威廉·赖希在其代表性理论著作《性格分析》中提出人体的七个特定心理情感盔甲领域：眉眼部盔甲领域、口腔段盔甲领域、颈部段盔甲领域、胸腔段盔甲领域、横膈膜段盔甲领域、腹腔段盔甲领域和盆腔段盔甲领域。

### （二）瑜伽脉轮理论中的应用

海底轮位于脊柱底部，是人最大潜力、原始能量和基本的生存需要。生殖轮位于肚脐之下，在小腹部至生殖器官区位，涉及性感觉和爱的能力以及最亲密的人际关系。脐轮位于肚脐部，涉及原始的情绪、强烈驱动和社会认同。心轮位于心脏部位，涉及亲情、爱情、自我表达的感情。喉咙位于喉部，涉及思想沟通、表达和自我认同。眉间轮位于眉宇之间及前额部位，涉及权力的头脑和高度的自我意识。冠顶轮位于头顶部，涉及自我实现的经验和神灵启示。

（三）运动感知自身的身体

运动会使情感、情绪以及身体做出生理反应，使得情绪在运动过程中得到释放。舞蹈动作治疗应用了肢体运动为介质的心理治疗方式，身体和精神之间的复杂关系得到承认和研究。身体本身就有记忆性，运动变化和心理变化是紧密相连的，舞蹈动作治疗利用的是情感、身体和肌肉模式相互交织的关系。每个人通过肢体动作来表达悲伤、喜悦、愤怒和其他强烈的感受。舞蹈动作治疗从多种方式来帮助人们减轻疾患，通过群体动作，人们可以增加与他人在一起的快乐体验，打开心扉，打破长期以来自我压抑与封闭的情感世界，建立起与他人的情感纽带。有节奏的运动可以帮助肌肉放松，排除紧张焦虑的情绪。通过自发性的动作，帮助人们认识自己、对自己的情感建立信心，并最终充分地接受自我。自由创造性的动作能激发内在的潜能，充分发挥个人化的表现，促使个体尝试新的行为与思维方式。

## 第二节　身体语言的本质

心理学派认为，身体是启动能量的源泉，身体的自由才能带来思想的自由，如婴儿需要抚摸，抚摸可以有助于感统神经的发展，那些缺少抚摸的孩子，长大后会出现各种各样的交往障碍。对于温柔、轻柔、温暖的感觉体验，不仅是儿童，大多数的成年人也会产生愉悦。这是人类本能的反应。更为重要的是，在实验研究的过程中，心理学家发现动作对心理有很强的连接性，孩子在成长的过程中与哪一个人的身体接触多，就与某人的感情越深厚，对其的依赖性也越强。身体有记忆性，这一点在动物的身上也有所体现。人与动物的情感相似，一只母猴也会对小猴进行爱抚，有过身体接触的小猴会变得热情、自信、善于交往，而很少接受爱抚的小猴则会显得冷漠。舞蹈动作治疗则是根据运动的人体，与身心建立连接，对于某些动作觉察不适应性进行独特的开发、训练、启动。

### 一、身体语言的认识

人的身体是灵魂最好的图画，身体是我们认知世界和探索世界的工具，身体的感知作为记忆被印在大脑中，伴随一生。有声语言可以有欺骗性，而身体的语言完全是真实的，我们需要把握身体的表达，研究身体的运动意图，探索出内心世界。在交流的过程中，即使不用任何语言，通过动作也可表达真实的内心世界，语言可以伪装，但身体语言会"出卖"他们的内心。身体所能够承载的是被社会、历史及文化双重构建的极富的文化信息。

人的一生都会面对或多或少的痛苦，而有些痛苦记忆似乎伴随一生并始终阻碍身体的运动。我们尝试用动作进行探索、连接，用运动进行释放、疗愈。人体动作体现了生命必需呈现出的动作轨迹，很多时候身体通过这些行动呈现出了一种新的意义核心，真切地体现在习惯性运动行为之中①。身体美学致力于改善我们对于感受的意识,因此,它能够更加清楚地洞察我们转瞬即逝的情绪与持续不变的态度。所以,它可以显示并改进一些通常无法被探查到的身体故障,即便它们已经影响到我们的健康与生存。这种身体故障一旦被清楚地意识到,就有可能得到调整并避免不健康的后果②。

(一)艺术是直达心灵的捷径

表达性艺术治疗(Expressive Art Therapy)就像是一个通向情绪的高手,它以形象思考的方式减少来访者的心理防卫,在不知不觉、无预期的情景中疗愈心灵、生发力量、催生洞见、促进创造。③ 在 20 世纪哲学发展的一个重要特点是,身体不但成为我们感知外在世界的门户,而且是认识可能的基本前提和先决条件,比意识更能了解我们所处的世界。因此,回归身体、研究身体,重返"活生生的、敏锐的、动态的、具有感知能力的身体"成为诸如尼采、梅洛-庞蒂、舒斯特曼、福柯等思想家不断的追求。其实,这一对身体的回归是对我们祖先最原始开端性思维的发掘,因为在原始早期社会,古人最原始的思维就是身体思维。因此,从哲学人类学的角度发掘人类早期思维的特征,对于我们时下正在研究的身体哲学无疑具有重要的借鉴价值和启示意义。④

舞蹈是艺术之母,音乐和诗歌存在于时间,绘画和建筑存在于空间,但是舞蹈同时在时间和空间里存在。潘尼·路伊斯说过,"每一种舞蹈本身都是一种狂喜药",舞蹈让人进入忘我的境界,给予人渠道去表达恐惧、悲哀、愤怒和欢乐。追溯到旧石器时代的模仿,如岩画中有表现人披着野牛皮舞蹈的形象,代表了对动物崇拜和对物理力量的向往。人类早期舞蹈集中体现了生存主题,模仿野兽则从另一面表达了内心深处对大自然的恐惧。舞蹈的疗愈性意义是基于非象形舞蹈的。抽象舞蹈的重要目的之一是获得情感的转换、精神的升华。舞蹈的注意力是内向的,以至于最终得以向外彻底自我发泄。这类舞蹈常以围圈为宇宙象征,通过重复的节奏运动让人进入催眠状态,让自己放松到尽情释放的境界,常常彼此融合为一体。最典型的非象形舞蹈,如非洲的一些原始舞蹈,它给人以宗教的神驰和升华,使人摆脱世俗的焦虑和矛盾,从人类的挫败感中解放出来。

(二)舞蹈能改善人的心理健康

当代舞动治疗能够应用于心理辅导,帮助修补个人成长时期所缺失的心智发展需要,帮助建立与年龄相应的自我形象、行为类型和性别身份感。教育中的舞蹈应用,在亲子关系改善、青少年心智强化、中小学生自信心建立、表达力增强、情感成长、两性关系沟通等

---

① 邦尼·米克姆斯.舞动疗法[M].余泽梅,译.重庆:重庆大学出版社,2017:157.
② STANTON-JONES.舞蹈动作疗法在精神病学中的应用[J].北京大学学报(自然科学版),2002(10):71-84.
③ PATRICIA RYAN MADSON.即兴的智慧[M].七印部落,译.武汉:华中科技大学出版社,2018.
④ STANTON-JONES.舞蹈动作疗法在精神病学中的应用[J].北京大学学报(自然科学版),2002(10):71-84.

方面都能起到积极正向的作用。舞蹈在培训中的应用,在沟通技巧、减压与情绪管理、跨文化冲突的解决及创造力的提升等方面具有积极的促进作用。临床显示在帮助有身体和精神障碍的儿童、青少年、中年人和老年人,在治疗自闭、注意力欠缺、分离焦虑、情绪失控、饮食障碍、心理转换肢体障碍、抑郁、强迫、双向情绪障碍、精神分裂、酗酒创伤后应激障碍、肢体病状心理障碍等方面具有较大的辅导作用[①]。

鲁道夫·拉班发现舞蹈对治疗某些疾病具有神秘莫测的效果。舞蹈作为一种治疗手段,排除了孩子对于学习的一种心理障碍。在《吕氏春秋·古乐篇》中曾记载:在远古阴康氏年代,天气阴翳多雨,河道奎塞不通,洪水泛滥,人们情绪忧郁,身体也逐渐衰弱,于是有人就发明用舞蹈来舒展人的筋骨、增强人们的体质的方法,排出了"滞伏""郁癖"的潮湿阴沉之气,使人们恢复了健康。除此之外,蒙古人中广泛流行最早用于治病的"安代舞",也告诉我们舞蹈具有祛病强身的功能。但拉班所发现的舞蹈治疗功能不仅仅是指作用于肉体上、以生理健康为目的的治疗,他更多的是关注心理上的、以人格的完善和社会的和谐为目标的治疗[②]。

依据现代舞蹈理论之父——鲁道夫·拉班的《动作分析法和记录法》以及《动作教育的系统理论》中的内容结合中国传统文化的精髓,在儿童心智发育成长的最佳时期,通过动作的操作与体验,使其良好的心态和行为习惯在不觉中形成,达到身心合一,内外合一,知行合一的结果。

他的舞蹈(动作)教育理念坚持内外合一,身心合一,与中国国学的知行一致有着异曲同工之妙。

他认为:"孩子与原始时代的人通过身体的直觉来看待世界,即通过身体的实际体验。"

他认为:"我们能说明孩子与原始人都具有身体动作和自然的爱这两种天赋。"

他认为:"一个天真无邪的大脑把动作看作生命是不困难的。"

他还认为:"天真无邪的大脑对动作有本能的冲动。"

这些话并不只是针对孩子而言;其实人类的初期就像孩子一样,对动作是不拒绝的,人只有活在"天真无邪"的精神世界里,才能获得真正的轻松与快乐。通过拉班的动作教育理念能帮助人们找到真正的自我,让我们活得真实而又单纯。

《论语》中有"听其言,观其行。"说明行为的真实性,可辨别性。行为、行动都属于动作语言和动作文化的范畴,如果我们把舞蹈训练看作一种"行为"训导,通过孩子喜闻乐见的舞蹈形式,从而达到心智训练的效果,这对孩子来说就太自然不过了。

集体舞动往往比独自舞动更能令参与者感受到力量,这主要通过团体内互动凝聚而成,人们经由身体动作产生的内在能量发展出团体的安全感和凝聚力,是"一种引入舞蹈和运动的心理疗法,该疗法能够使人创造性地投入治疗,促进情感、认知、生理、社会因素

---

① Patricia Ryan Madson. 即兴的智慧[M]. 七印部落,译. 武汉:华中科技大学出版社,2018.
② 王品. 拉班教育舞蹈思想初探[D]. 上海师范大学,2007.

的融合"①。身心互动,动作的变化将影响整体效果,②动作体现性格。③治疗关系在某种程度上至少受非语言行为的调节,如通过治疗师镜像来访者的动作。④动作有象征意义,能够反映人的潜意识过程。⑤动作编排能够使来访者体验全新的自我存在感。⑥由于存在大量的非语言调节,舞动疗法采纳了早期客体关系理论,⑦即兴是一种本能。⑧

## 二、身体节奏的共振

舞蹈理论家鲁道夫·拉班从孩提时期就对动作研究感兴趣,到马乔雷湖畔舞蹈节,接下来苏黎世韵律体操和人格崇拜教育及通过组建人体合唱团,不断地探索和实践自己的动作教育理念。他把动作教育看成一个综合整体,是一个能使人的社会和文化品质得到提高的过程。由此可见,他是一位富有实践经验的杰出动作教育家⑨。

### (一)舞蹈对教育功能的发展

1. 舞蹈能发展人的身体节奏性智慧和敏感

鲁道夫·拉班说:"节奏感的崩溃会挫败所有把握生活的努力,而恢复失去的节奏感的理性与本能愿望便是舞蹈功能的一部分吸引力。"⑩节奏感在人类的生活中无处不在,比如:太阳的升落,月亮的盈亏,日夜的交替,春、夏、秋、冬四季的循环,冷、热气候的往复变化是大自然的节奏;人的心跳、呼吸、消化、排泄、血液循环等生理运动状态是生命的节奏;人的劳动、工作、学习、休息、娱乐等都是生活的节奏。因此,一旦失去了节奏,这个世界将陷入紊乱无序的状态,后果也是不可想象的。而舞蹈正是一种节奏化的用力组合,当人们处于舞蹈状态时,必须运用自己的节奏能力。从这个层面上来说,舞蹈是一种有助于发展节奏性智慧和敏感的艺术⑪。

2. 舞蹈以最直接、最纯粹的形式去发展身体节奏性智慧和敏感

19世纪下半叶,瑞士音乐家、教育家埃米尔·雅克·达尔克罗兹通过实践研究发现:"节奏不仅可以通过听觉来觉察,其他有机体也能觉察。"他是从音乐起步,并以音乐为基础来建立自己的节奏体操的,其目的是培养音乐节奏性。鲁道夫·拉班作为舞蹈家,在吸

---

① 邦尼·米克姆斯. 舞动疗法[M]. 余泽梅,译. 重庆:重庆大学出版社,2017.
② 邦尼·米克姆斯. 舞动疗法[M]. 余泽梅,译. 重庆:重庆大学出版社,2017.
③ 邦尼·米克姆斯. 舞动疗法[M]. 余泽梅,译. 重庆:重庆大学出版社,2017.
④ 邦尼·米克姆斯. 舞动疗法[M]. 余泽梅,译. 重庆:重庆大学出版社,2017.
⑤ 邦尼·米克姆斯. 舞动疗法[M]. 余泽梅,译. 重庆:重庆大学出版社,2017.
⑥ 斯坦顿-琼斯. 精神病学中的舞蹈动作疗法导论[M]. 伦敦:劳特利奇出版社,1992.
⑦ 邦尼·米克姆斯. 舞动疗法[M]. 余泽梅,译. 重庆:重庆大学出版社,2017.
⑧ Patricia Ryan Madson. 即兴的智慧[M]. 七印部落,译. 武汉:华中科技大学出版社,2018.
⑨ 王品. 拉班教育舞蹈思想初探[D]. 上海师范大学,2007.
⑩ 鲁道夫·拉班. 舞蹈的教育与治疗价值[J]. 欧建平,译. 现代舞,1992.
⑪ 王品. 拉班教育舞蹈思想初探[D]. 上海师范大学,2007.

收达尔克罗兹节奏教育理念的基础上,鼓励学生从自己的身体动作中感受和发掘身体本身的律动,提供了一种更为自由、有演说、打击或无声的律动方式,从而在摆脱音乐限制的情况下发展了动作节奏,使身体变得更加自由,动作的表现力得到了进一步加强。

（二）舞蹈能使人获得有价值的生活经验

"人在跳舞时既可恢复失去的属性,又可发掘潜在的属性。"[①]舞蹈作为一种符号化的表达,从经验中唤出的那些成分,使得过去和现在发生联系,两者相互辉映,从对动作的观察中进一步认识周围的人、事,从而获得更胜一筹的视角,扩大自己认识的范畴,提高认识的维度,获得有价值的生活经验。

（三）舞蹈能加强个人与社会的和谐

舞蹈具有多种功能,如自娱自乐、抒发情怀；交流感情、增进友谊；欣赏愉悦、陶冶情操；了解社会、认识世界；宣传教化、团结鼓励。以上几点功能无论是从对人自身加以完善的角度,还是从对社会增进了解的角度,其最终目的都是把人们引向最高尚的方向,促进人与社会的和谐。我国古代《礼记·乐记》中记载"乐者为同,礼者为异",认为因礼过甚而使社会体系内各等级之间的关系疏离紧张,而乐则可以缓解这种紧张疏离的关系。著名哲学家柏拉图就曾明确表示："让节奏和调式通达到灵魂深处,使人感受到其美妙,并真正地受到教化。"[②]（乐在中国古代与古希腊都是诗、歌、舞三位一体）

鲁道夫·拉班认为舞蹈的教育意义还在于通过精确的力效意义加强个人与社会的和谐。由于动作力效的学习和训练所带来的直观个人体验,对包含于动作中、体现人内心活动之精确力效的观察很有帮助,有助于了解人格的缺陷,从而采取能够弥补此缺陷的力效动作,使得人格完善,进而达到人与人、人与社会的和谐。著名学者格罗塞也曾说过："舞蹈能训练并引导一群人,使他们在一种动机、一种情感之下,为一种目的而活动……"[③]鲁道夫·拉班揭示的舞蹈可以通过精确的力效意义加强个人与社会和谐,无疑能使人们明白舞蹈教育的又一独特功能。

## 三、教育舞蹈的目的

（一）为了促使完美人格的形成

"不同的人体力效,身体和精神行为的共同特征就是广泛认识和适用于发展协调整体的人格。"鲁道夫·拉班在其《现代舞蹈教育》中认为：舞蹈是身体和精神的统一体,因而以人格形成为目的的各种学科教育手段之中,舞蹈尤为重要,是最基本、最奏效的手段。教育上所谓的人格形成,是把人培养成为完美的人而言,显然这是以理想人为其目标。作为

---

① 霍蕾.拉班的"教育舞蹈"思想研究[D].中国艺术研究院,2015.
② 刘青弋.西方现代舞史纲[M].上海:上海音乐出版社,2004:154.
③ 格罗塞.艺术的起源[M].蔡慕晖,译.北京:商务印书馆,1984:201.

理想人，第一，必须具有健全的体魄条件，即健康且精力充沛的身体。第二，除了知、情、意三项作用彼此互为均衡之外，这需三者充分发达。第三，要齐备具有追求真善美文化的价值的条件。诚然这些条件就是人异于动物的地方，是人比动物高一等的特征。所谓教育，莫不以培养价值性精神的素质，来达到实现文化的可能性，以期达到理想人格的形成。第四，在于促进人的调和性这个问题上。凡是理想人，都必须把身体性的作用、心理性的作用，以及精神性的作用等调和起来，以促进其发展。因此，价值性的精神各部分，不仅需要个别运作，并且还需要统一运作，同时借此和心理性诸作用协调统一以至调和而发达，更借健康而富于运动性的身体等的共同作用，把它具体地运作起来，于是才有可能调和地去促进人格的形成，以期构成理想化的人。

（二）为了训练具有表现性的身体

鲁道夫·拉班认为："教育舞蹈的目的是以根本的动作艺术作为媒介来培养身体的表现性……儿童对于舞蹈动作性的内在表现冲动是一种下意识的发泄形式，练习并带领他们进入动作流世界，以及加强他们身体的自然表现性，是学校所要关注的。"

（三）为了培养具有创造性的人

鲁道夫·拉班在《现代教育舞蹈》一书中阐述教育舞蹈的目的时讲道："在学校的艺术教育中，目的并不在于艺术的完善性以及编创和表演富于表演性的舞蹈，而是在于研究基于学生个性的、创造性舞蹈中的力效……要努力完善关于创造能力的理性知识。"由此我们可以看到，培养具有创造性的人是鲁道夫·拉班所强调的教育舞蹈的又一目的。具有创造性的人，在教育上拥有非常重大的价值是毋庸置疑的。凡是创造文化的人，当然不只为了自己本身，也为人类社会不断提供文化，使自己乃至他人都获得幸福。

## 四、象征性符号的非语言动作

人在交往的过程中可通过触觉、听觉、视觉、嗅觉来表达情感，并通过身体形态、动作、姿势、表情、眼神、身体接触时间与空间表达符号意义，它还可以增强语言表现能力，在某种程度上还可以弱化语言所带来的负面情绪。

非语言的符号能够准确地表达情绪，言不由衷时会表现出眼神的游离，手上一般还会伴有细微的动作。感知符号的表达通常用来补充语言或表达感情，这种信息会给他人以暗示性。手势、拥抱、抚摸、微笑等都是一种动态无声的语言。感受的气味、色彩、轮廓等传播的是静态无声的语言。人体具有多种信号，根据不同的情绪内容所表达的动作千差万别。

埃克曼和弗里森认为，不论身体动作多么复杂，它们都可以分别归入符号势、图解势、调节势、心情展示和适应势等五大类别之中。"V"型手势和"OK"手势（用一只手的食指尖与拇指尖相接），就是有准确含义的符号势。与语言密切相连并有助于"图解"言词的手势为图解势，如给人指路时的手势，这类手势具有加码和译码双重功能。那些能帮助我们与别人相互作用的身体动作如点头、手势、变换姿势等，叫调节势，因为通过这些动作能调节人们的相互关系。心情展示是反映我们一种情绪(紧张、激动、伤心、沮丧)的强度的那些行为。适应势通常与自己或对别人的消极感情有联系。如当某人的不舒服感和焦虑感增加时,他在人前的掐、抓、摸等适应动作就会增加。传播学认为,当人们运用身体姿态表达意图时,要使姿态动作与讲话内容相一致,为了表达个人的观点,很多人在讲话的过程中常用手势语,想加强个人的思想与观点的表达,更大程度地帮助描绘语言内容。当语言无法表达思想内容时,身体动作会表现得更强烈些。在使用身体体势语的同时,要注意与语言配合的默契程度,幅度要适中,身体要协调,动作节奏要和谐。

①好奇　②疑惑　③不感兴趣　④拒绝　⑤观察
⑥自我满足　⑦欢迎　⑧果断　⑨隐秘　⑩探究
⑪专注　⑫暴怒　⑬激动　⑭舒展
⑮奇怪 支配 怀疑　⑯鬼鬼祟祟　⑰羞怯　⑱思索　⑲做作

**图 3-2　身体语言图例**

穆卡洛夫斯基认为:"一部艺术品是一个审美结构,也是一个符号,它沟通了艺术家与观众间的交流。"在身体的社会学和文化研究中,十分重要的传统是将身体视为充满象征意义的符号系统。身体的状态和动作在人类的文化和日常生活中承担着信息传递与语言交流的重要职能,身体是人类思想和灵魂的载体,动作是人体内在倾向性的外在呈现。自由舞蹈身体与精神的转化理论是帮助"开发肢体智慧的过程,也是重新编写神经细胞、化学分子程序的过程。在这个过程中,他们的情感创伤得到愈合,心理空间得到扩展,精神力量得到增强"。

自由而舞就是还原舞蹈原本的身心灵交流的部分,那一刻把自己完全交给身体的想法创造出来的幻觉。以身体、动作为起点,在创造性的舞动体验中,了解自己的需要和愿望,了解自己的舞蹈胜任力,了解哪些是先天具有,哪些是后天习得等。每一个人都可以创造一个自己的世界,在长期思辨和体验的过程里面,会有很多东西慢慢形成个人的选择,最终成为一个人的气质。在舞动中体验过不带评价地看见自己、尊重自己、悦纳自己,才能内化,最终有可能在舞动中不待评价地看见他人、尊重他人、悦纳他人。

图 3-3　非语言符号表达示例

## 第三节　自由舞蹈训练与拓展

匈牙利人鲁道夫·拉班被誉为"现代舞蹈理论之父",是人类动作记录体系的发明家、舞蹈教育家,也是建筑学家、画家。他提出的"教育舞蹈"思想是一种作用于人的素质教育的思想,蕴含了其创立的"拉班舞谱""力效理论""空间协调律""人体动律学"等理论精华,在更好地发挥和科学地开发舞蹈的教育功能等方面做出了巨大的贡献。鲁道夫·拉班所主张的"教育舞蹈"是一个面向大多数人的舞蹈普及教育思想,这与舞蹈教育的最终目标是一致的。"在现代的动作艺术中,我们不需要去特别地关注或学习某一特殊形式,我们需要的是学习研究基础的原则,然后在此基础上,以各自的方式去创作和接受挑战。"由此,鲁道夫·拉班提出了"十六个动作主题",以作为教育舞蹈实践的指导依据。这十六个动作主题是从十一个方面入手,理性地开发人的动作意识、培养人的身体表现力和创造力的。

鲁道夫·拉班舞蹈时能够全身心地投入,并具有清晰的动作意识。因为创造性的刺激、活跃的意识和舞蹈潜移默化的影响是最有价值的目的。同时,十六个动作主题的系统化结构和逻辑性将有助于教育舞蹈的落实并取得成效,从中可以得到将复杂多样的动作进行分类的思路。就课程与教学设计而言,鲁道夫·拉班在十六个主题中所分析的动作因素、组织架构可提供课程设计组织教学单元的参考,不再是旧时形式化的理念;它排斥以教师为中心的教育,改为以学生为中心;不再偏于机械灌输,改以启示开发为主,以促进受教育者的学习意愿,以期达到自主自我的活动,同时亦可提供清晰明确的教学目标①。

## 一、鲁道夫·拉班提出了十六个动作主题

### (一)认识人体部位,认识每个部位动作的可能性

鲁道夫·拉班认为肢体作为一个震动的有生命的建筑,(解剖的观察视角)具有确定轨迹,形式的确定动作,总是与内在的发生联系在一起。如感觉、反思、意志的决心以及其他情感冲动。(动作的心理效应)存在就是运动、行动就是动作。存在由自然平衡中的张力节奏来定义。(治疗性的本质)引导娱乐性地运用自己的头、胸、肩、手指、腰、膝盖、腿、脚趾等身体各部位去动作或舞蹈,从而对自己身体各部位的动作的可能性有一个客观全面的认识。

表 3-1 身体符号表

| 身体区域 | | 关节 | | | 肢体 | | |
|---|---|---|---|---|---|---|---|
| | | 部位 | 左 | 右 | 部位 | 左 | 右 |
| 头部 | ⊂ | 肩膀 | | | 臂 | | |
| 躯干 | | 手肘 | | | 腿 | | |
| 胸部 | ○ | 手腕 | | | 手 | | |
| 骨盆 | ● | 髋部 | | | 脚 | | |
| | | 膝盖 | | | | | |
| | | 脚踝 | | | | | |

### (二)根据动作的特征,认识其组成要素

通过对轻、重、缓、急不同动作的体验,感受身体在空间中的延伸、收拢、移动,乃至与周围物体发生关系,意识到时间、空间、重力三个要素的不同组合会产生的动作的多样性。

---

① 王品.拉班教育舞蹈思想初探[D].上海师范大学,2007.

分组创作练习精灵之舞,感受轻飘且高贵的小鹿,踮着脚尖芭蕾舞般地延伸、收拢、移动,与周围的物体发生关系,意识时间、空间、重力不同的组合会产生的动作的多样性。

分组创作练习精灵之舞,感受受伤的岩羊,艰难的重重的行走,感受身体在空间中的延伸、收拢、移动,乃至与周围物体发生关系,意识到时间、空间、重力三个要素的不同组合会产生的动作的多样性。

分组创作练习精灵之舞,感受柔软的小鱼,在水中缓缓地游走,感受身体在空间中的延伸、收拢、移动,乃至与周围物体发生关系,意识到时间、空间、重力三个要素的不同组合会产生的动作的多样性。

分组创作练习精灵之舞,感受可爱的蓝马鸡,快速急切地飞奔躲闪,老鹰的袭击,感受身体在空间中的延伸、收拢、移动,乃至与周围物体发生关系,意识到时间、空间、重力三个要素的不同组合会产生的动作的多样性。

(三)在动作的层面,进行引导性的编舞教学,展开以时间为主线的动作节奏变化的练习

在对《岩画精灵》中蓝马鸡、岩羊、小鱼、小鹿的片段中这一序列的每一个细节,千方百计对原有节奏的质感进行拉伸、压缩、变形,将原来的序列编成一个风格迥异的舞段,组成一个较大的节奏单位,即舞句,并轮番交替出现和再现。这种较大的节奏单位——动作句子,就必须具备某种自身发展的有机逻辑。尝试蓝马鸡、岩羊、小鱼、小鹿的舞段体验感受,要求如下:

(1)每一个相对成型的舞句暗含着一种节奏风格(蓝马鸡的变形的样式);
(2)这种风格必须在形式上有所关联(自身发展的有机逻辑);
(3)风格片段必须有一定的指向(主题的引入或对引入的反应)。

从无意义出发,逐步构建出一种"有意味的形式",即所谓"主题",形式形成得饱满有力,自然会引发关于主题的联想;所有节奏变化都处在一个相互弥补的递进关系中,有时同一节奏要重复若干次才能形成"句"的风格,而有时一个出人意料的转接也会让人有莫大的愉悦。

## 二、鲁道夫·拉班舞谱中的力效

第一,水平:方向符号的阴影表示动作的水平——高位、中位(原位)、低位。

第二,方向:分别指向前、向后、向左、向右、左前对角、右前对角、左后对角、右后对角以及原位。

当身体的每一个符号有了水平与方向,就形成了舞蹈的造型,舞蹈就有了意象。例如,岩画精灵中蓝马鸡走路像啄米的样子,编舞中一二拍啄米低头,做出手向后展的动作(原位造型)。随着抬头左看右看,转圈扭身,一会儿向上,一会儿向下(方向变化造型),一会儿转圈蹲下扭头,小碎步低位造型,系列舞蹈动作就形成了一连串美丽的身体造型画面。

第三,不断改变动作速度及路线。

通过合作,促进观察、反应、配合、想象等能力的发展,改变姿态、改变空间位置,不断改变动作速度及路线,从而促进想象、观察、反应和配合能力的发展。

第四,发展肢体的配合作用意识。

认识四肢的各种功能,如手的铲、挖等,脚的走、跑、跳、转等,进而通过四肢动作的交替配合,可以演变出更多的姿态动作。

第五,八大基本力效及其基本组合所彰显的质感。

"力效"是拉班"人体动律学"的一个重要概念,每一个"力效"都由重力、空间、时间和流畅度四方面要素构成,每一要素又细分为二,成为运动的"八大元素"。人类正是通过不同组合产生的不同"力效"涌现矛盾冲突,显现自我心灵的内在态度。片面地追求形式美而忽视生命的内在力度,亦会造成对生命终极关怀的疏远。拉班舞谱里,力的表达是一种动作的舞蹈质感,又是内心情感的表达方式,力效的训练是在舞蹈中体验精神、情感和身体上的力量通过身体动作而有机地结合的过程,促进人格的发展,强调动作不仅仅是肌肉外部的表现,还是身体内在的感受与表现。

(1) 轻与重:"力效"指身体的动是轻的或重的。

(2) 延伸与直接:"力效"指身体的不断延伸或直接伸出。

(3) 快与慢:"力效"指身体的动作是快速或慢速的。

(4) 自由流畅和限制流畅:"力效"指身体的自由流畅摆动或具有限制流畅性的动作。

第六,体会八大基本力效及其基本组合所彰显的质感。

从生活中获取动作灵感。与劳动有关的节奏和与劳动有关的动作语汇,一直以来都为舞者灵感所系,从生活中获取动作灵感是"教育舞蹈"教学的重要环节。

第七,介绍空间协调律,加强空间意识。

拉班的"空间协调律"强调培养清晰的空间意识,主要是"描述人体动作在'球体空间'的定位方式和排列秩序"。

第八,动作形式和力效之间的关系性研究。

动作形式和各种力效之间有不同的联系,通过此主题可以使动作更加协调、和谐。

第九,高升空技巧及其含义。

小跳、中跳、大跳被认为是最有特征的舞蹈动作,通过此主题可以使学生更加关注在跳跃时的腿部力效及上半身的动作方向。

第十,关于队形结构的主题。

通过此主题可以使学生加强对舞蹈中多变的队形结构以及精确步伐和动作的认识。

第十一,综合以前相关主题的内容,体验动作的情感。

在舞蹈教学中,教师不能只是单纯地对学生进行舞蹈基本功的训练,或教授风格定势的经典舞蹈,而要关注教育是否能达到改善素质、培养人格的最终目的。今天教师怎样教学生,就意味着将来这些学生会如何去教他们的学生。

儿童的每个成长阶段都对应了人类的发展历程,疗愈教育戏剧作为一种创造性、转化性的过程,借鉴了艺术本身所带有的许多层次上的动觉表达。

(1) 融会贯通疗愈教育戏剧技法间的一环扣一环的衔接方法。

(2) 学习掌握疗愈教育戏剧层层递进的组织流程与节奏。
(3) 感受疗愈教育戏剧直击心灵的转化过程体验感。
(4) 了解道具对幼儿园疗愈教育戏剧教学的影响。
(5) 疗愈教育戏剧为一个故事创作不同材质的道具。
(6) 欣赏更多的艺术作品,疗愈教育戏剧表演独幕剧根据情节借用道具表演角色形象。

### 三、课程案例

扎根,意思是指植物根系向土壤里生长,就是连接过去与现在。让身体状态、情绪、能量状态,积极地倾听(是否是积极的态度)、不断地建立连接。扎根需要前提条件,一个发展的模式、模式重复的状态、混合的进程,每个人不一样。

(一) 名称:培养"人格力量"的节奏训练

1. 目标
(1) 感知内心的逻辑,进行舞蹈力效和谐训练。
(2) 随着身体的指引,即兴动起来。
(3) 顺势而为,身体跟随感觉流动。

2. 操作方法
(1) 鲁道夫·拉班动作分析的要素调理身体、调节情绪;运用身体扎根的练习;以原型和符号工作于内心投射。

| | |
|---|---|
| **Brain Dance**<br>**大脑舞蹈**<br>**(Green Gilbert, 2019)** | **Breath** (oneness, enlivens) 呼吸(一体,有活力)<br>**Tactile** (bonding and boundaries) 触觉(联结和边界)<br>**Gore-Distal** (establishes kinesphere; relationship of self to others; center of whole body organization)<br>核心-末端(构建个人空间;自我与他人的关系;全身组织的中心)<br>**Head-Tail** (creates a lively supine spine; playful, integration)<br>头-尾(创造一个生气勃勃的脊柱;嬉戏的,整合)<br>**Upper-Lower** (reaching for goals and setting boundaries)<br>上身-下身(达成目标和设定边界)<br>**Body-Side/Body-Half** (stability and mobility; polarities)<br>身体侧面/身体半边(稳定性和移动性;两极性)<br>**Cross Lateral** (integrates right & left; supports complexity; interconnectivity and dimensionality movement)<br>交错横向(整合右侧和左侧;支持复杂性;相互连接性与维度动作)<br>**Vestibular** (our first sense; relationship to gravity; strengthens balance and coordination)<br>前庭(我们的第一感觉;与重力的关系;加强平衡力与协调力)<br>**Eye Tracking** (supports tracking and reading)<br>眼动追踪(支持追踪和阅读) |

(2) 跟随教师的音乐或指挥,在时而强有力、时而轻柔的节奏下进行肢体的统一调

频。老师在教学过程中尽可能地语言引导,从生活中的事物、有型的动物和植物的动机出发,帮学生尝试有动律节奏地将有造型的动作表达出来,如轻柔的风、沉重的山石、一朵孤独的小花。

3. 小结

一切高等动物都具有一种纯粹的生命感,都具有自我保护、自我发展的本能,具有一种维持机能平衡的生命节奏。为了生存,人具有一种自然的和谐性。然而,人类的悲剧性在于主观世界和客观世界不断地产生矛盾冲突,这种矛盾冲突折射在艺术中,便成为艺术表现中的戏剧因素。用身体、心灵、人格的统一与协调发展化解内外矛盾冲突。为了化解人们内在的精神经常处于对抗性的矛盾,人欲获得某种趋向协调的经验,而自由舞蹈给予了疗愈性。

(二) 名称:自由飞翔的我

1. 目标

(1) 感知心的逻辑,培养舞蹈力效的和谐。
(2) 随着身体的指引动起来。
(3) 顺势而为,跟随感觉流动。

2. 操作方法

稍有控制不要与人相撞,用身体的一个部位任意画出你心中的图案,可以是你喜欢的名字,可以是无限长的一横,可以是随便的涂鸦,关键是流动起来,流动到教室的各个地方,充分地展开活动。

3. 小结

开始的训练更偏向于执行力和我要解决身体的各个方向。可能你也有心想把它联合在一起,但是你没有能力去共轨,然后到你跳到一定的量,量变达到质变的时候,就会发现好像有一些创造力和新鲜的东西开始唤醒你的某些部分,当你迈入成熟期,才有一点点自主发散出来。我能连接到我的感受,觉得我的身心能找到同步的感受,真实地经过我身体的同时,感觉到这里是通畅的,而且你能感受到那个氛围。

(三) 名称:练习即兴舞"一颗棉花糖"

1. 目标

(1) 感知心的逻辑。
(2) 随着身体的指引动起来。
(3) 顺势而为,跟随感觉流动。

2. 操作方法

身体本身很有趣,当你们看到一颗棉花糖的时候,你只是看到了"棉花",尝试触摸这片"棉花"。

3. 辅助知识要领

你知道它是什么样的感受,但是你有没有能力复制这个感受到你的身体,进而让身体变柔软的。

4. 小结

这个感受再回到你的大脑里,知道你的身体带给了你什么样的感受,如果你没有这样的身体的知觉,至少你应该知道柔软身体的感受是什么样子的。

(四) 名称:练习即兴舞"仪式感"

1. 目标:

(1) 感知心的逻辑。

(2) 随着身体的指引动起来。

(3) 顺势而为,跟随感觉流动。

2. 操作方法:

教师可以给出一些场景帮助学生进入状态,比如,在天安门、在结婚典礼上、抱到刚出生的孩子。

3. 辅助知识要领:

所有的感官到后面都是一种触觉,是一种感知体验。什么是仪式感? 就是你敬畏、尊敬当下的时刻。在比较有仪式感的氛围里,你比较容易能够把你的感知放在当下。

4. 小结:

如果我们能够带着敬畏去过好生命的每一分钟,那么人生就不会有遗憾。因为你确实尊重了每一分钟,尊重了每一个当下,尊重了每一种感官体验以及你这一刻正在捕捉的东西。

(五) 名称:体验工作坊——《生命之树》

我是谁? 我能做什么? 我们借用荣格心理学,都能借此认识生命各种主题角色关系的原型,特别是女性的自我追求,一方面要突破性,另一方面要与女性的本质联系。许多现代女性仍然自信不足,许多又是为抗争而失去女性本质的力量,探索之路充满了考验,为女性成长的主题提供了珍贵的思考,帮助人们深刻沉浸于文学艺术等人类历史所累积的文化遗产中,用一棵树摇动另一棵树,一朵云推动另一朵云,一个灵魂唤醒另一个灵魂。唤醒对心灵无意识的启发,使人们更深刻地认识自己,呈现出自己的潜意识,具有超越个人局限性的视野。

1. 目的

(1) 学生通过表演一棵树从种子到与周边的土壤环境的一点点变化,感受身体的伸展和收缩。

(2) 通过教师引导从一粒种子成长经历变成一棵树,更重要的是达到内外部的解放,觉察自我的状态,促进人格成熟。

(3) 让学生了解自己、正视自己,不断地探究自我,成为更好的自己。

2. 时间

15~20分钟

3. 准备

情境音乐

4. 流程

**第一阶段：暖身阶段**

（1）唤醒准备将各式装备穿戴到身上，围圈穿越原始森林、下潜穿越海洋、爬过高山来到山顶，做岩画蛙人动作，身心灵全部打开。

（2）请大家选择一个让自己舒服的姿势坐好，闭上眼睛，感受双腿与地面接触的感觉。现在，让自己开始放松下来，做几个深呼吸，随着自己喜欢的方式和频率做几个深而长的呼吸……全身收缩，闭眼，想象自己是一颗种子，老师播放情境音乐。

**第二阶段：导入阶段**

老师开始用自然、温和的语言进行描述，要求学生根据描述的情况进行内外部的变化冥想舞动。

（1）想象自己是一粒种子，落在松软的泥土里。你可以闻到泥土散发出来的气息，感受到周围的温度和湿度，你吮吸着营养，慢慢饱满膨胀，发出小芽，生出根枝。你慢慢地扎根于地下，越扎越深……感受你周围的环境，也许很湿润，也许很干燥，也许是……

（2）在它的周围，总是有许多的人走来走去，各种声音，偶尔也有惊险，差一点被踩到。

（3）也许你想变成一棵大树……也许你还没准备好变成一棵树……但是春天来了，你破土而出，伸展—伸展—再伸展……种子发芽了，它伸出了一个芽、两个芽……渐渐地，你感觉自己浑身都在变，慢慢膨胀，全身在不断地伸展。

（4）你吮吸着营养，慢慢长大，逐渐向上—向上—再向上……一缕阳光正好照在你的身上，很舒服自在。你不断地生长，长成一棵树，你可以看清树枝的形状、颜色，树叶的形状、颜色，花朵的形状、颜色，果实的形状、颜色……它每天都吮吸着养分，呼吸着新鲜的空气。

（5）慢慢地……慢慢地，你越长越高，越长越高……让你的肢体随风摆动起来，你仿佛听到了自己身上所有关节都作响，你的手臂变得越来越粗壮，你的叶子越来越浓密……

（6）暴风雨来了，周围一片寂静，风呼呼地刮着，你听到周围有树没有抵挡住，被掀倒了……

（7）天晴了，清新的空气在你的枝叶间流动，你迎来了朝阳……

不要相互交流，在已准备好的画纸上，用水粉颜料，安静地把自己想到的树画下来。请把感受到的树的样子描述出来，请一位同学讲讲这棵树的优势部分，画者给大家介绍这棵树。你自己怎么看的？你希望这棵树成为什么样？最后老师与同学一起分析绘画。

**第三阶段：主题活动阶段**

对画：照镜子看画；欣赏所有人的画，走一圈。

① 树的年龄、树的状态、树的经历；

② 此时此刻，树会对你说些什么？

③ 你会对这棵树说什么？

社会计量:四个区域选择

【绿丝巾】代表青松类的大树类型("大雪压青松,青松挺且直",不服命运安排,抗争型);【黄丝巾】代表莲花类的大树类型("出淤泥而不染",与世无争型);【红丝巾】代表雪梅类的大树类型("梅须逊雪三分白,雪却输梅一段香",用自己的生命故事激励别人,影响型);【蓝丝巾】代表其他类的大树类型(不属于以上三种的可以分为一组,独特型)。

**第四阶段:分享结束阶段**

行动表达绘画:【树木风骨】

(1) 小组讨论:① 描述每个人画的树;② 为什么选择这个区域?现实还是期待?③ 讨论并探索小组内树木应对环境的方式、态度和理念。

(2) 各组派一位代表发言:① 介绍一下小组的画;② 画画过程中的感受;③ 小组成员们的共同生命特质。

(3) 以小组为单位展示树木风骨的集体雕塑,征求同意后拍照留念。

## 四、实训的过程

(一)"爱和责任"疗愈教育戏剧的教学特点。

(二)学会运用理论知识分析"爱和责任"疗愈教育戏剧。

(三)培养整理和分析资料的能力,以及撰写体验实训报告的能力。

## 五、实训安排

| 实训项目 | 实训内容 | 时间安排 |
| --- | --- | --- |
| 教育戏剧体验实训 | 确定体验实训主题 | |
| | 制订体验实训方案 | |
| | 进行实地体验实训 | |
| | 撰写体验实训报告 | |

## 六、准备材料

教学条件:提供剧场环境。

教学方法:建立项目教学的规划设计方案。

## 七、评价标准

表 3－2　课程能力指标测量表

学生姓名：_____

| | 评量项目 | 分值 | 评　语 |
|---|---|---|---|
| 探索与表现 | 观察人物与情况 | | |
| | 共同合作的表现 | | |
| | 语言的表达 | | |
| | 肢体动作的表达 | | |
| | 创意的表现 | | |
| | 生活情境的表现 | | |
| 审美与理解 | 讨论分析的情况 | | |
| | 感觉认知的表达 | | |
| | 经验见解的传达 | | |
| | 参与活动的态度 | | |
| | 价值观的建立 | | |
| 实践与应用 | 体验事实的反映 | | |
| | 模仿的表现 | | |
| | 陈述的适切性 | | |
| | 应用表演的内涵 | | |
| | 应用表演的议题 | | |
| | 议题内容的深入 | | |
| 总分值： | | | |

备注：请用能力指标表述。1分：非常优秀；2分：优秀；3分：好；4分：良好；5分：一般。

# 第四章 声音 神韵灵性的设计与指导

## 第一节 声音的色彩训练与拓展

**一、铸牢中华民族共同体在经济上应用声音的想象与创造理解的教学体验**

经济上要同舟共济,促进贸易和投资自由化便利化,推动经济全球化朝着更加开放、包容、普惠、平衡、共赢的方向发展。发展是第一要务,适用于各国人民。民用共同体追求的是共同发展,发展归根到底要靠本国自身的努力,各国要根据自身的禀赋、特点,制定适合本国国情的发展战略。各国要共同维护国际和平,以和平促进发展,以发展巩固和平。要创造良好的外部制度环境,加强全球经济治理,健全发展协调机制,各国特别是主要经济体要加强宏观经济政策调控。要维护世界贸易组织规则,支持以世界贸易组织为核心的开放、透明、包容、非歧视性的多边贸易体制,推动建设开放型世界经济。要优化发展伙伴关系,坚持南北合作的主渠道地位,最大限度地解决南北之间和地区内部发展失衡问题,让发展成果惠及世界各国,为世界经济全面协调可持续增长提供新动力[①]。而关于声音在戏剧中的应用如下:

- 专题声音戏剧练习,这关乎聚焦/专注/放松/即兴/协作;
- 提升你的想象力、放松力、自发性、专注力、合作力;
- 找到你的声音,声音如何工作,发现身体的声音。

操作方法:进行声音探索,从自我的温柔触摸中放松身体;发出"呜"音似带入云端,边舞动边发音,自然气息变长了;通畅温和地发声,脸放松、下巴放松,像站在高山之巅;深深地呼吸打哈欠,寻找打开喉头的感觉,尽可能找寻平时没有的可能性;趴在垫子上像四脚动物,手部放在腹部,寻找气息在腹部的感觉,跟随自己的声音探索一切可能,把自己脑子里的意向记下来,这是做准备。从小的空间开始练习,声音要很小;接下来嘴巴张大,下颚放松,肩膀放松用"啊"音自由探索;最后用更大的声音气息撑开腹部,声音变粗,很大声地探索;可以不断重复尝试,回忆自己在哪里最舒服、每一个声音带来什么感受,用自己的声音编一个曲调,尝试到音最高处或者是音最低处的声音位置,发现无限的可能。每人扮演一个国家的代表,根据每个国家的风貌与经济特征,自己的姿态与声音的特质进行表达

---

① 王衡,白显良,孙贺,等.毛泽东思想和中国特色社会主义理论体系概论[M].北京:高等教育出版社,2021:306-309.

（自由选择），试着在会议上讨论不同需求，大家表达出自己不同的声音（大小、力度、音色）情绪，最后回到自己的状态，大家发出一些声音之后根据思政主题进行讨论分享。

辅助知识要点：

《黄帝内经》中记载："五脏有声，声各有音，声音相和则无病。"协和性是音乐构建的基本要素。正心动荡血脉、通流精神而和正心也。无论何种音乐形式或题材，都由音符组成，音符同时发声形成和声，相继发声构成旋律。音乐协和性是两个或两个以上音符同时演奏时所引发的心理感受。音乐是高级意识活动产生的声音艺术，对人类的情感表达和交流具有重要意义。"将自己置身到角色的生活中，去体验、去表达角色的所感所想。"即"创造角色的'人的精神生活'，把这种生活用艺术的形式在舞台上传出来。"①每个人的发音，具有各自的独特性，能够在和声思维下探索各种可能性，直到找到相对完整和谐的和声共鸣，展现了代表世界各国的人们站在不同立场但共同在一起感受历程的特征与愿望，从混乱的多元立场状态，到寻找到和谐共处的原则，这个过程深刻形象地表现出经济层面的波动跳跃。

宇宙的一切都处于振动中，振动创造了宇宙。科学家研究证实，声音的振动还能改变分子结构。人体细胞和器官也能产生声音，组成人体自己特殊的声音。和谐的声音与整个身体共振，能使人体的振动与这个声音协调，从而达到和谐、平衡的状态。人类的经济发展在艺术性表达中，恰好像经济的内循环和外循环，发展是第一要务。人人为我，我为人人，不同人物角色运用不同的发音位置表达自己，试着用和声表达不同的形象，同舟共济，追求自由化、便利化、向开放、包容、普惠、平衡、共赢的方向发展。觉察、寻找各种可能性，用声音表达经济图标，试着表达出来，分享自己的感受，觉察分布的状态。

## 二、声音的综合应用

声乐是听觉的艺术、情感的艺术。人体是非常好的声音共振器，人体内或者周围的宇宙声音能够对我们产生积极或者消极的影响。当我们与大自然的周期和节奏以及宇宙的一切事物失去联系，这种疏离和不和谐是身体和灵体的失衡的表现。我们能连通体内能量系统中心，作用于身体，使得身心灵合一。声音的色彩调频是通过有意识的心理技术达到天性的下意识的创作，能够将我们的天性最大限度地发挥出来，从有意识地训练而一步一步地达到下意识的程度。经验式的具身性有利于修复创伤大脑神经系统及身体。将原来不能表达的情绪实现表达和宣泄，可以用来排空因创伤而来的情绪残渣，达到净化的作用；在心理疗愈剧场，支持重新演出过去，以实现经验矫正性的情感体验；将创伤过程碎片化、潜意识、非口语的经验，通过右脑语言表达来刺激前额叶。对事件认知的重新处理，可以带来对所发生事情的新认识以及修复与事件联结的潜意识冲突；创伤事件的认识，在一个安全的环境中有重新演出的机会。"把过去交还给过去"；"附加现实"的想象成分被引进来扩充主角的世界观；协同一致之时，在剧场中，人们一致性地歌唱、舞蹈、齐颂……是

---

① 杰罗姆·哈内斯.大歌唱家谈精湛的演唱技巧[M].黄伯春，译.北京：中国青年出版社，1996：46.

人类独有的传达希望和勇气的方式。戏剧是具身化的,这个概念是脑科学研究的成果,是创伤治疗的核心,因为它是基于身体的,符合自下而上的动作。如果追溯的话,是笛卡尔的时代,其实最早提出的是弗洛伊德,弗洛伊德说所有的思想都无法离开身体,他也被称为"英国戏剧之父"。

所谓的学会歌唱,不是真的以学会某首歌、唱准某个音为主要目标,而是学会用声音来表达,自由地表达、自由地发声,我想唱就唱,我可以用各种方式表达,当你有情绪的时候,你可以唱出来,你可以用不同的声音、不同的方式表达出来,可以是呐喊,可以是哼鸣,也可以是高声地唱或轻声低语,在不断地联系中让你用声音进行表达的方式变得更多了。声音的使用技术与情绪的控制紧密相关,当你的表达是自由的,就很容易到达这个位置,但有些人就会卡住。通常我们说心理治疗当中,先是平情绪,才是讨论问题、解决问题,这个声音的部分就是先解决情绪,情绪抒发了,平静下来,才会去思考和解决问题,之后才能把自己想要表达的表达出来,这个方式能很好地进行情绪疗愈。

(一) 演唱中的想象

投入与主题相关的故事,使歌曲演唱能够更加合乎逻辑。"假使"我正在遭遇着与歌中人相同的境况,我会怎么去做、去想呢? 此时的活动就变成我们自己想要去做的活动了,声音、肢体等也会自然地流露出来,这时的所思所想就变成了自己想要去行动的目的,这样的活动才能变成"有内心根据的,合乎逻辑的,有顺序的,而且在现实中是可能的。"[①]正如斯坦尼斯拉夫斯基所说:"我也没有要你们去引起什么幻觉,去束缚自己的情感,我给大家充分自由去体验你们每一个人曾经自然而然地'体验'过的东西。"[②]

(二) 融入角色人物形象

艺术来自生活又高于生活,"因为有意识和正确会产生真实,真实会引起信念,要是天性相信一个人心里发生的事情,它就会自行工作。下意识就会接踵而来,灵感本身也就可能出现了"[③]。一切"规定情境",按照自己的方式去想象一下,先对我们所要塑造的人物形象有一个总体的、初步的认识,要相信这种情况在现实中存在的可能性,进而选择与作品相符的情感基调。也就是说先对作品有一个全面的了解,知道它的整体构架是什么,找准所要塑造的人物形象生活的大方向,再修正里面的小问题。

(三) 见到什么就唱什么

我们也可以探索更多的自己,比如说会去找多个面相的自己,发出不同的声调,唤醒

---

① 斯坦尼斯拉夫斯基. 斯坦尼斯拉夫斯基全集[M]. 林陵,史敏徒,译. 北京:中国电影出版社,1959.

② 斯坦尼斯拉夫斯基. 斯坦尼斯拉夫斯基全集[M]. 林陵,史敏徒,译. 北京:中国电影出版社,1959.

③ 邱雅洲. 论声乐演唱中表演的相关训练方法及其审美作用[J]. 河南大学学报(社会科学版),2009(4):108-112.

埋藏很深的感觉,唤起情绪,然后表达情绪,再处理情绪。当你能把这个东西表达出来,就知道怎么解决这个问题了,知道问题所在,就能慢慢地找到面对这个问题的方法,情绪的缓解转化成理性的思维。每个人的声音都有自己的表现,这个自由度,正常来说,你的声音应该可以做出各种动作,面对声音卡住,解决你发不出来声的那个部分,就是让你不管在唱歌还是不唱歌的时候,都能发出那个声音,解决嗓音的那块肌肉的灵活度和使用运用的自由度的问题,自由地发出各种各样的声音,各种各样情绪的声音,比如低沉的声音、愤怒的声音,可以自由表达情绪,带动那个声音发出来,在声音的空间中,身体每个弧度都是发声的空间。

1. 以诱导为主,不能强迫的想象

处于初步练习阶段,一定要选取和我们的生活接近的材料,且能够沿着逻辑和顺序让想象持续不断地进行。可以将自己周围世界的事物转移到"想象"的领域里去,并在这里进行积极的运动——内心活动。因为现实世界里的事物都是自己比较熟悉的材料,这样在"想像"的时候就比较容易在我们的脑海里快速而鲜明地找到对应物。例如,《岩画精灵》中鸡妈妈唱:"宝贝宝贝快起来,太阳太阳已出来,快去林间捉虫子,捉了美味回家来。"鸡宝宝唱:"妈妈妈妈你好烦,你好烦,绵绵睡觉真香甜。以前都是你捉虫,为啥又让我冒险?"选择的歌曲曲调朗朗上口,歌词真实贴切,容易表达。启发引导大家互动:指定了什么人?指定他们在做什么?接下来大家可以再想想,接下来他们干什么?选取和我们的生活接近的材料,且能够沿着逻辑和顺序让想象中的情景变成具体的唱歌活动进行表达。首先用倾听,接下来用演奏乐器伴奏,再加动作,逐一用歌词分析、歌曲创作、歌曲模仿、聆听与回应、创造持续不断地进行拓展训练。

2. 借助剧本为想象创造必不可少的思想和有趣的任务

童话里最有意思的莫过于有趣的故事情节了。《岩画精灵》中的剧情,能够使参与者在最短的时间内了解歌词的内容,又能欣赏音乐的旋律,我们将人物的思想情感写得简明清晰。而有趣的任务指的则是剧情的发展,戏剧和歌剧的高潮部分往往是整部剧作里张力最强的地方。所以,我们在想象的时候将剧中人的思想和任务都加入自己的想象空间中去。诱导自己去合乎逻辑和顺序地想象什么样的人以怎样的方式和方法去达到什么样的目的和任务。

歌曲:《讨厌的大灰狼》

  大灰狼,不用藏,我知道你在啥地方。偷偷摸摸像个贼,有本事也到悬崖上。
  大灰狼又愤怒又眼馋地看着咩咩,无可奈何。
  大灰狼揉着屁股,龇牙咧嘴的:我还会回来的!下场。

童话里的人物关系相对比较简单,好与坏、正与邪,简单明了,给人们一个基本的思想理念,他们会跟着剧中人物的遭遇或同情或欢喜。

3. 想象的发展主旋律具有积极性和动作性

唱响主旋律,对世界观与人生观还在完善的青年来说,是对于培养什么人、怎么培养人的思考与回应。积极的创设环境让他们可以自主地在实践中互动和比较感受；探索选择思考的时候，我们需要做的就是从歌词、旋律、创作背景、优秀歌唱家的范唱以及老师的讲解等各方面中获得的一切"规定情境"先按照自己的方式去"想象"。例如，鸡妈妈用悠扬厚重的声音唱："你愿意改变这个世界吗？让这个世界变得更美好吗？让你的家园变得更美丽吗？"

然后再将"假使"放到每一个"规定情境"的前面，"假使"会激起我们的内心活动和外部行动。根据这些"假使"的情况跟随着自己的心，自然而然地去说、去做、去演唱。演员"想象"自己真实地生活在这些"规定情境"之中，一点儿也不要强制，让它自行激起，下意识就会出现帮助我们处理歌曲了。[①] 这有助于启迪心灵，诱发情感，培养丰富内涵的人文情怀的教育者。

在《岩画精灵》剧中，主人公优优走进大山，看到小鱼没有水喝，怎么办？在这里如果我们只是单纯地想象此时我们要喝水，那么你的脑海里可能只有喝水的动作而已。在剧中情景创设中，引导小观众思考，大家一起来想办法，此时此刻剧中主人公的焦急与想不出办法的笨拙诱发出全场小朋友的主动性与同理心，让我们体会到濒临死亡的鱼儿需要水，那么首先就会引起我们担心着急的反应；所有人的视觉和味觉都开始发挥出了功效；幸福愉悦的爱在流淌，那个时刻，鱼儿从奄奄一息的样子，变得有了生命力，活跃了起来，一片祥和与生机盎然使得我们的"想象"世界更具画面感。这碗水由小朋友送上，自然而然地启迪我们遇到事情应该怎么做，自主思考生发的情景推动了主旋律唱响在我们心间，也为每个幼师的心灵注入如何教、怎么教的情景化生发的教学方式。榜样向小朋友们示范了帮助他人、成为更好的自己并不是很难的事情，视像的改变，将会使讲故事的语气及其本身的意义发生变化。同时演员的想象力越丰富，他就越能用同一段文字构成更多的方案。一棵树在风雨中摇动挣扎，雨过天晴树木茁壮成长，后来化作一片森林。她变成树妖在森林里跳舞唱歌，阳光普照，她在云端歌唱，月色朦胧她在星河起舞，边舞边唱。

## 第二节　戏剧中的语言训练

想想自己的经历，作为一个青少年最好的事情是什么？作为一个青少年最糟糕的事情是什么？倾听这段歌词：

依靠我
当你不坚强的时候
我会是你的朋友
我会帮你走下去
因为不会太久

---

[①] 骆思洁. 斯坦尼斯拉夫斯基的艺术理论对声乐艺术的启示[D]. 天津音乐学院，2012.

*直到我需要可以依靠的人*

体验试一试:声乐表演中还有一项十分重要的内容,即语言训练。文字与音乐相结合使得情绪的表达更准确,更能畅快淋漓尽致地发挥出来。示范以上词句,在念词中打开腔体、寻求共鸣等,选用一些比较单纯的元音进行练习,注意语言的字头、字腹、字尾等发音规律。用轻重缓急的表现力来影响和感染,在音量的强弱变化、音色的处理以及共鸣腔的调节等方面尝试多种可能性。训练台词来指导如何发音,将戏剧中的语言训练与声乐结合,能够更加完善和丰富歌曲表现的内涵。

## 一、念词的重要性

提到念词,字正腔圆且清晰地表达是很重要的技术,儿童的发音差异性很大,因此创建高质量有引导的语言环境很重要。这一外在条件为儿童建立能够清晰地表达词义的能力提供了抓手。当我们拿到歌词之后,最先做的事情就是将元音和辅音弄懂并念清。声乐课中的练声曲常常会选用元音进行练习,这对于演唱歌词很有帮助,体验派理论的训练方法是应当把元音想象成河流、辅音是叶子,叶子自由飘落下来并随着河流一直向前走。此外,在遇到由两个或两个以上的辅音和元音字母联成的音节时,元音和辅音的关系其实很像树枝与树叶的关系,元音就是树枝,一根枝条成就大树的茂盛,辅音就是叶子,一片一片地飘在枝干的身边。

## 二、重音的比较与分析

斯坦尼斯拉夫斯基认为:"重音——就像是食指,指出一个句子或一个语节中最主要的字眼,被打上重音的那个字包含着潜台词的灵魂、内在实质和主要因素。"在演唱歌曲时首先应当仔细研究的就是整个词语中音节的重音。

[一段说唱]
咩咩:你是谁? 为什么见了我们要逃?
优优:我叫优优。你们,你们长得太可怕了。
【其他的岩羊各自散开了,在山石上跳跃,玩耍。
咩咩笑了:优优,什么叫可怕?
优优迟疑了一下:我也不知道,反正,你们不是人。
咩咩:是的。可是,可是我们也不是羊。我们是贺兰山里友善的大族群。
优优惊奇地:你们不是羊? 那是什么?
咩咩:我们也不知道。羊,是你们人类给我们起的名字。我们就是四个蹄子的动物,生活在贺兰山里,饿了吃草,渴了喝水。
优优:你们不上学吗? 也不做作业?
咩咩:上学? 我们每天都在上学呀,大自然就是我们的老师。看我们岩羊的生活。

根据剧情的需要,找到整句话的重音。这里的重音并不是单纯地在此处突然加大音量,而是找出所有这些着重的字和非着重的字之间的相互关系,认识重音的性质,从而创造出能使语句生动活泼的声音的远近景和层次。也就是说重音需要排兵布阵,当这个字需要被强调时,那么前面的几个音就需要运用对比法,相应地做一些弱音处理,再引出下面的"强"来。正如斯坦尼斯拉夫斯基所说:"强并不是强本身,强只不过是不弱。""弱并不就是弱,弱只不过是不强。"①另外,重音并不是越多越好,找到重音的首要方法就是先取消重音,然后反复推敲,将其中为数不多的但最重要的字强调出来。

### 三、充满感情地将歌词唱出来

我们运用"假使"和"规定情境"以及"想象"来为歌词找到其存在的充分理由。念词的过程就像照相的一刹那,相片的色彩是否丰富、人物与景色搭配得是否合理等都需要我们提前在心里预演一遍,像洗底片一样,然后再通过音乐技巧等将心里的照片放大出来。对自己先有一个原始的定位,原始定位越详细,最后的照片越丰富、越鲜明。

(一)标点符号的妙用

首先,从"语节"入手,它可以说是一句话之内的标点符号。在学习歌曲演唱之前拿起纸和笔,一边读一边把读过的句子按照相应的逻辑停顿划分出语节,使我们的耳朵、眼睛和手都熟悉这种方式。按照语节朗读,不仅使我们在说话的形式上清晰易懂,表达语言本质内容也会更加清晰和深刻。

其次,标点符号有一定的语调。句号、逗号、叹号、问号等都有其独特的声态。没有这些语调特点,它们就完成不了自己的任务。不同的语调会促使别人带给我们不同的情感回应:逗号会使人有想继续听下去的欲望;句号带给人结束感;冒号会引起对方的注意;问号则促使听者去回答;感叹号则能激起同情、赞成或者抗议等情绪。当我们把注意力都集中到表达歌词应有的语调时,不仅有助于情感表达,还会相应地克服一些紧张的情绪。表示语调的上扬音或下降音也应根据不同的语境做出不同的调整,同样的一个逗号,角色不同,处理方法就应该有所不同。有的音上扬得很强,有的音却上扬得很弱,有的音上扬得很高,有的音上扬得又很低,细节处的标点符号也需要我们在总揽整体之后再酌情安排。

最后,心理顿歇。"逻辑停顿能机械地把语节和整个句子组织起来,从而帮助你来阐明它的意义;心理顿歇则赋予这一段落、句子和语节以生命。"②那么,什么是心理顿歇呢?比如,我们在宣布谁是第一名时会故意拉长"第一名同学是——"这就是运用心理顿歇制造悬念的一种方法。斯坦尼斯拉夫斯基指出心理顿歇应当遵循以下两个条件:"第一,心

---

① 斯坦尼斯拉夫斯基. 斯坦尼斯拉夫斯基全集[M]. 林陵,史敏徒,译. 北京:中国电影出版社,1959.

② 斯坦尼斯拉夫斯基. 斯坦尼斯拉夫斯基全集[M]. 林陵,史敏徒,译. 北京:中国电影出版社,1959.

理的顿歇必须不破坏逻辑的顿歇的作用,相反地,要加强它的作用;第二,心理的顿歇必须随时完成指定给它的任务。所以,谁能将心理顿歇运用得更加纯熟,谁就能将音乐诠释得更加动人。"①比较有效的练习方法就是:首先,单独练习朗诵歌词,注意将语节和语调等尽量表现出来;其次,在节奏中将歌词念出来,此时注意将心理顿歇加入进来;最后,将歌词与旋律相结合,反复哼唱即可达到最佳的效果。

### (二) 插画式语言与潜台词的应用

如何能让听者能产生同感非常重要,要运用自己对生活的理解去打动在场的观众。"语言能够激起我们的五觉。语言自身已经帮助我们铺好了一半的路程,我们需要做的只是将这些能够引起我们内心视像的名词动词等合理地串联在一起,并在我们内心的大屏幕上,创造并看到你的一切想象虚构、一切有魔力的和别的假使、一切规定情境、一切外部条件。"②积极地将这些传达给观众。声乐作品也是一样,歌词和旋律是远远不够的,流动在音乐之间的潜在内容则需要演唱者去补充和想象。正如《岩画精灵》中角色优优面对目前城市小朋友普遍的压力说出了自己的心声:小时候有个幸福的家,长大了爸爸妈妈要求自己当第一名,可是自己就是跑不动,想到大山里自由自在地生活。走到大山里,遇到蓝马鸡小朋友与自己一样,就是不想面对生活,想让妈妈喂食,遭到老鹰的攻击,小鸡不小心掉进陷阱;自然界中的小羊饿了吃草、渴了喝水,在大自然中体验更加无常的学习经历。小朋友宣泄了压力,他们看到动物们生存的规律后的正视生活中的不确定性,开拓了自己的眼界,缓解了自身的困扰,获得了心灵的疗愈。也是把根源问题解决了。运用到声乐作品中,就能够使得演唱者在有限的时间内更加准确和清晰地表现出作品的内涵,进而更好地与观众产生共鸣。

## 第三节 形塑表达能力训练与拓展实践

我们常能看到孩子在乱喊乱叫,家长在一旁呵斥,孩子依然我行我素。你有没有想过孩子为什么会"听而不闻"呢?婴幼儿时期,听觉对于大脑的成长影响非常大,听觉如果得不到很好的发展,长大以后容易出现听力不佳、不懂得和别人沟通、上课不专心、不听老师指令、听而不闻等问题,这些都是听觉感统失调的表现特征。

### 一、生活中的音乐游戏

游戏一:每天安静 5 分钟

---

① 斯坦尼斯拉夫斯基. 斯坦尼斯拉夫斯基全集[M]. 林陵,史敏徒,译. 北京:中国电影出版社,1959.

② 斯坦尼斯拉夫斯基. 斯坦尼斯拉夫斯基全集[M]. 林陵,史敏徒,译. 北京:中国电影出版社,1959.

每天可以在睡觉前关闭所有的灯光,在一个黑暗的环境中,大家屏住呼吸。静静去听周围出现什么声音。比方说呼吸声、窗外的车辆的声音,或楼上有邻居走动的声音等。

游戏二:每天听音乐 30 分钟

你需要准备以下道具:一套好一点的音箱,儿童乐器组合,例如节奏棒、三角铁、沙槌、鼓和鼓槌、刮鱼、盒梆。

接下来听不同风格的音乐,比方说亚洲音乐、流行乐、摇滚乐、中国的民乐、节奏布鲁斯、爵士乐、苏格兰音乐、非洲音乐、雷鬼音乐、乡村音乐、拉丁舞曲、儿童音乐剧音乐等。每两个星期听其中一种音乐风格,如果对其中某个音乐风格特别喜欢,也可以延长到三个星期换一次。还可以把乐器全部摆在桌子上,玩一玩乐器。熟悉每种乐器的声音,形状与感觉。然后播放音乐,一起边走边玩,听一听,看一看,动一动。你们可以在演奏乐器的时候,根据不同的音乐风格,跳、摇摆、扭动、双手在空中挥舞、走正步、奔跑、站起来、蹲下去、转圈,和对方的乐器相互敲击等。

这个游戏可以很好地锻炼节奏感,熟悉各种声音的音质、音调、旋律,也可以提升听觉记忆力和对于声音的辨别能力。对于这个游戏来说,参与者要尽可能多,人越多游戏的氛围越好,参与度越高。

游戏三:猜猜是什么歌

准备好铅笔和鼓,可以和孩子互相猜歌曲。一个人用拍手、打鼓或者敲铅笔的方式来演奏出孩子熟悉的歌曲节拍,如《让我们荡起双桨》。如果孩子猜对了,就可以随时加入,一起敲鼓、拍手或者一起唱。如果孩子猜不出来,必要的时候可以轻轻地哼出曲子,或唱出一两个关键词,让游戏变得更加简单。

游戏四:你听到了什么

在相对安静的环境,读短一点的唐诗,让孩子复读出来,也可以读一组数字,或用手拍出一组节奏的点,让孩子听完以后用手拍出来。

如果你一开始不了解孩子的能力,建议先一句一句地读唐诗,数字和节奏也要相对短一点。等孩子适应了以后再慢慢往上加难度。

游戏五:小动物敲门

向小朋友讲述大灰狼和小兔子的故事。小兔子妈妈要出门买菜,临走前告诉小兔子,只有听到是妈妈的声音才可以开门,如果是其他声音不可以开门,因为有可能是大灰狼,所以小朋友要注意听是谁的声音。

游戏六:你在说什么

在音箱音乐声音开大或者在户外嘈杂的环境,相距一定的距离说话给对方听,看看在嘈杂的环境中还能不能听到对方在说什么,猜对了以后就互换角色。如果猜不对,可以拉近一点距离,或者加大自己说话的声音。还可以换不同的场景去玩这个游戏。

这个游戏可以非常好地锻炼对于背景声音的筛选和抑制能力,也可以锻炼听觉的抗干扰能力。

游戏七:大自然的声音

你需要用到纸、笔和录音软件。到户外去聆听各种各样的声音并把它录下来,比如说不同的鸟有不同的声音。啄木鸟会发出咚咚咚的声音,有的会发出喳喳喳的声音,有的会发出咕咕咕的声音。一起查阅相应的资料,找一找这是什么鸟发出的声音。然后模仿刚刚听到的声音,互相猜猜对方模仿的是什么声音。

游戏八:每天听故事

每天讲一个故事,用教育戏剧的肢体语言边演边讲内容并提一些和故事情节有关的问题。故事的内容可以是轻松的、幽默的,不是非要有教育意义,但是一定要符合年龄、认知水平,从感兴趣的题材类型入手。故事情节由易到难,提的问题也最好是从简单到有点难度的。

## 二、戏剧案例

(一) 娃娃哭

**目标:**

(1) 专题声音戏剧练习(聚焦/专注/放松/即兴/协作)。

(2) 提升想象力、放松力、自发性、专注力、合作力。

(3) 找到你的声音,声音如何工作,发现身体的声音。

**操作方法:**

扮演婴儿躺着、趴着、坐着、饿了哭、孤单了哭、想妈妈哭、吓到了哭、想和别人玩了哭。

**辅助知识要点:**

示范孩童是不需要出于礼貌发出声音,而仅仅出于表达自己。他们的动作奇怪但是很有趣,因为孩子在发出声音的时候是即兴发挥的,是在创作。当人们逐渐成熟、社会化,声音被加上种种限制,作曲家音乐人可以即兴创作,我们也可以,如伸懒腰也是一个很美丽的动作,这是我们每时每刻都可以做出的,要培养善于发现的眼睛。

(二) 你的名字

**目标:**

(1) 解放声音、打开通道,探索共鸣、拓展自由度。

(2) 隔离和加强共鸣腔,进行吐字练习。

(3) 有意图地讲话,扩展声音的感染力和影响力。

**操作方法:** 用唱念的方式表达出你的名字。

**辅助知识要点:**

双脚站稳,双肩放松,脖子放松,声带也会放松,但不要驼背。声随情走:你的名字?你的名字!你的名字不仅仅是文字和语言,也可以是音乐和舞蹈,让我们给自己的名字加上你独创的音乐和肢体动作,一起把名字变成大型团体即兴歌舞剧。有没有发现,你的名字从平面变成了有生命力的存在? 这是一种将声音具身化的表达性艺术治疗,而不囿于语言或认知层面的内容。

### (三) 妈妈,妈妈,美丽的妈妈

**目标:**

(1) 解放声音、打开通道,探索共鸣、拓展自由度。

(2) 隔离和加强共鸣腔、进行吐字练习。

(3) 有意图地讲话,扩展你声音的感染力和影响力。

**操作方法:**

用唱念方式表达出"妈妈,妈妈,美丽的妈妈"。

**辅助知识要点:**

想象手里拿两瓶水,举过头顶,顷刻而下;举起一捧树叶,轻嗅植物的芬芳,洒向天空;双手紧握车把,用肩膀带动身体内部的发动机把它变成驰骋的摩托车;柔软的肢体,唤醒身体内慵懒柔媚的小猫咪。我们回到人类,回到呼吸行走。你有用完整的自己去呼吸去行走吗?给自己一段时间,只做一件事,张嘴发出你的声音,呼吸、发声、呼吸。说话用到的只是声带很窄的范围,发声练习可以扩展你声音的范围。

### (四) 随节奏说歌词

**目标:**

(1) 解放声音、打开通道,探索共鸣、拓展自由度。

(2) 隔离和加强共鸣腔,进行吐字练习。

(3) 有意图地讲话,扩展你声音的感染力和影响力。

**操作方法:**

听着音乐随着节奏学说儿歌;学唱歌曲,再到生活中去寻找高高低低、快快慢慢、轻轻响响的声音,一举手一投足立即行动起来。在此基础上进行不同艺术类型的创编活动,引导幼儿运用多种感官来参与体验音乐,从而表达他们的独创性,促进想象力和创造力的发展。

**辅助知识要点:**

不断探索各种释放的可能性,在与生活中高高低低、快快慢慢,轻轻响响的声音同频共振中用声音身体感知外化情绪,解决内心灵活度调节能力,找到自我独创性的释放途径,激发想象力、创造力。

### (五) 声音的不同气质

**目标:**

(1) 解放声音、打开通道,探索共鸣、拓展自由度。

(2) 隔离和加强共鸣腔,进行吐字练习。

(3) 有意图地讲话,扩展你声音的感染力和影响力。

**双人实操练习:**

A:你好!我是危地马拉来的公主,很高兴认识你。

B：哇！你的家好漂亮哟！

（1）头腔共鸣，速度慢，给人夸张的感觉。

（2）温柔速度慢，手轻轻的、软软的温柔公主。

（3）鼻腔共鸣＋气声＝优雅声音洪亮的气质公主。

（4）鼻腔共鸣，语音上扬放慢，需要尾音，哆哆的公主音。

**辅助知识要点：**

从声音里的情感出发，我们可以表达出无法用语言表达的内容，声音可以绕过肢体和情感的阻滞，跨越阻碍有效表达和沟通的过往经验，直触内心。

声音共鸣点大致可分为五个位置：头腔、鼻腔、喉腔、胸腔、腹腔。

声音的变化：快慢、高低、粗细、强弱、大小、浑浊、清晰、抑扬顿挫。

声音表情＋肢体语言＝戏剧

位置＋变化＝角色

**小结：**

教师的声音表达技能是让自己与孩子们有趣地互动，需要掌握不同的声音技巧。这其中有权威的、讲故事的、演戏的、玩偶的、朗诵的等，声音变化有助于幼儿更快地进入角色，作为幼儿学习的促进者，借助声音更容易具身地尊重孩子的差异性、创造性、灵活性、热情、耐心、幽默、善于沟通与变通地为孩子创设有趣的适宜的环境。

**案例思考：**

教育史上有名的"教学五步诀"，疗愈教育戏剧即符合这五步，又遵循艺术本身规律，激励幼儿积极自信地参与疗愈教育戏剧活动，让他们在已有的知识经验基础上开始走进艺术，从最简单的、最基本的做起。好的教学必能唤起思维的这五个步骤：

（1）提供一个与现在的社会生活经验相联系的情景。

（2）有准备地去应付在情境中产生的问题。

（3）产生对解决问题的思考和假设。

（4）自己对解决问题的假设加以整理与排列。

（5）通过应用来检验这些假设。

你认为这个教育方法怎么样？请给出理由。

# 第五章 绘画表达 回归日常生活

## 第一节 教育戏剧绘画表达训练与概述

### 一、铸牢中华民族共同体在文化上应用绘画分析与个人成长理解的教学体验

文化上要尊重世界文明的多样性,促进文明交流,加强文明互鉴,实现文明共存。人类文明多样性是世界的基本特征,也是人类进步的源泉。多样带来交流,孕育融合,融合产生进步,不同文明凝聚着不同民族的智慧和贡献,没有高低之别,更无优劣之分。文明差异不应该成为世界冲突的根源,而应该成为人类文明进步的动力。要促进和而不同、兼收并蓄的文明交流对话,在竞争比较中取长补短,在交流互鉴中共同发展,使文明交流互鉴成为增进各国人民友谊的桥梁、成为推动人类社会进步的动力、维护世界和平的纽带[①]。文化边界的建立,让人的位置感更确定,从而帮助自我的探索与完善人格心智的成熟。

> **案例卡片**
>
> **体验工作坊:职业生涯规划绘画心理**
>
> 目的:
> 1. 认识绘画分析对待自我成长的看法,以及某些自我无法表达的信息,了解自己、正视自己,不断地探究自我,为成为更好的自己提供多种可能性。
> 2. 通过绘画分析,达到内外部的解放、觉察自我的状态,进而促进人格成熟。
> 3. 协助参与者了解自我,确立发展目标,以偶像的具身化方式自我激励,成为更好的自己。
>
> 准备:情境音乐,A4纸,绘画房—树—人。

---

① 王衡,白显良,孙贺,等.毛泽东思想和中国特色社会主义理论体系概论[M].北京:高等教育出版社,2021:306-309.

**流程:**

第一阶段:暖身阶段

【角色期待】协助参与者了解自我,确立发展目标,以偶像的具身化方式自我激励。

**感念生涯:**

(1) 每人找一个职业偶像,可以是生活中或历史上的人物,也可以是想象的。

(2) 用一种色彩的丝巾扮演,穿、披、绑等方式装扮。

(3) 依次介绍自己及扮演的偶像角色。

第二阶段:导入阶段

对目前职业状态的评估。

1. 作画:房—树—人(时长:10分钟)

责任感看肩膀:宽肩膀或方肩,象征一个人肩负责任。

勤奋水平看四肢:粗壮较长的胳膊和腿,表明较高的抱负,有执行力,是代表对事情的负责。

力量感看人物大小和清晰度:任务较大,是自信和有力量的体现,精力比较充沛。人物清晰,是自我认知比较高和清晰的体现。

谨慎水平看画面的细致度:作画时间长,描绘细致,说明更细心,考虑多方面,做事情更周全。

2. 作画:SWOT职业发展四宫格绘画(时长:10分钟)

请你在SWOT职业发展四宫格中绘画,其中S为优势,W为劣势,O为机遇,T为威胁。可以用文字、色彩、线条、几何图形或符号来表示自己的这些特点,画完之后给作品命名。

第三阶段:主题活动阶段

协助参与者对自己职业生涯的认识,思考影响生涯发展的因素

1. 分组讨论SWOT职业发展四宫格绘画(3人一组,时长:15分钟)

(1) 每个人依次介绍自己的绘画作品。

(2) 利用SWOT进行职业发展总结。

| 劣势 W | 优势 S |
|---|---|
|  |  |
| 威胁 T | 机遇 O |

SWOT职业发展四宫格

(3)小组内他人绘画给你的启发。
2. 每组派代表分享(时长:5分钟)
3. 填写职业生涯目标表(时长:10分钟)
(1)两两结对,分享自己的思考解答。
(2)职业生涯目标表

**职业生涯目标表**

姓名:　　　性别:　　　专业:　　　时间:

1) 我的职业目标:_____
2) 我的职业生涯阶段:_____→_____
→_____→_____
3) 我现在的阶段:_____
4) 为了达成下一个阶段,我打算做的努力:
_____
5) 为了达成职业目标,我的计划:_____

第四阶段:分享结束阶段
【职场夙愿】确立职业目标,规划未来人生。
**感言生涯:**
(1)一句话分享感受(卸丝巾去角色)。
(2)共同创作:"在绘画的花园里挖呀挖呀挖,种心理的种子,开团辅的花……"
(3)集体表演唱,拍视频(征求同意后)留念。

**辅助知识要点:** 教师(我们)就是身体,只有道德被教师的身体体验,教师才能深切地感受、领悟到道德的意义和价值,才能真正认同、接受道德。[①] 很多绘画心理分析与治疗的研究都认为,树作为绘画主题有着独特的价值。布克对树木画很重视,他说:"树木画其实是一幅自画像,相对于人物画,树木画更加容易产生联想,并且自我防卫很低,是一种很好的投射法。"

绘画房—树—人关系的工作坊是一个相对简单的方法。潜移默化地将外在的影响给予内在的自我愿望并进行对话与融合,再得到成人与同伴的认可,更会增强自我与外界互动的信心,获得创造能力的锻炼与提升。在这个方法的帮助下,我们可以很迅速地澄清自己的发展、目标,以及开启未被开启的潜能。画下自己的房—树—人,同时在组合的解读中,便获得了一个富有启发性的关于我们自己的根、不同于人的天赋、发展,以及关于我们

---

① 谢延龙.教师道德发展的身体沉沦与救赎[J].当代教育与文化,2019(1):97-101.

的发展可能性的概览。我们得以统揽了解，在过往的生命旅程中，在各个不同的领域取得了哪些发展，以及当下已经拥有的资源、给养、潜能。

绘画心理分析可以快速有效地将内心世界中看不到、摸不着的主观世界，以生动且丰富的绘画形式外化成清晰可见的图像，帮助人们释放情绪、改善心理、认识自己、了解他人、促进沟通、改善人际关系等[①]。

## 二、绘画疗愈的概述

绘画心理分析是从对儿童的观察开始的。19世纪末，人们开始关注儿童在绘画中所表达的内心世界相对于语言的表达。孩子们似乎更喜欢用绘画的形式表现他们的思想和情感。1926年，美国心理学家古迪纳夫首次提出画人测验可作为一种智力测验，并将这一方法标准化。绘画心理分析是适于4～12岁儿童的智力测量工具。1963年，哈里斯对画人测验进行了系统研究和全面修订，发表了"古氏-哈氏画人测验"。该测验的评价指标包括画出人物形象的细节数量、身体各部分比例的正确性、线条流畅性、身体各部位整合所表现出的动作协调性等。通过综合评价来确定儿童的智力发展水平。随后，哈里斯进一步发展了古迪纳夫的研究，他提出绘画是认知成熟的标志，并且修订和完善了古迪纳夫的评分标准。他把儿童绘画分了三个阶段。初始阶段，儿童主要画有一定形状特征的斑点。第二阶段，儿童开始模仿和复制，绘画中出现了个体差异和人物的细节。第三阶段，展现美感和愉悦。20世纪70年代，罗伯特·伯恩斯和哈佛德·考夫量（Burms & Kaufman）发现在一般绘画投射测验中缺少动感，因此指导儿童进行一种家庭动力绘画，并在1970年出版了《家庭动力绘画》一书，从此动力元素被引入了绘画测试之中。他们要求绘画者表现"全家人一起做什么事情"。通过动态的画面，可以得到更多家庭成员之间是如何互动的信息。

绘画分析有许多方法，如投射测验、防御机制理论、绘画行为学等。投射测验是一种心理测量方法，是通过投射来对被测者的人格特征进行分析。它是由一种心理测试方法发展而来的，它通过在纸上画出各种图形或文字，来揭示被测者的内心世界。投射测验包括三个步骤：确定研究目的；确定受试对象；确定测验方法。在进行投射测验之前，被试要做好充分的准备工作，如进行简单的自我介绍，施测要对被测有充分的了解，如对被试的性格、爱好、情绪等方面的了解。在正式测量之前，要先让被试放松心情，让其处于一个舒适的环境中，以利于接下来的测量工作。

绘画的表征投射出当前绘画者的所思所想的意图，能避开人们潜意识的防御系统，通过绘画自身以及绘画与其他心理疗法的有效整合，有针对性地促进画者的心理成长，协助画者解决心理问题。通过这门技术，人们可以快速、有效地将看不到、摸不着的主观世界以生动而丰富的绘画形式外化为清晰可见的图像，进而释放情绪、改善心理、认识自己、了解他人、促进沟通、改善人际关系等。曾有一位来访者咨询时说她学过绘画分析，她了解

---

[①] 严虎.跟严虎博士学实战绘画心理分析45个经典案例[M].北京：民主与建设出版社，2020：17.

"房—树—人"的具体指向,可当她真正画了出来后,她的卡点还是清晰可见的,很快找到了问题所在。

在分析绘画时,首先我们会从整体关注画面大小、画面位置、用笔力度、画面颜色;图画过程中的先后顺序、涂擦痕迹;图画时间;画的内容树木、房屋、人物、附加物等。在交谈中让潜意识具象化,对绘画者的性格特点与情绪状态进行引导,帮助其减压宣泄,在这个过程中实现内在整合。

岩画是史前人类重要的文化遗存,分布于世界各地,洞穴岩壁上刻下的岩画形象,绘制的内容不仅表达了人类之内心世界,也是环境的艺术,选择关系到岩石是否适合制作岩画,还要考虑是否有足够的空间举行祭祀典礼活动。① 这就是最好的见证。岩画被誉为"文字之前的文字",是世界各地原始先人们用来传承、保存自己的历史、神话和精神经历的普遍方式。诚如汤惠生教授所言:"物质文化的产生不仅是为了满足功能需求,而且还是一种再现和形成在一个群体与另一个群体、一个人和另一个人或另一个人之间以及一个人与景观之间关系的方式。凡是有阳光照耀的地方,均有太阳崇拜存在。"② 宁夏贺兰山的太阳神崇拜的岩画就说明了这一点。

(一)参与者潜意识的形象的地图

绘画作为表达性艺术在戏剧中的部分,忠实地记录与表达了参与者潜意识的地图,借助绘画能够看到画者的精神面貌,对体验者的情况有所了解,可以帮助体验者评价、反思并对未来发展作预测,制订出教育目标及方案。若适当地提供一些具体、半具体的实物或非具体的替代物,还能增加人们对内容的扩展,甚至引发更多的创意。提供简单的道具材料,能够给同学们更多想象创作的可能性,这关系到运用的时机及对道具操作的熟练度等问题。美术创作作为一种表达的形式,更直接而有力地传达情感,其突出的功能是象征性的沟通力;艺术形式与创作过程具有神奇的康复功能,这种温和地与人建立联系的、适用于任何年龄的疗愈教育戏剧构建了尊重、关注与回应的关系,是以"人"为核心的教育公平转型途径。③

(二)艺术具有直达心灵的属性

20世纪中叶,美国生理心理学家在裂脑研究中确定了人类大脑具有功能侧划的特点,随后发现人类大脑的左半球和右半球都各自承担其独特功能,而且每个部分的主导功能不同:左脑是言语化的思维,其模式是言语的、分析的、象征的、抽象的、时间性的、理性的、数据的、逻辑的、线性的。右脑是图像化的思维,其模式是非言语的、综合的、真实的、类似的、非时间的、非理性的、空间的、直觉的、整体的。

---

① 陈兆复,邢琏.世界岩画[M].北京:文物出版社,2011:192.
② 爱德华·泰勒.原始文化[M].连树声,译.上海:上海文艺出版社,1992:178.
③ 程天君.以人为核心评估域:新教育公平理论的基石——兼论新时期教育公平的转型[J].华东师范大学学报(教育科学版),2019(1):116-123,169-170.

我们的思维模式受这两种运行机制的影响,体现为左脑取向和右脑取向的两种认知模式,大脑在处理经验、感觉或情绪等信息的时候,先用图像后用文字。运用左脑取向的认知模式,丰富的视觉图像资料可以促进左脑推理或判断,从而加速线性的思维进程。右脑取向为主的认知模式在运行过程中,视觉思维的速度是多维度的,其深度和广度远远超过了言语思维。右脑取向的认知模式是以图像或视觉意象为主的信息交流,是身与心或心与身的内部进行深度交流的一种认知形式。就是说,身体首先对一种想法的意象做出反应,然后才对描述这个想法的语言做出反应。身体的感觉和右脑首先以图像的方式纳入相关的经验和情绪,之后经由左脑将它转换成思想。身体的知觉吸收了所有这些经验和源于此经验的情绪,右脑创造出图像化的印象,然后对这些信息进行加工处理,传输给左脑,生成言语化的思维和记忆,最终对体验进行言语化的评价。左脑取向的认知模式采用以推理或归纳等理性信息为主,它对个体的感受并没有正式客观的报告。它用分析、归类、判断的方式处理我们的所有经验和感受。左脑以习得的信念和规范为标尺来衡量我们的经验和感受,这个过程同时汇编了各种不同的说法,对真正发生的事进行再解释、转换或拒绝。这就是为什么同一场事故的不同见证人,会对所见所闻做出迥然不同的解释。也是为什么当有人问到我们究竟痛苦到怎样的状况时,我们总是苦于找不到一个确切的字眼来描述。

七田真博士的研究认为,原来人在诞生之初,右脑的能力还很发达,且具备了超越常识那种几乎可称为全然未知的天才似的能力,这种能力自古以来就隐藏在人们脑海里,但是因为人类世界是以教导、开启左脑为主,让小孩子努力学习语言以及之后生存所必需的知识,久而久之,左脑越来越发达,右脑却因为少用而日渐退化。至于什么样的成人比较容易打开右脑,七田真博士认为,心思专注、纯真没有成见的人,比较容易进入神奇的右脑世界。[①]

创造性是人类与生俱来并不断提升的生存性能力,以艺术为介质而建立的治疗联盟中,以右脑信息为主要操作对象,绕开左脑有限的、线性的、言语性的判断,双方可以借助视觉艺术形式,即意象而非语言,直接接近情感的深处,表达郁积在心的困苦心境,纠正扭曲的情感体验,学习新的情绪体验方式,最终使来访者借助自我的力量建起一条与心灵交流的便捷通道,帮助人们修建平安与康宁的心理环境。

(三) 审美敏感性,提高生存的适应力

社会科学家在经过与达尔文进化理论的对峙之后,以平科尔为代表的研究者在探讨艺术作用时指出,进化创造了文化和心理学。审美和艺术创作具有生物性根源,即审美来源于天生的一种倾向,是一种禀赋。审美能力是进化中留存下来的,优胜者所具有的素质与生存能力有着密切相关。神经学家、精神病学家 J. 艾伦·霍伯森进行的神经科学研究表明,大脑视觉皮层受"想象的意象"激活的方式与接受外界"真实图像"的刺激时所做出的反应是相同的,也就是说大脑不能够区分真实图像与非真实图像,因而会对两者做出相

---

[①] 孟沛欣. 艺术疗法——超越言语的交流[M]. 北京:化学工业出版社,2009:37.

同的反应。由此可以推论,身体对心理图像做出的反应,就如同个体亲眼所见时所做出的反应。而心理图像可以更加直接地对我们的身体产生作用。如想象令人满足的图像,就可以使身体从中得到满足。艺术治疗中的"指导性意向"这一技术就是运用了这一原理,由治疗师指导来访者想象出某种心理意象,在这个意向的基础上进行想象,从而带来身体与心理的整合性改变。

(四) 艺术史学的认识

克洛德·列维-斯特劳斯指出,史前人的思维就是我们的思维,史前人的逻辑就是我们的逻辑。我们有的,史前人都有。艺术史论家P.费尔提出了一个令人着迷的理论,解释了为什么艺术在旧石器时代前期和石器时代突然繁荣起来,他认为洞穴艺术是对年幼者适应复杂生活的一种灌输过程。他论证说,为了强化记忆,情绪刺激需要结合生存所需信息和成功的群体关系。富于情节的洞穴艺术伴随着赋予信息内容的仪式,构成了有助于传递重要信息的过程。主要为:

(1) 视觉形式的灌输是轻松的,以至于使人走出蒙昧的道路不那么艰难;
(2) 以令人震惊和恐惧的视觉方式传递信息是为了吸引足够的注意力;
(3) 运用各种手段将信息完整地、永久地载入记忆。

(五) 人类学的认识

人类学家亚历山大·阿兰德在《艺术性动物》中提出,对艺术质量的识别依赖于对激活内在的审美敏感性的学习。这种敏感性素质一旦被激活,就可提高生存的适应力;艺术创作不是进化的直接结果,而是选择性的价值在发展进程中的副产品。在这些发展中最主要的收获是游戏能力和探索性行为能力、沟通能力和视觉区分能力。每一种能力各自有着不同的优势。游戏和探索为幼小者的未来成年生活提供了演练机会。如沟通能力是社会团体形成持续核心的关键,对人类社会尤为重要。而视觉区分能力不但在自然环境中能提供导航能力,也是辨认面孔、面部表情的手段,有助于为未来适应社会环境扫平道路。

## 第二节 绘画疗法的应用

### 一、绘画艺术治疗的任务

倾听身心深处的诉说,并将这种声音表达出来,可以使个体与其隐匿的感受和情感建立相互联系,这原本就是艺术所具有的功能。其次就是帮助推进情感视觉化的过程。如果说,艺术是身心的语言,那么艺术治疗则是治疗师帮助来访者学会略过文字性的思维,倾听并用绘画表达这种语言的声音。要解决来访者的内部冲突,就必须引导他学会进入和使用右脑的意象语言。接近了可能引起冲突问题的视觉意象,就暴露了左脑言语化思维和右脑图像性信息之间的不和谐。通过协调这些冲突的情感,才能指导来访者将困扰多年的内心冲突悄然缓解。负面的和恐惧的情绪折磨心灵、损伤身体、压迫精神、阻滞身体和情绪恢复。但是,通过点、线、面、色彩、图案、形状和意向等艺术表达方式来释放将这样的情绪,可以真正放松我们的身体和精神,扫清通往健康道路的障碍。

## 二、学习使用视觉形式表达自我,建立新的认知模式

在身体接受艺术的帮助的整个过程中,重要的一点就是学会摒弃旧的思辨性认知模式,建立新的体验性认知模式,即从单凭理性判断的左脑模式,过渡到运用体验和身体智慧的右脑模式。仅凭左脑模式的信息,我们就会忽略掉那些有关身心健康状况的重要信息。

其一,尽管右脑对我们的经验不去判断,但右脑在感知与这些经验相联系的情感和情绪。这些信息是否让身体感到舒适,则以生理上的微妙变化通知到个体。

其二,当左脑接收到来自右脑对身体体验的信息时,就会区分出好或坏,并解释这样的好与坏的体验或感受的意义。

其三,这个解释及由此而来的行动,可能与右脑和身体最初的印象和经验是冲突的。

你可能忙于按照别人的期望去生活,这时候,你的身体就会发出应激信号:紧张、愤怒、不安、情绪化甚至淡漠,但你可能仍不愿意把这些紧张信息与原因相连。比如,身体上感觉不舒服,心里却嘀咕:"这样没错,就这样吧,我可以坚持!"又如,某种行为在群体中各个成员看来都是可以认同的,偏偏你感到"毛骨悚然"。这样,可能你会发现你说的和做的是一回事儿,而想的则是另一回事。当身体经常处理这些冲突性的信息,并对此做出身心的反应时,就需要释放出来应急激素,从而导致血压剧增,新陈代谢功能中断,肌肉的紧张感增加,免疫功能直线下降。总之,判断是压力之源。[①]

## 三、自我探索技术

### (一) 画生命空间

一张纸上圈出一个平面,将人生经历中有过的重要事件、对个人有影响力的重要他人、目前最关注的事件等画在圈内,可以选择按照重要程度标出不同的色调或标识。这有利于个体回顾旧有经验对现在的影响,并将有意义的经验整合。这个过程可以以言语话或非言语化的方式进行。

### (二) 画生命线

要求画出一条线,再按照个人生活经历的不同将线分成若干线段,在线的适当处标出一个有颜色的点来代表人生的重要关头。或者将线段按照儿童、青年、成年分成几个段,在线段中间标上符号来表示重要的心理事件,或对生命有影响的人物。

(1) 哪些人或事件给你带来美好回忆?
(2) 哪些人或事件给你造成痛苦的体验?

---

① 孟沛欣. 艺术疗法——超越言语的交流[M]. 北京:化学工业出版社,2009:37.

(3) 从这些事件中你得到什么心灵启示？
(4) 这些事件对你后来的生活有过怎么样的影响？

(三) 绘制曼陀罗

在圆形纸上，由中心向周围绘制，然后涂上色彩，直到完成整幅图，完成内部与外部、心灵与身体的整合过程，是对生命能量的深度整理。

(四) 绘制生命图标

每个人思考自己走过的生命历程，再画一幅生命图标，将自己的过去、未来和现在标识出来，可以用重要他人和重要事件来标示。分享时可以围绕自己是如何克服前进中的障碍、现在生活情景如何、未来有何目标和计划等问题展开。绘画完成之后，团体成员之间充分分享作品，解释各种图示代表的意义、各种颜色代表的情绪等。这是将过去与未来的问题带到当下，使参与者对自己的生命历程有一定的预估和准备。

(1) 画出幼年、青少年、成年时期；
(2) 画出美好与伤痛的记忆；
(3) 画出某个幸福的时刻；
(4) 画出重要事件；
(5) 画重要人物群体；
(6) 画出重要物品。

(五) 画螺旋线

回顾自己的生活，再用画螺旋线的方式或波浪线，将生活重要的事件和重要他人画在一张较大的纸上。把重要事件与人分享，将过去事件对自己的影响澄清，意味着在建构自我的路上前进了一步。

(六) 画出一场梦境

回忆一场梦境，如果有忘记的部分，可以自己画出想象完成，对梦境中自己逃离回避的情景、喜爱与留念的物品要特别注意，了解梦境细节反映出的深层人格特质，了解自己潜意识的内容。

(七) 画安全岛

放松心情，想象一个可以感受安全的地方，将这个情景画出来，放松训练，体验其中的感受。练习结束，讨论目前生活中的压力所在、心灵安全处带来的好处，以释放紧张和压力。

(八) 画篱笆墙

把事先准备好的有关篱笆墙或者其他类墙壁的绘画作品展示出来，启发参与者自己设计一道篱笆墙,讨论人际关系中的自我概念及对关系的控制感。

(九) 画过河画

"过河"可以从水体、水态、过河方式等要素考虑,组织探讨过河方式与生活应对问题、解决问题方式的联系及对生活的启示。

### 四、情绪表达技术

1. 思考与感受模式

将生活中的五件大事分别写在五张白纸上,在纸的背面将这件事给人的感受或体验用颜色画出来,帮助人们认识到每个人对事件的感受是不同的,其差异也是相当大的,缩短这个差距就意味着学会处理内心的困扰。

2. 情绪的表露

自我情绪表露有困难的人,准备各种面部表情的人像图片并呈现出来,要求注视图片片刻,然后对图片做出非言语性的反馈。旨在帮助性格内向羞怯的个体尝试表达情感,增强其交流能力。

3. 非言语情绪反馈

呈现事先准备的数件人像作品,每个人轮流对作品中的人物进行非言语情绪的反馈,比如手势、身体姿势、面部表情等。

4. 体验个人情绪

每个人面对自己的纸和画笔,不要关注其他人在干什么。把整张纸涂满颜色并观察片刻,从而体验由这种颜色引发的某种心情,而这种心情是难以用语言描述的,静静地停留在这种情绪中,试着体验。这是帮助查找情绪的缘起,提升个体自我体察的能力。

5. 观察他人情绪

每人依次退出绘画过程,只站在一旁观察他人的绘画,不做评价与干预,然后与绘画者分享刚才观察到的过程,包括绘画或者行动方式、情绪变化的技术。旨在帮助个体学习客观与积极参与的区别,从而使他们将这种认知方式迁移到生活当中,有能力应对因情绪卷入造成的心理困扰。

6. 让画中人说话

讲述一位生命中的重要他人及其对自己的影响,想象这个人的样子,将大概的形象画出来,然后想象自己就是这个人物。这里的引导可以从重要他人想什么、想对你说什么的问题入手,帮助重要他人的角色体验,并将体验说出来。这个技术与角色扮演或空椅子技术起到的作用是相同的,可以分为替重要他人说话和与重要他人对话的两种方式,帮助个体宣泄情绪、梳理与重要他人的关系,还可以通过从对方的立场看问题来达到态度的改变,可以提高自我,从而为行为改变带来可能。

### 五、家庭成员关系探索技术

1. 家庭成员社会图

用一种颜色或图形代表一个家庭成员，绘制一幅家庭成员社会图，经过指导可以一再修改图表，直到满意为止。针对最后的内容，在团体内展开讨论。这个技术可以把家庭问题用视觉图形呈现出来。视觉化的过程就是整理思维与调整关系的过程。调整过程中个体可能已经领悟到解决问题的方法。

2. 画家庭成员肖像

每一个人画一幅写实的家庭成员图，或者采用抽象的风格，每种风格确定一种颜色来代表自己的每位家庭成员，然后以最简单的图样如方形、圆形等将成员画出来。通过色块与色块之间的大小、位置比例关系的视觉要素，可以将个人心中对家庭成员的认知呈现出来。将画面上绘画的形式、特点、关系与个体的生活建立联系，帮助了解自己家庭成员与自己的关系及其对个人生活的影响。

3. 画父亲、母亲、子女、配偶或画家谱

选择一位家庭成员进行绘画，风格不受限制，表现性的符号也可。在绘画时要求内心强调这一特定的角色，体验角色的心理感受。这样可以帮助澄清自我的多种角色，讨论家庭系统中的角色对个人生活的影响。

4. 画家庭成员的动态图

画家庭成员一起活动的场面，并将共同做事、一道出行、一起游玩的情景画出来，说明具体时间、地点和心情，描述自己当时充当的角色。这个练习有利于参与者回顾个人与家庭成员之间的关系模式，从而领悟现存问题与家庭互动模式之间的联系，进而洞悉和解决问题。这个练习亦可做测量工具，对家庭关系模式作出解释。

5. 画家庭树

按照关系的疏密，将家庭成员画在一棵家庭树的枝干上，每一位家庭成员分别处在一个独立的树枝的特殊位置上。这个活动很适合幼儿与老人，指导者鼓励依照个人感受安排家庭成员的位置，这相对于个人而呈现的位置，正好反映了他与家庭成员之间的关系。

6. 画童年家庭回忆

回忆童年的家庭生活，将那时的情景画出来，可以借助指导性意象，回溯到童年时光，画出当时的自己、身边的物品、喜欢的物品、重要他人的形象，然后将事件推进到现在。再同样画出上述的内容作为对比，可以将多个不同时期的情景画出来。

### 六、团体绘画过程

1. 人员分组

每个成员将自己最喜欢的颜色画出一小片，再按颜色出现的先后顺序，将所有成员的绘画做比较。颜色出现次序相同的可分为一组，或者颜色的色调大致相仿的可分为一组。

这个技术可以确定同质性团体,也可以使分在一组的成员产生认同感或归属感。

2. 确定搭档

每个成员画一幅可爱的画,写上祝福语和签名,将所有的作品收集在一起,打乱顺序,再分送给所有的团体成员。拿到自己作品的那个人就是本次团体中所选择的搭档,成员之间可以借助祝福语展开讨论,让一对搭档感到他们的组合是一种缘分,团体关系在此逐渐建立。

3. 为同伴画像

要求每个人为当时组合而形成的搭档画一幅肖像,用简洁的笔触和颜色代表对方在你自己心中的样子,再等待对方提问。对于那种让自己感到尴尬或者不适的问题,每位成员都有权拒绝回答。这个技术可以有效地增进友好的气氛,画像的一方要对被画像的一方予以充分的注释,才可以启动这个画像的流程。这不仅有助于友好合作气氛的形成,而且可以帮助团体成员了解别人眼中的自己。由此,可以深入探讨自我形成中出现的问题,创作过程避免使用言语,效果可能会更好,绘画完毕可适当加入言语讨论。

4. 筛选问题

画出一些图形或符号来代表这个团体有待改进的行为习惯。再由每个团体成员按照个人的意愿,在各个项目上画出代表关注程度的星号,星号最多的项目就被挑选出来,首先处理,作为本次团体活动的开始。这个技术避免了有兴趣倾向的问题筛选偏好,在非言语的过程中,团体成员之间共同的倾向实际上已经形成。

5. 画一位好朋友或重要他人

思考一下:在你的生活中有什么人可以称得上你的好朋友?他们可以是你的父母、姐妹、兄弟或同事、同学,某一段生活中出现过的一个人。再让大家把这位好朋友画出来。然后,请你对这位好朋友说说最想说的话。这个技术可以帮助人们演练与家人或亲近关系交流的能力,帮助他们说出积压在内心的话,这不但可以改善人际关系,也可以纾解因关系不畅引发的情绪问题。

6. 团体绘画传递

团体成员每人选定一种颜色或符号,一旦选定则全程使用这种颜色或符号。团体带领者发给每个人一张纸,要求他们以自己选定的颜色或符号在上面作画,一分钟后,将这张纸向右侧传递,每人再传到自己手中的画纸上继续作画,一直进行下去。当最初的画经由所有的成员独特勾画之后,又一次回到自己的手上,画面会显得缤纷多彩。活动停止后,团体成员讨论他们对最初的绘画和最后的绘画的不同体验,鼓励他们分享自己对这幅画的贡献。

## 七、其他艺术形式的整合

1. 听音乐绘画

不同类型的音乐会带给我们不同的意向,通过听音乐,尽量让自己沉浸音乐中,对自我更多的探索有很好的帮助。此活动可以先听音乐,再画出来,可以扩展感觉和知觉意识,并能更好地解读进而读懂自己,这是一个信息处理模式发生转换的过程,不同的人有不同的解读,可以给出不同角度的认识。

2. 用颜色完成故事

一个人用颜色画出此时此刻脑海里的意向,再请另一个人用颜色回应呈现的图像符号,不断地用颜色表达、相互回应。在这个应对过程中可以获得更多的觉察。

3. 用动作作为对绘画的回馈

由教师带领着示范,用肢体回应绘画的表达,可以是线条、形状、感觉的表达。这可以扩展感觉和知觉意识,从而经由感觉、知觉信息唤起深层的记忆,探索到更加深层次的有意义的信息,使身体效能得到更大的发挥。

4. 用视觉材料作为投射的媒体

将准备好的意义鲜明的绘画作品按序播放,可以进行投射性反馈。这对有情绪困扰的儿童或者阻抗较强的成人个体更为实用。

## 第三节 绘画疗法的相关案例

### 一、绘画艺术疗法在心理治疗中的临床应用

当个体自我无法恢复受伤的心灵、从创伤体验中逃离出来,经过认知调整也无法改变时,艺术创作可以安全地释放毁灭性力量,帮助他暂时躲在一个安全的心灵港湾,并促进升华过程的发生。正如回顾创作的过程一样,挖掘他在创作时呈现出的积极心理力量,并引导他将这种力量用于现实中。而事实上,艺术过程与心理过程一直在发生着不间断的交互作用。意向的生成可以通过言语沟通,对创作情况有新的认识,艺术治疗的过程也会随之更加完善。反过来,言语的讨论和干预也能加强艺术创作治疗性的一面,使艺术过程对来访者的意义更加直接,能出现更多提高问题解决能力的机会。为此,它所产生的治疗性的领悟不论在深度上还是广度上,甚至在来访者离开疗程之后很久都会持续不断地显现出来,使来访者从中得到治疗性的洞悉。

作为一个无条件的见证人,我们要接受并重视孩子的自我引导和表达,这些都是通过沉默、积极的观察或反思过程来传达的,在这些过程中,艺术隐喻被探索和放大。当我们坐在孩子们身边,看着他们的表达成形时,他们感觉到了我们的存在,以及我们是如何珍视他们的,这也为那些不安、紧张甚至害怕的孩子们提供了一个机会,去做一些让他们平静下来的事情,让他们回到自己的中心。在人际关系创伤的情况下,孩子们与他人的关系的本质受到损害时,在一个重视他们工作的见证人的见证下,为他们提供尽可能自由的活动,显然会促进积极依恋关系的产生。

卡尔·荣格曾说,你可以尽量多学一些理论,但是当你触及生命的奇迹时,就可以把

理论搁置一旁了。真正称职的治疗师面对生命个体时,产生的灵感是最珍贵的,顺乎生命规律与灵性的方法才是最恰当的。将技术拆分组合,创造出针对性的治疗方案和措施,才能真正做到以来访者为中心,艺术治疗的魅力就在这里得到展现。找到了这个方法,也就靠近了来访者的心灵出路,而艺术过程中出现的创造性,恰恰在这里帮助到了治疗师。

## 二、绘画艺术疗法的特点及作用

绘画艺术疗法以及独特的可操作性、深刻性、多维度等特点,成为各种临床技术中最具整合性的疗法。

绘画艺术疗法因其所具有的自身特点在临床中又具有以下作用:

### (一)克服情绪冲突

在情绪冲突的表达方面,绘画艺术疗法有利于青少年缓解个人压抑情感和表达价值观对他们的影响。

### (二)抚慰创伤体验

其一,利用艺术疗法鼓励儿童倾诉关于父母离婚对自己所导致的创伤并加以释放;
其二,引导儿童更好地集中在认知和社会发展上;
其三,处理创伤经验,使得他们对自己的身体意向和自我满意度得到提高;
其四,绘画艺术干预,可以帮助他们提高自尊、自信、创造力,从而改变看待生活的方式。

### (三)治疗丧失经验

对于丧失或损失,绘画艺术疗法也发挥了重要作用。丧失的儿童内疚感和孤独帮助来访者恢复了亲人丧失后的一种心理的平衡。运用团体绘画艺术疗法干预有悲痛经验的儿童,结果发现,绘画艺术活动可以有效地处理儿童的悲痛经验,也能处理疾病和即将死亡带来的无法回避的绝望感,使得老龄人能够祥和而平静地接受生活现状。

## 三、体验案例导入

### (一)典型案例

> **案例卡片**
>
> ### 岩画精灵——生命的可贵
>
> **目标:**
> (1)象征生命的成长和发展,代表生命力和能量,增强自我意识,学会理解和体谅,在不同的环境中照顾自己与别人,不强迫加入,要被允许,关注自己的感受。

(2) 感受不同人的人格特质和生命历程，创设安全的环境，这种安全包括身体、情绪和情感，让个体知道将发生什么。

(3) 考察个体的成长历程、无意识的自我形象、个体与环境的关系、个体对成长的感受(特别是一些负面的感受)。

**操作方法：**

第一步：介绍(熟悉环境)暖身体验：我们今天将去森林里探索不同与相同。现在请大家像包雪球一样做一个自己独特的能量球(这里可以动作夸张地开始制作)，老师带头示范加工做的动作，大家模仿做。

第二步：用声音及动作表达这个能量球，语言描述能量球的样子。老师示范介绍自的能量球：我的能量球叫艾利斯，它是透明的，有着淡淡的粉色，有时它很重，有时它很轻，它就在我的身边飘浮陪伴着我……请同学们逐一介绍自己的能量球。

第三步：请大家把 A4 纸竖放，画出自画像。

第四步：结对子，相互用肢体表达对方作品的意向，感受到什么就表现什么，没有对错，之后两人讨论找出彼此相同的部分或不同的部分。

第五步：这对你意味着什么？我们如何对别人、我们的玩具、我们的家园以及我们的家人等。我们应该如何指导相关的活动呢？

## (二) 共同创作对话——两个人自由结组，共同完成一幅作品

**目标：**

(1) 学习用绘画的方式了解与对方尊重、关注与回应的方式。

(2) 体验相互的领导与跟随，尽可能多地欣赏大家的沟通方式。

(3) 感受温和与人建立联系的方式，尝试应用在不同年龄段的效果。

**规则：**

(1) 不强迫加入。

(2) 关注画者的想法，而不是关注自己的感受。

(3) 需要感到安全，这种安全包括身体、情绪和情感。

第一步：介绍(熟悉环境)；

第二步：规则(不破坏环境、不破坏他人、不破坏艺术创作)；

第三步：与孩子一起创作(允许孩子说"不想做")。

注意：颜色本身没有特定的意义，而是具有对创作者本身的意义，玩耍式的治疗适合开始与来访者建立关系。

## (三) 围绕"安全"的话题，任选材料，自由创作

**目标：**

(1) 学习不同人对安全的不同理解，尝试从对方的角度，了解对方认为的安全是什么。

(2) 尝试准备不同年龄段所需的绘画材料。
(3) 体验不同材料创作作品的感受。

**材料准备：** 沙盘、绘画纸、各种绘画笔、粉笔、黑板、各类画报、粘贴材料。

**操作方法：** 亲身体验。

**玩法：**

(1) 画一幅画代表自己，使用更加成人化的表达方式。
(2) 了解创意发展需要注意的方面。
(3) 体验绘画的发展阶段的不同特点。

第一阶段：涂鸦期（2～4 岁）

主要是与周围和身体建立联系，玩。

第二阶段：前图示期（4～7 岁）

孩子对同一幅画的内容解读是可以随意改变的，这个时期，孩子注意到周围及结构的存在、接触到更多的人，与小朋友玩耍。

第三个阶段：图示期（7～9 岁）

对自己更感兴趣，最重要的东西往往画得最大，身体控制感更好。

第四个阶段：写实期（9～12 岁）

重视友谊，男孩女孩分别玩耍，男孩注重"力量"，女孩注重"美"。

第五个阶段：拟写实期（9～12 岁）

有很好的空间感和透视感，注重精细化表达。

体验不同材质的道具，为整个过程创作一个合理的故事，欣赏更多的艺术作品，根据情节借用道具表演角色形象。可以有① 玩泥玩沙，② 曼陀罗绘画，③ 粉笔画，④ 画房子，⑤ 拼贴制作等游戏活动。

**小结：**

在作品中体会、观察自己。从社会、心理和认知的角度理解儿童的成长情况，旨在引出发自内心的反应；用绘画分析解释给予自己更多的信息，并能以图形"语言"来回应；学习如何识别儿童的图形发展阶段，涉及颜色、材质、线条、形状和形式；参与各种对儿童有效的艺术活动。美术是视觉的艺术，不通过言辞也能交流。

（四）案例实施的注意事项

1. **实训的过程**

(1) "爱和责任"疗愈教育戏剧的教学特点。
(2) 学会运用理论知识分析"爱和责任"疗愈教育戏剧。
(3) 培养整理和分析资料的能力，以及撰写体验实训报告的能力。

2. 实训安排

| 实训项目 | 实训内容 | 时间安排 |
|---|---|---|
| 教育戏剧体验实训 | 确定体验实训主题 | |
| | 制定体验实训方案 | |
| | 进行实地体验实训 | |
| | 撰写体验实训报告 | |

3. 准备材料

教学条件：提供剧场环境。

教学方法：建立项目教学的规划设计方案。

4. 评价标准

**课程能力指标测量表**

学生姓名：_____

| | 评量项目 | 分值 | 评语 |
|---|---|---|---|
| 探索与表现 | 观察人物与情况 | | |
| | 共同合作的表现 | | |
| | 语言的表达 | | |
| | 肢体动作的表达 | | |
| | 创意的表现 | | |
| | 生活情境的表现 | | |
| 审美与理解 | 讨论分析的情况 | | |
| | 感觉认知的表达 | | |
| | 经验见解的传达 | | |
| | 参与活动的态度 | | |
| | 价值观的建立 | | |
| 实践与应用 | 体验事实的反映 | | |
| | 模仿的表现 | | |
| | 陈述的适切性 | | |
| | 应用表演的内涵 | | |
| | 应用表演的议题 | | |
| | 议题内容的深入 | | |
| 总分值： | | | |

备注：请用能力指标表述。1分：非常优秀；2分：优秀；3分：好；4分：良好；5分：一般。

# 第六章 本土化疗愈教育戏剧主题活动的设计与实施

## 第一节 戏剧主题活动概述

### 一、铸牢中华民族共同体在生态上应用戏剧主题理解的教学体验

生态上要坚持环境友好合作，应对气候变化，保护好人类赖以生存的地球家园。人类可以利用自然、改造自然，但归根结底是自然的一部分，必须呵护自然，不能凌驾于自然之上。生态文明的建设，关乎人类未来。要解决好工业文明带来的矛盾，以人与自然和谐相处为目标，实现世界的可持续发展和人的全面发展。要坚持走绿色、低碳、循环、可持续发展之路，采取行动应对气候变化的新挑战，不断开拓生产发展、生活富裕、生态良好的文明发展道路，构筑尊崇自然、绿色发展的生态体系。

构建人类命运共同体思想，顺应了历史潮流，回应了时代要求，凝聚了各国共识，为人类社会实现共同发展、持续繁荣、长治久安绘制了蓝图。这一思想已成为中国引领时代潮流和人类文明进步方向的鲜明旗帜，并被多次写入联合国文件，对中国的和平发展、世界的繁荣进步都具有重大和深远的意义①。

党的十八大会议明确提出"美丽中国"，"面对资源约束趋紧、环境污染严重、生态系统退化的严峻形势，必须树立尊重自然、顺应自然、保护自然的生态文明理念，把生态文明建设放在突出地位，融入经济建设、政治建设、文化建设、社会建设各方面和全过程，努力建设美丽中国，实现中华民族永续发展"。《岩画精灵》就是希望借助音乐剧的形式，提高人们的思想道德认识。孩子们多么向往一个拥有美丽生态的中国，让孩子们用可爱的表演来影响全家人，努力唱响"美丽中国"的奋斗目标，努力在全社会实现"每日一善"。从生活中的点点滴滴中做起，使孩子们快乐并积极地在风雨中磨炼成长，同时这种快乐也会将成人带到童年时代。

---

① 王衡,白显良,孙贺,等.毛泽东思想和中国特色社会主义理论体系概论[M].北京:高等教育出版社,2021:306-309.

## （一）活动案例

> **案例卡片**
>
> ### 案例 6-1　导入体验：社会事件主题活动设计与实施案例
>
> 宇宙只有一个地球，人类共享一个地球，各国同处一个世界。人类命运共同体，就是每个民族、每个国家的前途命运都紧紧联系在一起，应该风雨同舟、荣辱与共，努力把我们生于斯、长于斯的这个星球建成一个和睦的大家庭，把世界各国人民对美好生活的向往变成现实。
>
> **体验工作坊：**疗愈教育戏剧——《岩画精灵》共同体剧场
>
> 目的：
>
> 1. 在艺术与美的场域浸润身心，放松地玩耍，激活身心与创意，进行反思、觉察、表达和发展，以岩画为载体来探索个人的内在需求和多重角色。
>
> 2. 创设安全的戏剧空间，进行探索，促进个人成长，发展应对困境、解决问题、跨越挑战的综合能力。
>
> 3. 激发与同伴分工合作，协同共创的意识，经历一个团体建立、融合、分裂、再凝聚的全过程，感知与他人的社交边界。
>
> 时间：15～20分钟
>
> 准备：情境音乐
>
> 流程：
>
> （一）发现问题阶段——戏剧性游戏
>
> 通过营造最自然、最放松的游戏探索问题和发现问题并进行象征性表达、解决内在冲突、释放压抑的情感。
>
> 1. 角色变身
>
> 玩法：带大家去森林里寻找更多的能量，听教师指令，1、2、3变身动物。
>
> 规则：尽可能与众不同（教师观察大家游戏的状态，直到大家的游戏方式可以有所拓展）。
>
> 2. 穿越"神奇之门"
>
> 玩法：哈利·波特的"神奇之门"——自由走，只要在你盯住的两个人中间转360度，你就可以穿越到另一个空间，看谁在音乐播放时长之内，穿越的门最多。
>
> 规则：两人相碰，同时变石头；说话变石头。
>
> （二）观点分享阶段——复盘反思（剧场）
>
> 针对刚才的游戏体验开展分析，对于自己的无意识行为进行审视。请游戏的佼佼者呈现行为地图，以实现榜样带领。
>
> 反思、觉察、表达和思考刚才的活动有什么问题。

（三）自主创造阶段——角色扮演

借助幻想来学习如何控制潜在的具有破坏力的冲动、表达不被接纳的自我，带领大家一起用岩画图像中最原始的动作、步伐舞动。

自主创造，舞动出发

玩法具体如下：

第一，在音乐的带领下，进行远古围圈仪式，做屈蹲手上举、收回的蛙式动作，重复加强，围成新圆。

第二，音乐尾音，小碎步弯腰甩头，结束造型，手向上举，到达宝藏地点。

第三，教师入戏，请参与者缺什么补什么，根据自己的目标拿取。

规则：非物质文化利用，用花山岩画留存的舞动姿势，带领参与者在音乐的伴奏下，按仪式表演的程序进行。

（四）作品产出阶段——高峰体验表达戏剧

为真实生活中的事件进行演练、表达希望和心愿，体验新的角色和情境，发展出自我身份感，确定自己内心的图景，教师提供器乐及展示的平台，参与者即兴表演喜爱的岩画所描述的活动景象。

1. 玩法

(1) 在音乐的伴奏下，观察提供的几幅图片，找到最喜欢的且契合自己想法的图片。

(2) 允许加入更为激动的音乐，在喜欢的图片前坐下来，如果选不到契合自己思想的图片，也可利用教师提供的材料自己创作一幅。

规则：在音乐停止前，走到自己最喜欢的图片前坐下。

2. 分组表演

玩法：同一幅图前的几个人，讨论后进行即兴表演。

规则：教师扮演导演，对开始、结尾提出表演顺序，为参与者自由选择乐器伴奏，即兴指挥前奏的顺序。

围圈体验自我在角色中的觉察，在团队中训练沟通能力，听从内心的感受，创造性地还原岩画表达的情景，实现对历史遗迹的深度挖掘，丰富思维路径。

（五）思维升华阶段

对自己戏剧创造、排练、演出的全过程进行反思和交流，在分享中将自己各方面能力的提升具体化，完成心理健康的梳理与调整，实现参与者心智的成长和改变。

1. 复盘自我打量

(1) 找出穿越门最多且未违规的参与者，请向前一步走。

(2) 自我觉察，感觉有人模仿过自己的动作，请向前一步走。

(3) 传递能量球时，有卡顿的，向后退一步。

(4) 违规变成石头，向后退一步。

渐渐地分出了获胜者，站立在队伍中心。

> 　　大家请观察、讨论：你觉得，各位获胜者，是运气好才获胜？还是他们有什么品质，促使他们今天获胜？
> 　　（5）启发参与者，尽可能分析得有理有据，请这几位同学复盘走的位置，高度总结每种能力，用词语概括并写出。是否希望自己也拥有此种能力呢？

（二）案例相关要点

作为课堂的领导者，教师要提高自身的教学水平与技术素养，促进人类命运共同体的交互空间，让学生看见不同角度的需求，能有效激发他们的学习兴趣，促进形成积极进取的学习品质。迪帕克博士曾说："疗愈发生在去除掉覆盖在心灵之上的遮盖物，允许幸福的光芒在闪耀。"疗愈教育戏剧是用戏剧的手段完成教育的任务。人的实践活动就是对于现存生活的不断超越，人在超越中驰骋于创造的无限空间，正是人的超越性和人的感性现实之间所存在着的张力，当这种超越性一旦进入现实活动之中，便能释放出巨大的能量，推动人和社会的发展。人的生活也才具有了意义，它的意义就在于为可能生活的实现而超越，而创造。[1]

## 二、戏剧主题活动的基本内涵

虞永平教授对主题活动有如下论述："主题活动是指文学、艺术作品中包含的基本思想、中心思想。在幼儿园课程这个研究领域，使用'主题'一词。意指课程的某一单元、某个时段所要讨论的中心话题，通过对这些中心话题中蕴含的问题、现象、事件等的探究，帮助儿童获得新的、整体的、联系的经验。因此，幼儿园课程中的主题，往往不只是中心议题本身，它还包括中心议题蕴含的或与中心议题相关的问题、现象及事件等。""生长戏剧范式的建构，是对西方教育戏剧和创造性戏剧两大范式的一种继承与超越，遵循了学前儿童戏剧经验生长的规律，在真实情境与虚构情境之间的不断转换中，促发'角色—情节—对话'螺旋上升式的生长形态，在生长环境剧场中丰富和完善学前儿童自己的戏剧作品。由此，在生长戏剧范式的引领下，我国学前儿童戏剧教育长期存在的'剧本先行、教师中心和镜框式舞台'将逐渐得以消解，走向'角色先行、儿童中心和生长环境剧场'，从而逐步实现学前儿童戏剧经验的有机建构。"[2] 以下内容是儿童戏剧主题与学前教育理念的融合，成为生长范式下的儿童戏剧主题教育。

（一）基本定义

主题式戏剧教育活动是指围绕某一主题，随着儿童戏剧经验整合与提升的进程，师幼

---

[1] 鲁洁. 超越性的存在——兼析病态适应的教育[J]. 华东师范大学学报（教育科学版），2007（4）：6-11,29.
[2] 张金梅. 生长戏剧：学前儿童戏剧经验的有机建构[J]. 学前教育研究，2019(10):71-84.

共同建构一系列戏剧活动,从戏剧表达开始,到戏剧创作,最终形成完整的戏剧表演的一种儿童戏剧教育组织形式。主题式戏剧教育活动的主题来自三个方面:一是艺术作品(文学、音乐、美术、戏剧等),二是自然现象,三是事件。主题式戏剧教育活动中的系列戏剧活动因主题而联系在一起,并且使儿童的戏剧经验彼此产生联系,从而在戏剧表达、戏剧创作和戏剧表演三者之间建立起相互支持的通道。正是从这个意义上说,根据主题名称无法直接准确推断整个主题的内容,不同的设计者对主题的理解和演绎会有所不同,从中心议题向外拓展的范围和层次也有所不同。所以,幼儿园课程中的儿童戏剧主题不是主题名称本身,而是围绕这个名称开展的全部内容。就如"美丽的祖国"只是一个主题,而围绕祖国身边的美所设计的教学活动、所展开的游戏活动、所组织的区域活动及相关的日常生活活动等构成了整个主题的内容。因此,在幼儿园课程中,学前儿童戏剧主题是一种围绕某个中心,在师幼互动中对蕴含的问题、现象、事件等的探究,让儿童从具体形象的感知中获得体验经验,可在简单的少量道具的协助下形成教育内容,形成了解自然、了解社会、了解自我的组织结构,形成新的与自我连接的、整体的、联系的经验,通过戏剧这个载体创作、表达更好自我的认识、创造、想象的教育过程。

> **知识链接**
>
> 研究创新精神的英国学者哈里特·芬蕾·强生认为,教学的主题是多元化的,她会根据主题设定不同的场景,让自己的教学不断戏剧化,以多种方式与儿童进行互动。美国教育戏剧学者温妮佛列德·瓦德提出"创造性戏剧",美国儿童戏剧协会为创造性戏剧教学下的定义:创造性戏剧是一种即兴的、非展示性的、以程序进行为中心的戏剧形式。其中,参与者在领导者的引导之下,去想象、实践并反映出人们的经验,以人类的激情与能力,表现其生存世界的概念,以使学生了解世界。雅斯贝尔斯指出:"所谓教育,不过是人对人的主体间灵肉交流活动(尤其是老一辈对年轻一代),包括知识内容的传授、生命内涵的领悟、意志行为的规范,并通过文化传递功能,将文化遗产交给年轻一代,使他们自由地生成,并启迪其天性。"由此产生的创造性戏剧同时需要逻辑的与直觉的思考,需要个性化的知识,以产生美感上的愉悦。这种方法风靡全美,许多大学纷纷将创造性戏剧列入大学课程与相关的儿童教育计划。

(二) 基本目标

1. 认知目标

戏剧方面具体表述如"能正确感知、理解戏剧所表现的形象、内容和情感""能认识并辨别常用戏剧手段及戏剧特点"等。

2. 情感与态度目标

具体表述如"喜欢参与戏剧活动,体验在戏剧活动中进行交流、合作的快乐""积极参加戏剧游戏活动,体验并享受游戏过程带来的乐趣"等。

### 3. 操作技能目标

具体表述如"学习按戏剧要求角色—情节—对话的戏剧经验生长机制,呈现出自己的戏剧作品""能用连贯、舒缓的声音、动作、道具表现主题内容"等。

### (三) 基本类型

第一类,主题来自儿童戏剧扮演游戏内容,而课程发展是即兴萌发且零碎的,如儿童自发性戏剧扮演游戏。

第二类,主题仍是来自儿童偶发的游戏经验,但通过教师引导与组织,课程的发展以主题为导向,且循序渐进。

第三类,以过程为主,属于即兴萌发、全面直观的方式。包括瞬间定格、教师入戏、即兴创作、角色写作、心灵小巷。

第四类,以目标导向,属于循序渐进、条理分明的方式。经过暖身、引起动机、说故事、讨论练习等发展阶段,才会进入正式的戏剧呈现阶段。

## 三、戏剧主题活动的主要来源

### (一) 源于文艺作品

艺术是对现实的模仿。欧洲最早的艺术史学家瓦萨里认为,艺术品的完美性就在于其真实地再现了自然,并认为艺术史的铁律就是从不完善向完善进化,这也是西方现代理论中的美学自律和艺术自律的起源。但当人类学家们从世界不同原始部落收集的艺术品在纽约、巴黎、伦敦等大都市的博物馆中得以展示时,西方艺术家才领悟到,与整个世界艺术相比,这种能够逼真再现的艺术,只是其中的一个支流,艺术不完全是再现,也可以是表现,而且艺术也不仅仅是表现美,还可以表现生活中更多更深刻的文化内涵。学前儿童戏剧主题广泛使用优秀的艺术故事和艺术的图片、音乐,对事物进行有主题、有方向的体验、感受,来探索其内容。如通过文艺作品,探索事件背后人物的性格、人与人关系的《巨人的花园》;一个女孩的成长之路是《小红帽》给予的启示;关于《神笔马良》中人性知足与贪婪的探讨。

### (二) 源于自然现象

一方面,自然界在为人类提供物质条件的同时,还为人类提供精神食粮,人类对于美的认知和创作的灵感都离不开自然。另一方面,自然依赖于人,自然向人生成。自然是独立于人的意识之外的客观存在,就此而言,自然是客观的,但同时自然又是人类活动的对象,从这点来说自然的开发和利用又依赖于人。[①] 习近平总书记在海南考察工作结束时

---

① 张丽媛,李桂花.马克思恩格斯"两个和解"的生态思想与习近平的生态文明观[J].信阳师范学院学报(哲学社会科学版),2016(3):15-20.

指出:"纵观世界发展史,保护生态环境就是保护生产力,改善生态环境就是发展生产力。良好生态环境是最公平的公共产品,是最普惠的民生福祉。对人的生存来说,金山银山固然重要,但绿水青山是人民幸福生活的重要内容,是金钱不能代替的。你挣到了钱,但空气、饮用水都不合格,哪有什么幸福可言。"自然现象是儿童感受自然、了解自己与宇宙关系的重要媒介,在开始体验和觉察到感同身受的现象时,对自然有一定的了解,他们才能感受到自然的节律,才能安心、安全地去面对大自然,在其中享受好奇心带来的有趣的感觉。

在儿童对自然的探索中,天然的好奇心是想象力发展的源泉,它在儿童的童年根植于心。儿童具有爱自然及年龄特点中的泛灵论特质,对一切的事物都以具有生命力的感受来认识,它是开启与自然连接的使者,儿童的言语是净化社会的良药。儿童会关注我们如何小心地拿放物体,对物体表现出感情,尤其是面对有生命的物体。如《岩画精灵》讲述的是优优小朋友成长中与自然共舞的故事,从一个胆小怕事的孩童到能主动帮助自然界精灵,如果这样的故事仅从书本和老师言语中传递出来,效果可能不尽如人意。然而经过戏剧舞台的展示,特别是人物角色的扮演,切身感受会让参与者产生保护自然的兴趣和理念。

(三) 源于社会现象

社会学的审视关键之处是社会平等。社会学所看到的既不是特定的有名有姓具体个人,也不是整个人类意义上的人,而是具有相同的社会或文化特征的各种人群,如社会的结构、社会的分层、社会流动、社会建构、社会变迁等[1]。社会现象在教育中的作用是帮助人们准备进入社会,对于必然要接触到的事情,通过学习以转化,并与自己的认识相碰撞,更自然地让自身认识社会、适应社会、创造社会。戏剧能够让儿童在主题活动中理解这个社会的规则,消除对不理解事物的恐惧与不安,培养健康、科学的思辨思维。

幼儿园时期是幼儿良好性格养成的最佳时期。儿童在生活中可能会碰到各种事情,会有思考、疑惑、一定的震撼,如果不能很好地处理这些问题,也许这会成为人生不断需要修复的卡点。通过戏剧教育能够让儿童置身当下,用不同的视角去试错、去思考,理解事件的来龙去脉,更容易与生活和解,这是培养完善的、具有社会性健康人格的途径。如在幼儿园大家都喜欢一个玩具,呈现出以自我为中心的思维特点,小朋友常常因为抢夺这个玩具而发生争端,经常处于劣势而得不到的小朋友,情绪低落,容易变得被动、胆小;得到的小朋友,也许是强势抢来玩具,获得了不是很恰当的成功经验,变得霸道、不好相处,这样都不利于良好性格的养成。通过不同角色的扮演,儿童在教师的引导下,体验、讨论并解决这个问题,小朋友可以更多层面地体会、理解他人的情感部分,思考、尝试自己还可以怎么做,润物细无声中成为有情商、有智商以及内在和谐全面发展的健康儿童。

---

[1] 程天君."接班人"的诞生——学校中的政治仪式考察[M].南京:南京师范大学出版社,2008:69.

### （四）源于精神追求

明代李贽认为："夫童心者，真心也。……纯假纯真，最初一念之本心也。若失却童心，便失却真心，失却真心，便失却真人。人而非真，全不复有初矣！"他指出，一个真正完善了的人，是怀有一颗真纯童心的人，失却童心的人不可能使生命臻于完善。儿童是"探索者"和"思想家"，儿童有他自己的思想，有他自己的世界。他的思想和世界不是成人灌输给他的，而是他自己构建的。①"儿童的'未成熟'里蕴藏着巨大的生长潜能和力量。人总是在未发展的某处发展，在未成熟的基础上逐渐走向成熟。'未成熟'前面的'未'字不仅仅意指一无所有或匮乏，而且蕴含着积极的意义。儿童的'未成熟'状态就是生长的可能性，就是一种积极的势力或潜力——向前生长的力量。"②只要有健康的自然生态和文化生态，只要有适当的物质食粮和精神食粮，只要有成人世界的关爱、支持和帮助，任何遗传学上正常的儿童都会按照共同的生物学指令实现类似长胳膊长腿这样的生长发育，都会逐步展开童年的精神世界，都会主动地探索、游戏、梦想、涂鸦、歌唱、表达。所有这一切构成了儿童的生活、儿童的世界、儿童生命的现实形态。儿童通过这些方式就能够挖掘和表达自己的种族天赋。这些天赋是人的先验本质，如果忽视或贬抑这些天赋，人将无法正常地适应世界，更不要说积极地根据自然世界的本性而改造自然世界了。一个人是如此，一个民族、一个国家也是如此。③儿童自身"内在自然"展开的条件却是文化和社会。也就是说，儿童成长的内部依据是"自然"，儿童成长的外部条件是社会和文化。④

我们要发掘并培养这种天性，为此，我们要向他们示范美好的精神文化，让这种美好激发他们内心的种子生根发芽。我们需要更多的允许，允许他们自由探索，在允许的背后，成就的是儿童想象力的发展、肆意大胆的追梦和行动力的培养，以及敢于尝试的、无惧无畏的小试牛刀之举，也许不久的将来，伟大的想法就从这里升起。如我们要以友善、开放而富有想象力的方式回答他们的问题。我们对植物说话，伸出双臂拥抱大树，让他们看到我们对自然的敬畏；我们教他们对一切，包括天气，而不仅仅是那些适合他们的天气心怀感激，教他们热爱生活中的一切事物。

## 四、戏剧主题活动的核心价值

每一个人的成长，都是在不同的主题中经历、学习。主题内容是文艺作品中或者社会活动等所要表现的中心思想，泛指主要内容。在描绘性艺术中，主题涉及个人或事物的再现，也涉及艺术家的经验，这经验是艺术创作灵感的来源。在儿童早期，如果仅是认为学习一项技能，就能让儿童走向更为理想的发展状态，其结果必然是少数儿童能够偶然地成功，实际上大多数儿童无法摆脱的是不和谐的环境，为学习成功率低、在懵懂中不能找到

---

① 刘晓东. 儿童精神哲学[M]. 南京：南京师范大学出版社，1999：124.
② 杜威. 民主主义与教育[M]. 北京：人民教育出版社，2001：96.
③ 刘晓东. 论儿童本位[J]. 教育研究与实验，2010(5)：25-28.
④ 蒋雅俊，刘晓东. 儿童观简论[J]. 学前教育研究，2014(11)：3-8.

方向而苦恼,会延误学习的最佳时期。戏剧主题教育这样的方式,能让儿童在活动中更具体、更具有针对性地集体完善一项主题的活动的探究,以达到理解事物的来龙去脉,发现自己的贡献价值。

(一) 整合儿童的生活经验

法国存在主义哲学家萨特将情境看作戏剧的本质所在:"情境是一种召唤,它包围着我们,它向我们提出一种解决方式,由我们去决定。"① 人成熟到一定程度,对世界、对宇宙有不同的认知,时代的发展需要调动每一个生命个体的生长力茁壮成长。游戏化体验后,每个参与者的经验分享都是团体内个体接近最近发展区的智慧钥匙,获得他人不同视角的经验,就是整合儿童经验、实现个体不断成长的自主性发展的最佳手段。

从哲学、社会学、人类学及脑科学的研究中得出的结论,让我们认识到儿童自主性成长的必要性。戏剧主题教育更适宜儿童的模仿学习,思考、尝试生活中遇到的各种问题,间接给予指导,抚慰儿童心灵,支持儿童所需、所想、所愿的教育,是解放儿童的教育教学方式。丰富儿童的各种经验,在体验中寓教于乐,参与者有意注意和无意注意的灵活应用,团体分享,用润物细无声的教育方式,培养儿童健康的行为习惯。戏剧主题教育的戏剧扮演,其目的不是戏剧作品的创造,而是通过戏剧教育培养儿童以多元视角了解这个社会,重过程、轻结果,着重抓住戏剧"思考人生"的本质。在戏剧扮演中尝试各种解决办法,通过戏剧这种最能直接面对生活经验的艺术,让儿童学会思考、学会生活,培养儿童的思维能力和创造性表达的能力。借助各种不同类型的主题戏剧教育,促使儿童在"演戏"中思考人与人、人与社会、人与自然的各种关系和问题,符合人类认识他人、认识自己、认识环境的需求。

(二) 培养儿童综合素质

在儿童综合素质个人成长环节中运用人类学表演,是用情景教育甚至感化的方式与参与者交流,在不同的时间、地点等规定情境中,主动扮演适合自己的角色,以达到自我成长的目的。作为促进学生发展的手段,以戏剧的元素、形式融入教育,鼓励参与者扮演角色,从中思考问题,感受情感、达成深度体验,实现词汇学习、肢体训练、感觉训练、语言训练、情景创作等,改变传统的灌输式教育方式,通过戏剧唤醒参与者的潜意识,采用启发式、交互式、游戏式的教学理念,培养创造力和表现力,感同身受激发了同情心、爱心、同理心等。②

儿童具有幻想的特点,而童话具有幻想的特质,童话世界正契合了儿童内心世界。戏剧主题教育把儿童带入童话故事中,儿童会不自觉地把故事看作真实,同时有身临其境之感,把自己融入故事情节中,在童话世界的氛围内,领悟人物情感,儿童的好奇心、好胜心、爱美之心被充分调动起来,可以借助某个神奇的物品,做到上天入地、无所不能。当充分

---

① 施旭升. 戏剧艺术原理[M]. 北京:中国传媒大学出版社,2006:156.
② 叶香. 教育戏剧在学前教育教学中的优势[J]. 宁夏教育,2016(4):42.

投入在角色的身份里时,会变得与现实生活中呈现的样子不同,让自己具有与角色同样的能力,尝试积极的高峰体验。借助儿童的视角,融合游戏、语言、数学、音乐、动作、绘画等,在戏剧教育的辅助下,让儿童在交流、操作、练习中成长,体会面对生活所需的各种品质,丰富儿童教育手段的多样性,让儿童在玩中学、学中玩,提高自身的综合素质。

### (三)提升儿童审美能力

积极引导儿童去亲自体验、感受现实世界和艺术作品,使儿童发现客观世界中对称、节奏、粗细、疏密、重叠、统一等美的样式,形成对这些样式敏锐的感受能力。幼儿对事物的感受和理解不同于成人,他们表达自己认识和情感的方式也有别于成人。幼儿独特的笔触、动作和语言往往蕴含着丰富的想象和情感,成人应对幼儿的艺术表现给予充分的理解和尊重,不能用自己的审美标准去评判幼儿,更不能为追求结果的"完美"而对幼儿进行千篇一律的训练,以免扼杀其萌芽的想象与创造。《幼儿园教育指导纲要(试行)》中明确指出,每个幼儿心里都有一颗美的种子,幼儿艺术领域学习的关键在于教师充分创造条件和机会,使幼儿在大自然和社会文化生活中萌发对美的感受和体验,丰富其想象力和创造力,引导幼儿学会用心灵去感受和发现美,用自己的方式去表现和创造美。

审美教育的重要体现在于教师的个人修养能力,儿童审美能力的提高是在环境的熏陶下逐渐形成的,如教师扮演角色就是表现力的结晶,没有表现力的角色必定黯然失色,教师的表现力、表现欲与儿童在这方面的兴趣乃至作为有很大关系。教师无此作为,儿童就可能循规蹈矩,少有生气;教师有此作为,儿童就可能朝气蓬勃。戏剧主题教育不仅给儿童舞台,也给教师一个激发自己表现欲、发挥自己表现力的舞台。一群真正掌握了表演要领的师生,就会由里到外、由形及神,洒脱恣意地书写自己的人生。

## 第二节 戏剧主题活动设计与实施

### 一、戏剧主题活动流程设计

#### (一)暖身活动

沿着动机的发展尽可能大幅度地让教学对象活动起来,调整好专注、有回应的活动现场,制造铺垫,接下来也许需要思考或者是行动对身体意识的唤醒。

#### (二)解说规范

这是学前戏剧教师很重要的技能之一。在戏剧教育中,订立游戏规则,多是在故事的语境下进行规则的讲述,尤其是面对儿童时,故事情景下的讲述有助于儿童理解规则。教师需要把握好节奏,不慌不忙、恰到好处地通过语言的抑扬顿挫、动作的惟妙惟肖、微表情进行表达,不时地按介绍故事的场景表演或是做出定格动作,制造出特定景,赋予周围一切可能为之服务的设施以新的功能。

### （三）讨论计划

引起动机的办法各种各样，但是前提条件是要在符合儿童最近发展区的行为动作或是任何事中，开始进入主题部分的讨论计划，分组或共同讨论角色扮演的各个细节，开展每一场的程序计划。

如顺序、人物、地点、进出口、道具使用、时长要求等。

### （四）角色扮演

扮演人物尽可能从思想意识到肢体模样，都能够表达这个角色的样子。扮演的角色最好采用认领的方式，鼓励参与者积极主动，自己选择角色，也可用游戏的方式抓阄，需要表演什么角色，就表演什么角色，逐步提高角色扮演的能力。同时注意随着教学对象对戏剧的熟悉度来逐渐提升角色扮演的难度系数。

### （五）反思分享

共同研讨活动开展的细节，以询问、回答或评比方式，以此作为复演时改进调整的依据。

### （六）改进复演

第一场团体结束，征询各方的观众、演员的满意度，反馈意见的环节可进行一次或两次，根据意见将各场的戏剧表演调整完善，再做完整的演练，教师视满意程度或课程时间进行再次演出。

### （七）总结评价

教师以自己或角色身份以询问、回答与评论戏剧教育的方式参与全过程。

## 二、戏剧主题活动练习设计

### （一）语言表达练习

语言练习主要指是通过对发音、语调以及流畅度的练习，进而提高口语能力和表达的流畅度。练习的方式多种多样，可以是单纯练习口语，或者是听力、口语一起练习，主要还是通过创造一个良好的练习环境以及提高练习频率来提高语言表达能力。

### （二）肢体动作练习

运用肢体进行表达是儿童最喜欢的，其中包含"韵律活动""模仿活动""感官知觉"。它的终极目标是希望通过"音韵"刺激想象，也可借助"乐器"的韵律、"音乐"的旋律而引发儿童的想象与创作，打开身体让儿童敢于解放自己的肢体，充分调动身体的各种可能性，让儿童敢于用身体表达想法,勇于大胆地展示。

（三）道具运用练习

舞台道具是舞台技术体系当中的一个关键要点,这是因为舞台道具可以给表演营造真实生动的情景,假如缺少道具作为辅助支持,那么实际舞台表演就无法更好地展现艺术的魅力,也难以加深观众对戏剧作品主旨内涵的理解。因此,舞美道具的设计质量和应用技巧是戏剧表演成败的关键影响因素。在时代进步和社会发展的背景下,大众对戏剧欣赏的关注度不断提升,同时审美和鉴赏能力也大幅提高,这就进一步提高了对舞美道具的要求,需要进一步革新和完善道具形式,在戏剧艺术呈现当中加入生命活力。①

（四）哑剧动作练习

哑剧历史悠久、源远流长。"哑剧"一词源出于希腊语,意思是"模仿者"。哑剧游戏是以动作和表情表达剧情的戏剧。哑剧不用台词而凭借形体动作和表情表达剧情的形式。形体动作是哑剧的基本手段,它的准确性和节奏性不仅具有模仿性,还应具有内心的表现力和诗的意蕴。公元前3世纪,罗马已有哑剧演出。在英国和法国,古代丑角的无声表演多在大型戏剧演出之前进行。

（五）扮演综合练习

扮演综合练习指声、台、行、表,综合能力全面调动,在一定的场域成为另一个个体,其间尽可能从思想意识到身体表现都能够成为这个角色,以角色的身份发展,创造符合扮演者特性的行为、语言、表情、情感的表达方式。一般教师在引领时,会根据心理、生理的适应需要,去除不必要的压力,为愉快的互动式活动做准备。教师可以先领导全体参与者做准备性活动,如围圈传递想象的某个物件,或是用声音表达某种情绪等。

### 三、戏剧主题活动组织指导

（一）导入方法

课堂导入环节是整节课的起始,也是铺垫,有着重要的作用和价值。导入的方法有物件、讲故事、唱歌、舞蹈、游戏等。

（二）讨论方法

课堂上探讨任务的需要,可以有两人讨论、三人讨论、分组讨论、集体讨论各种形式,每种讨论的时间与效果、针对性不一样,需要根据主题具体进展特点,选择讨论的方法。

---

① 和建元.戏剧艺术中舞台道具的应用[J].戏剧之家,2019(15):6-7.

### (三) 协调方法

课堂上协调的方法多种多样，以主题戏剧来说，主要是角色选择、人员的分工、参与者之间的争论。在戏剧主题活动开始后，会有各种事情需要协调，掌握一个规则，即先认真听参与者的诉求，其次分出轻重缓急的事情，先办紧急的，再调节复杂的，尽量用最有效、最简便的协调方式。

### (四) 反思方法

课堂中的反思方法对团队和个人的成长特别重要。一般先复盘反思内容的流程，人比较少就可以每个人发言谈论自己的感悟；人比较多可以请大家小组讨论后，代表陈述集体的讨论结果。为使反思达到更好的效果，可以对反思内容进行指定，如请说一条优点，再说一条建议。

### (五) 分享方法

课堂中可以请每个人分享具体的内容，也可以集体一起来分享，可以根据需要采用恰当的表达方式。

### (六) 评价方法

在教师的引领下，首先营造接纳、开放、尊重、互助的课堂氛围，一般先邀请愿意分享的人来表达，团队成员会欣赏、接纳他人的各种可能，也会比较具有同理心，对每个人给予情感上的回应。

## 四、戏剧主题活动的反思与改进

### (一) 反思措施

戏剧教育追求的是对儿童进行全人的教育，体验学习是学科教育实践的重要组成部分，尤其在通识课程和专业课程中，能够帮助儿童养成完整人格。课程会涵盖伦理道德、文化价值、审美、社会责任、环保、人际交往、情绪控制、意志力等方面，截至目前积累还不够，需要更多的人不断探索、开发，提供对参与者各年龄段成长系统的有效案例支持，为个人成长感性与理性的交融部分提供更精准、透彻的深化课程，最终使儿童走出单纯的认知技能学习方式，在做中学，知行合一，以实现"生活融入教育""教育融入生活"[①]。

一种方法：儿童戏剧教育定位于创造性、活泼性的教与学的方法，在教师的引导下，体验及运用戏剧元素，激发幼儿将内在的想象与生活经验结合，借助角色扮演与语言训练，让幼儿勇于展现自我并乐于与人合作，提升解决问题的能力，培养积极向上的生活态度，协助幼儿建立良好的人际关系。

---

① 叶香.从岩画中寻找我们的文化基因[J].幼儿100(教师版),2018(27):25-27.

一种手段：戏剧教育作为促进幼儿发展的手段，旨在通过它促进幼儿认知、情感、社会适应性等方面的健康发展，引导幼儿在艺术表现形式下学会思考、学会生活。

一门课程：戏剧教育是教育性与艺术性并重的课程，让幼儿在文化熏陶和富有创意的教学氛围中，活泼快乐地学习。旨在通过融合音乐、文学、表演、美术于一体的表演艺术，来启发幼师的小老师理解幼儿和培养幼儿的理性、感性、合群性、想象力和创造力。

一种体验：在参与整个戏剧活动的过程中，我们看重幼儿的舞台经历和获得的创作成就感，不刻意要求他们的思维是否周密、情节是否流畅、表演是否成熟，而是以模仿、想象、扮演、对话等戏剧方法激发幼儿学习语言，协调他们的动作，规范其社会行为。

一种生活：在早期的生命里，幼儿需要的不仅是事物、知识的刺激，更需要的是人与人的双向交流互动。戏如人生，其实，就是让幼儿提前在这个过程中体验和认知到他将来要扮演的社会角色。每个幼儿都是天生的表演者，戏剧对幼儿来说起到的最大作用是，他需要学会观察生活，然后把生活的点滴融入剧情中。

(二) 改进措施

第一，内容符合体验式教学结构：精要、好懂、管用。

第二，复盘戏剧教学活动："分析例子—呈现概念—进行练习"或者是"呈现概念—讲解例子—对示范部分进行练习"，不断提高表现力。

第三，教师人格构建完善：教育意味着一棵树摇动另一棵树，一朵云推动另一朵云，一个灵魂唤醒另一个灵魂。教师一是要拥有责任心；二是要有纪律性，热爱戏剧教育；三是具有团队协作精神。

## 第三节　戏剧主题活动设计与实施典型案例

### 一、绘本故事主题活动设计与实施案例

(一) 活动案例

**案例卡片**

**岩画精灵——探索自我**

(一) 教学意图

引导参与者观察绘本中人物的样子，用感官观察、模仿体验的方法了解绘本中的人物特质，也是让大学生扮演剧中精灵的样子，进入儿童视角参与式体验，运用戏剧主题教育的教学方法范式。

**（二）教学目标**

1. 通过体验、观察、想象、讨论，了解人物特质的性格、态度。
2. 尝试肢体表达绘本中的故事人物，学会用3~4个动作表达特质。
3. 激发参与者对常见物质的外在特征产生观察、探究的兴趣。

**（三）教学准备**

1. 材料准备：绘本、简单的人物头饰、各色纱巾。
2. 活动场地：教室。
3. 分组：参与者5人一个小组。

**（四）教学过程**

1. 暖身

（1）节奏步行：自由行走，让肢体与内心的感觉相连接，并表达出来。

（2）角色扮演：教师逐一要求大家模仿剧中各角色，进行探索体验。

（3）定格讨论：扮演绘本中自选人物角色，自由行走、用不同速度和情绪加强表达效果，定格并由教师挑选表现最生动的三组，其他人作为观察者，描述定格人物的特质。

2. 戏剧技术

（1）线索材料：利用教师入戏的方式，推进课堂深入对角色的理解和创造。

（2）角色扮演：分小组扮演蓝马鸡、石羊、鱼、鹿，扮演自己选择的形象，以角色的身份，说一句话、做一个动作和演一个片段（按年龄和戏剧经验实现难度递增）。

3. 坐针毡

（1）教师入戏：以"优优"身份坐针毡，表现得很胆小，让大家猜测他是什么样的人。教师一直表演，直到参与者开始提问，开始以儿童的口吻猜测，如：你是谁？为什么到这里呢？你为什么背着书包，不上学呢？长大了想做什么？

（2）小组做针毡：每个人扮演自己选择的人物，在小组里回答大家的问题。

（3）定格讨论：扮演绘本中自选人物角色，自由行走、用不同速度和情绪加强表达效果，定格并由教师挑选表现最生动的三组，其他人作为观察者，描述定格人物的特质。

4. 创新结局

把"岩画精灵"们的愿望绘制出来，并用肢体表达出来，小组成员欣赏并逐一表述所看到的内容。

**（五）结束部分**

分组完整呈现：

1. 线索材料：教师入戏表演不喜欢学习、畏惧与人交往的"优优"，一段独白表达。
2. 内心独白："岩画精灵"们，每人听优优的独白后进行反馈。
3. 小组全部人员为结尾想一个主题名称，共舞展示。

图 6-1 戏剧舞台图片

(二) 案例分析

《幼儿园教师专业标准》的基本理念是师德为先、幼儿为本、能力为重和终身学习。戏剧教育的学习目标、学习过程及剧教育功能特性与此相符,创设情景,未来教师能够具身其中,内化职业教育中的硬性规范,弥合了理论与实践的鸿沟,对培养应用型高质量幼儿园教师的各项能力具有天然的优势。

以绘本为主题的原创戏剧教育《岩画精灵》的教育活动设计理念,突出了个人成长部分的体验与感悟,让教育者更深刻地唤醒师德为先、关爱幼儿的意识,尊重幼儿人格,富有爱心、责任心、耐心和细心;强调为人师表、教书育人、自尊自律,做幼儿健康成长的启蒙者和引路人。体验中以幼儿为本,具身其中,了解如何尊重幼儿本身,了解怎么做才能充分调动和发挥幼儿的主动性;在角色扮演中去回顾并完善自身的专业认知,遵循幼儿身心发展特点和保教活动规律,思考适合的教育策略,提升保障幼儿快乐健康成长的能力。

戏剧主题教育的活动流程看似简单,实则是职业教育中先进的项目式教学方式的运用,是符合成长规律的专业指导,也因学前戏剧教育的特殊性,唤醒大学生了解幼儿的需要。面对不同参与者的教学流程设计,戏剧教育主题可以是同一个教案,但不同年龄段解决问题的目标是不相同的。由此在培养教师的活动中借助不同形式的个人感悟、集体创作,促进未来教师对幼儿发展的认识,转而支持教师的专业发展。而主题戏剧的榜样示范作用,以及感悟与研修相结合、个体潜能开发与群体智慧共享相结合的发展过程,能抛砖引玉,教师要研究幼儿并遵循幼儿成长规律,坚持实践、反思、再实践、再反思的学习过程,促进未来教师专业能力的生成和综合素质的提高。自觉讨论学习先进的学前教育理论,了解国内外学前教育改革与发展的经验和做法;优化知识结构,提高文化素养,最终使教师具有终身学习与持续发展的意识和能力,进而生成自己的戏剧教育主题。

## 二、自然叙事主题活动设计与实施案例

(一)活动案例

**案例卡片**

### 岩画精灵——鱼精灵珍爱生命

**(一)教学意图**

艾利斯是森林里的善良女王,通过她与精灵的交往,儿童得以在童话的世界里体验、探讨。珍爱生命教育需要增强自我意识,学会理解和体谅,在不同的环境中照顾自己与别人,不强迫加入,要被允许关注自己的感受,需要感到安全,这种安全包括身体、情绪、情感,知道将发生什么。让参与者了解,颜色本身没有特定的意义,而是对创作者本身的意义。鱼精灵对颜色情绪的感受让参与者理解不同人对安全的不同理解,尝试从对方的角度,了解对方认为的安全是什么。

**(二)教学目标**

1. 通过音乐的想象、讨论,了解鱼精灵的生活及需要。
2. 尝试肢体表达歌曲中鱼精灵的人物形象,学会用3~4个动作表达特质。
3. 激发参与者对音乐的表达,产生创造、探究的兴趣。

**(三)教学准备**

1. 材料准备:音乐、简单的人物头饰、各色纱巾。
2. 活动场地:教室。
3. 分组:参与者2人一个小组。

**(四)教学流程**

1. 暖身活动

(1)介绍名字

请大家包个雪球,做一个有自己名字的能量球。教师动作夸张地制作,大家一起模仿做动作,接着边呼唤自己的名字,边把能量球传给下一个人,由接球人开始带领继续。

(2)用大家不需要懂的声音表达这个能量球发出的声音,之后描述能量球的样子。

教师带头示范介绍自己的能量球:我的能量球叫艾利斯,它是透明的,有着淡淡的粉色,有时它很重,有时它很轻,它就在我的身边飘浮陪伴着我,下面我把它送给……参与者逐一做相同的程序。

(3) 教师入戏

教师入戏精灵:收到转了一圈的小球,这个能量球在经过了大家爱的传递后,越来越敏锐了。在我情绪不好时,它就很重;当我情绪很好时,它就很轻。从脚到头顶上面,它的能量有十级;现在我的情绪不急不躁,它刚好在中间这个位置。你们的能量球,现在在哪个位置呢?请大家用手势表达一下目前自己的情绪吧!

2. 用纸绘画自己的情绪

传来消息,鱼精灵的家已没有水,但是鱼精灵们直到海枯石烂也不肯离去,化为岩画留在了贺兰山上,优优要去营救鱼精灵,特来此地希望大家帮助鱼精灵。传说在岩画精灵的世界,善良的女王会因为情绪变化而让天气发生变化,所以请大家探索一下自己的情绪,看看能不能找到一个管理情绪的办法,去帮助善良的女王,调节好自己的情绪,这样大海的水才能不流走。

玩法:绘画一个圆在上面添画。

规则:关注情绪感受对颜色喜好,用心感受并表达出来。

3. 两人一组

相互用肢体表达对方作品的意向,感受到怎样就怎样表现,没有对错,只要用心感受就好了,之后两人讨论找出彼此相同的部分或不同的部分,探讨一下你用什么色表达的自己什么情绪(人数少就可分为3~4人组,分别讨论进行)。

4. 讨论

集体围圈分享:这个颜色对你意味着什么?当你画完,对这些颜色,你有什么感受?我们如何对别人、如何对我们的玩具、如何对我们的家园以及我们的家人表达我们的情绪呢?我们应该如何尊重儿童的构想,如何帮助他们调节自己的情绪表达呢?

(五) 小结

教育,是一项细微且深远的工程,儿童教育更需尊重生命、尊重儿童生命的发展计划。去"看见"、去"听见"儿童的成长,是一个教育工作者的基本原则。情绪需要认识并管理它,可以制作情绪小卡牌,达成共识,让孩子们不定时地觉察自己的情绪,把它记在情绪表中,先学会觉察,分析情绪因为什么而发生了变化,再学习如何积极调节情绪的方式,比如用绘画、唱歌或者还有什么方式,可以让你的情绪好起来。

> **知识链接**
>
> 自然叙事就是自然会话中的自发性叙事。生长戏剧范式的建构,是对西方教育戏剧和创造性戏剧两大范式的继承与超越,遵循了学前儿童戏剧经验生长的规律,在真实情境与虚构情境之间的不断转换中,促发"角色—情节—对话"螺旋上升式的生长形态。利用这样的自然描述,在生长环境剧场中丰富和完善学前儿童自己的戏剧作品。由此,在生长戏剧范式的引领下,使我国学前儿童戏剧教育长期存在的"剧本先行、教师中心和镜框式舞台"逐渐消解,走向"角色先行、儿童中心和生长环境剧场",从而逐步实现学前儿童戏剧经验的有机建构。对于学前儿童来说,在一个虚构的情境中的扮演行为,可以是自娱自乐戏剧性游戏的状态;也可以是娱乐他人的"演给别人看"的状态,即处于从戏剧性游戏向戏剧表演发展转化的轨道中。正如盖文·伯顿(Gavin Bolton)的分析,表演与戏剧性相比,所发生的变化在于"与演绎、人物塑造、重复性、传意、跟观众感同身受都有关",即最后为观众所享用。[①]

### (二)案例分析

从教育哲学的层面来看,教育最根本的方法是教育者自身的完善,完善中最重要的是人格的成长,而人格中情绪管理的智慧最重要。俗话说,好性格决定人的一生发展。可什么是好性格呢?那是由各种情绪累积的能量,情绪没有好坏之分,但情绪就像火山,管理得好就是最好的能源,能支持我们健康发展,管理不好总是会火山爆发,具有破坏性。我们要从小教授幼儿识别情绪、疏导情绪并管理情绪。同时我们的学前教育者,自己的日常工作压力、生活压力也很大,也需要不断学习、练习提高管理情绪的能力和方法。

皮亚杰将幼儿以自我为中心思考问题的方式称为幼儿的自我中心主义,即幼儿不能站在他人的角度看待问题,而是认为他人与自己对待外界的看法是一致的,没有形成共情的概念。正是因为幼儿的自我中心主义,导致幼儿的眼中没有他人,有时甚至不会在乎他人的感受,对于他人的言语和行为漠不关心,对事情的后果也缺乏判断能力。但对于造成皮亚杰研究中自我中心言语系数较高的原因,皮亚杰认为与幼儿的活动和幼儿对他所处的环境的反应有关。幼儿虽然还不能很好地做到对他人感同身受,但是,在一些敏感幼儿的眼中,如果面对的是教师的不认同,那么幼儿将会给自己贴上"坏孩子"的标签。[②] 教师一定要学会反思、乐于反思,在教学过程中设置彼此交流的环节,期待大家共同讨论的结果的生成,而不是拿出早已预设好的教学结果进行说教。把握住每一句话、每一个眼神、每一个动作会对幼儿的情绪产生什么样的影响。在长期的职业生涯中,教师逐渐掌握了一定的专业知识,应该将这些知识转化为实践行为,这也是专业发展的重要前提。

---

[①] DAVID D. 盖文伯顿教育戏剧精选文集[M]. 黄婉萍,舒志义,译. 台北:心理出版社,2014:231.
[②] 宋艳婷. 教师评价对幼儿情绪影响的研究[D]. 沈阳大学,2019.

## 三、情感故事主题活动设计与实施案例

（一）活动案例

> **案例卡片**
>
> ### 岩画精灵——营救女王
>
> **（一）教学意图**
>
> 艾利斯是森林里的善良女王，恶毒的魔王想统治森林，把善良的艾利斯女王囚禁了起来，准备通过成婚拿到艾利斯女王的能量并统治整个森林。女王情急之下召集勇敢的勇士合力来救她，不能让恶毒的魔王得逞，她要保护森林的美好与宁静。通过这个故事探讨善良的女王是什么样的，恶毒的魔王是什么样的，勇士们需要什么能力。主讲教师入戏扮演艾利斯，讨论与分享游戏活动，渐进式引导参与者发现问题、思考问题、解决问题，让学前教育者体验过程中各种情感的表达，思考自己如何可以帮助别人，获得被需要的满足感。
>
> **（二）教学目标**
>
> 1. 通过观察、想象、讨论，了解人物特质的性格、态度。
> 2. 尝试肢体表达恶毒的魔王的体态，善良的艾利斯女王做了什么，学会用3~4个动作表达特质。
> 3. 激发参与者对各种情感表达背后的心理需求，激起觉察情绪的兴趣。
>
> **（三）教学准备**
>
> 1. 材料准备：简单的人物头饰、各色纱巾、简单的替代道具。
> 2. 活动场地：教室。
>
> **（四）教学过程**
>
> 1. 暖身活动围圈
>
> 游戏名称：停/动＋思路追踪。
>
> 目的：通过对身体的协调、专注力进行训练，唤醒对身体的控制。
>
> 时间：10~15分钟。
>
> 游戏玩法：
>
> （1）停/动：主讲教师摇动铃鼓，同学们跟随铃鼓的节奏在活动场地内自由行走，当铃鼓的声音停止时，教师发出指令，请做出一个勇士的动作。按照铃鼓的节奏变化行走，遵守规则，提升同学们对自身肢体的控制能力。
>
> （2）思路追踪：主讲教师拍到谁的肩膀，谁就把自己瞬间脑海里的图景描述出来。体验思路追踪，提问题，参与者在回答问题的过程中，要求语言自然表达，不评价、不纠正，接纳所有，为后续课程进行铺垫。

2. 教师入戏

主讲教师入戏扮演艾利斯,通过情境表演告诉参与者自己被困在森林,而魔王就在前面洞穴宫殿中。他的枕头下面有锁住女王的链条的钥匙。魔王有一个致命的弱点,就是耳朵上的长长触须,只要将胡须打结他就会一直沉睡。但是,魔王也很敏感,你们必须非常专注,用意识圈把他锁在美丽气泡里,才能接近宫殿,趁机将他的胡须打结以使他沉睡。这个过程非常危险,因为他力大无穷,而且眼睛看到你,你就会变成石头。

3. 地点游戏

目的:让学生明白如何靠角色及角色所做的事来展现一个地点。

时间:10～15分钟。

准备:写有地点的字卡。

流程:

(1) 将全班分成两组,教师给每组发一张字卡,并请他们设计会出现在这个地点里的人物角色。

(2) 当一组表演时,另一组当观众。第一组的一位同学上场,由肢体与隐形物的接触来表示他身在"何方";然后同学逐一进入这个"地点",扮演角色。

(3) 反思评价全组讨论,教师离开角色,与同学们讨论可以怎么帮艾利斯。教师让同学们自己作答,但同时可引导他们思考如何表示齐心协力的意识圈,打结怎么操作。

(4) 大家用动作四重奏潜入森林,创作一段独特的四人同心协力合作的行进造型。

4. 拼合游戏制作独特的营救交通工具

目的:训练空间想象的能力,参与者构思,集体用身体搭建一辆交通工具。

时间:10～15分钟。

准备:安全的场地。

流程:

(1) 分成若干组,鼓励团队讨论构思用身体拼砌哪种独特的交通工具。

(2) 分组展示,欣赏各组展示的工具的功能及造型。

(3) 反思评价,全组讨论,如何让作品发挥更大的功能,造型是不是能更美观、大方。

(4) 设置舞台边界,再次展示欣赏,制造赛场氛围,面对魔王必须设计一辆无与伦比的交通工具,才能通过重重挑战,到达魔王的宫殿。各组展示结束,教师要求大家热烈鼓掌,给予参与者鼓励,演员诚意感谢,致礼。

5. 营救女王

目的:培养具有全局视野的逻辑思维能力,训练学前教育学习者不断根据环境需要迭代设计游戏的能力,体验游戏不同角色的感受,能够更全面地考虑到参与者的需求与成功体验。

时间:10~15分钟。

准备:安全的场地。

流程:

(1) 用剪刀、石头、布的猜拳方式分两队,输者派人布置"地雷阵",担任魔王的卫士,可在原设置上增加一条游戏规则或障碍,为勇士设计障碍,若勇士失败(未通过),即赢得挑战,可交换成为勇士,继续游戏。

(2) 参与者根据需要通过的环境,讨论设计营救步骤,突破环境障碍。

(3) 穿越者逐一通过"地雷阵",找到地雷,开始排雷。

时间:集体数"1、2、3",穿越者用肢体表示"Yes or No",猜测判断是否有地雷,Yes是有,No是没有,猜中就是把雷排出,胜利!猜错则被雷锁住不能动,需等待救援。如有穿越者都能猜对,大家脚不能动,若能全组拉手联网,全组皆可进入下一关,否则失败,互换角色。

6. 与魔王的竞赛

目的:手脚协调,同心协力地完成用筷子夹糖放在魔王嘴里的任务。对于学前教育者而言,这不是任务点,但对儿童来说这恰是健康领域训练使用筷子技能的任务点。

时间:10~15分钟。

准备:安全的场地。

流程:可自行设计。

**(四) 小结**

目的:感受音乐,放松紧张的心情,尽可能赋予创造的形象更多不同的样子,用心感受。

时间:10~15分钟。

准备:轻松的凯旋舞曲。

流程:

1. 音乐想象

(1) 教师播放轻柔的音乐,请同学们选择舒服的坐姿,听教师讲精灵的故事。

(2) 在轻柔的音乐声中,感受这个精灵与自己的关系。

(3) 回顾故事,思考自己在帮助艾利斯制服怪兽中与其他精灵的关系。

(4) 渐渐起身开始舞动,完成故事音乐的表达,再现与魔王的竞赛。

2. 复盘讨论

围圈逐一邀请参与者分享:

(1) 在这次活动中,你学习到了什么?

(2) 什么技能你能很快用上?

(3) 最想说一句什么话呢?

3. 重复营救女王游戏部分一次

## (二)案例分析

戏剧游戏的好处在于给人一种身临其境的感觉,失败的打击、情绪的沮丧能很快就因为角色的调整而发生改变。但是情绪的体验经历,会促进参与者同理他人,自己掌控情绪的能力也会有所提高。在活动中还需保护儿童的情绪,游戏胜利的机会要给的多些,给予儿童心理能力逐渐适应的机会。输赢的经验可以创造心理健康的儿童,也可彻底摧毁一个儿童,先锻炼后比赛,让儿童感受到学习技术比比赛重要。要让儿童品尝成功,在失败中获取鼓励,是竞赛游戏的核心价值与过程。戏剧游戏一般会在扮演过程中,请儿童用角色的身份,通过想象力专注于某一个角色的变化上,通过角色能够改变或者完成一个目标。

## 四、同步练习

岩画精灵——探索自我

岩画精灵——鱼精灵珍爱生命

岩画精灵——营救女王

岩画精灵——"一带一路"自我展现

1. 实训的过程

(1)"爱和责任"疗愈教育戏剧的教学特点。

(2)学会运用理论知识分析"爱和责任"疗愈教育戏剧。

(3)培养整理和分析资料的能力,以及撰写体验实训报告的能力。

2. 实训安排

(1)确定体验实训主题;

(2)制订体验实训方案;

(3)进行实地体验实训;

(4)撰写体验实训报告;

(5)总结报告演讲。

3. 准备材料

教学条件:提供剧场环境。

教学要求:建立项目教学的规划设计方案。

表 6-1 教育戏剧体验实训

| 实训项目 | 实训内容 | 时间安排 |
| --- | --- | --- |
| 教育戏剧体验实训 | 确定体验实训主题 | |
| | 制订体验实训方案 | |
| | 进行实地体验实训 | |
| | 撰写体验实训报告 | |

4. 评价标准

表6-2 课程能力指标测量表

学生姓名：_____

| 评量项目 | | 分值 | 评　语 |
|---|---|---|---|
| 探索与表现 | 观察人物与情况 | | |
| | 共同合作的表现 | | |
| | 语言的表达 | | |
| | 肢体动作的表达 | | |
| | 创意的表现 | | |
| | 生活情境的表现 | | |
| 审美与理解 | 讨论分析的情况 | | |
| | 感觉认知的表达 | | |
| | 经验见解的传达 | | |
| | 参与活动的态度 | | |
| | 价值观的建立 | | |
| 实践与应用 | 体验事实的反映 | | |
| | 模仿的表现 | | |
| | 陈述的适切性 | | |
| | 应用表演的内涵 | | |
| | 应用表演的议题 | | |
| | 议题内容的深入 | | |
| 总分值： | | | |

备注：请用能力指标表述。1分：非常优秀；2分：优秀；3分：好；4分：良好；5分：一般。

# 第七章 疗愈教育戏剧展演及特殊儿童指导

## 第一节 疗愈教育戏剧展演的理论支撑与指导

### 一、铸牢中华民族共同体在国际合作应用岩画精灵理解的教学体验

促进"一带一路"国际合作,共建"一带一路",是以习近平同志为核心的党中央深刻思考人类前途命运及中国和世界发展大势所提出的宏伟构想和中国方案。2014年9月和10月,习近平总书记在出访中亚和东南亚国家期间,先后提出共建丝绸之路经济带和21世纪海上丝绸之路的重大倡议,得到国际社会的高度关注和积极回应。共建"一带一路"的核心内涵是促进基础设施建设和互联互通,加强经济政策协调和发展战略对接,促进协同联通、联动发展,实现共同繁荣。这一倡议秉持和遵循共商共建共享原则,努力实现政策沟通、社联设施联通、贸易畅通、资金融通、民心相通。这是发展的倡议、合作的倡议、开放的倡议。这一倡议要实现的最高目标,就是各方携手应对世界经济面临的挑战,开创发展新机遇,谋求发展新动力,拓展发展新动力,实现优势互补、互利共赢,不断朝着人类命运共同体方向迈进[①]。

(一)活动案例

> **案例卡片**
>
> **岩画精灵——"一带一路"国际合作工作坊**
>
> (一)教学意图
>
> 国际教育的视野核心目标是培养能够正确理解自我与他者的关系、了解和认识世界文化的多样性、关注国际社会的动态的人,他能够自主思考并尝试提出解决国际问题的方法,为世界和平与构建可持续发展的世界而做出努力。要达到这样的目标,我们需要为学生设计有关联、系列化、重视知识的联结及运用的学习内容。希望培养学生的民族自信力和全球胜任力,借助跨学科教学,提高学生的核心素养,使我

---

① 王衡,白显良,孙贺,等.毛泽东思想和中国特色社会主义理论体系概论[M].北京:高等教育出版社,2021:306-309.

们中国的青少年成为社区之一员、民族之一员、国家之一员、全球之一员、自然之一员,与世界的青少年一同为建立"人类命运共同体"而努力!"一带一路"德育是建立对美好未来的坚信,真正学会理解和体谅,学会在不同的环境中照顾自己与别人,关注自己身体、情绪、情感的感受,激发学前教育者的同理心,使其更好地为教育事业服务。课程在组织形式上侧重的全方位深度体验更是教育价值观深层变革的体现,它反映了一种以学子整体发展为中心的目标取向,旨在促使教育对象建立各种艺术感觉、经验、知识和智能相互衔接、融会贯通的教育生态结构,并具有积极探索、表现和创造艺术价值的能力。而人格的成长,才是最有效的榜样示范与引领任务的落脚点,过程中结合贯彻落实中共中央办公厅和国务院办公厅《关于深化新时代学校思想政治理论课改革创新的若干意见》及相关文件精神,学前教育学子收获了个人成长,促进了人格在认知、情感、意识等方面全面健康发展,学前教育的培训者在德育认识方面的能力获得提高,才是最有效提高学前教育者综合素质的手段。

**(二)教学目标**

1. 通过体验、想象、讨论,了解在国际教育视野下,如何完善个人性格的特质、态度。

2. 扮演不同的地区的人物,尝试理解肢体表达的内在感受,用3~4个动作表达人物特质。

3. 在"一带一路"不同地区人物扮演游戏中激发参与者对各种感受表达背后的觉察,激起对个人思维习惯的研究兴趣。

**(三)教学过程**

1. 知识学习阶段

(1) 制作能量球

玩法:教师带领,请每个人描述自己扮演的角色意愿,制作能量球,给能量球起个名字。

规则:模仿教师用夸张的动作制作。

(2) 抛接能量球

玩法:眼神交流,说自己的名字,向对方喊人名并抛球,对方回应并接球。继续重复,直到所有人都接过球。

规则:如传球顺序出错,则从头来做,参与者全部参与,最后传给教师收尾。

2. 观点分享阶段

(1) 快速流动

玩法:从教师开始复盘刚才的操作过程。

规则:卡顿即流动失败,可说出卡在哪里,从起初开始复盘,边观察边自我觉察,为什么会出错,找到错误的问题及彼此的关系。

(2) 身体变身

玩法:带大家去森林里寻找更多的能量,听教师指令,1、2、3变身为带有各国人物特征的角色。

规则：尽可能与众不同。（观察大家游戏的状态，直到大家的思维有所拓展。）

（3）穿越门

玩法：只要在你盯住的两个人之间转360度，你就可以穿越到另一个空间，看在规定时间内穿了多少个门，进行反馈，集体对反馈的值进行比较分析，个人觉察自己表现的真实原因。

规则：两人相碰，同时变石头；说话变石头。

（4）人群中找到榜样

玩法：在听音乐自由走中，自己设定一个领袖，模仿他的动作。

规则：两人相碰，同时变石头；说话变石头。

3. 自主创造舞动出发

玩法：

第一，在音乐的带领下，自由舞动，在老师的即兴要求下来到各个地区，启发引导大家用当地的语言与手势打招呼。

第二，接龙游戏，当地名胜古迹及物品被说出时，大家就相应地借肢体动作表达出来。

第三，教师入戏，抛出"一带一路"支援建设的部署，创作情景剧，学生自选角色扮演。

规则：借助一定的背景对形式、结构、材料、概念、媒体和艺术创造的途径进行部署，完善作品的过程中会平衡实验安全、自由与责任之间的关系，注重人们建造并与之互动的物体、场所和设计，塑造和强化他们生活的创造，通过实践不断评判、反思、润色和提炼，从中得到进步。

**知识链接**

马克思和恩格斯认为，人与自然不可分割，二者是内在统一的。人与自然相互依存，互为对象性。一方面，人依赖于自然。人源于自然，恩格斯从生物进化的角度论证了人类是自然界发展到一定阶段的产物。"人们只想到怎么保护他们的孩子，这是不够的。应该教他成人后学会保护他自己，教他在必要的时候，在冰天雪地冰岛里或者灼热的马耳他的岩石上也能够生活。""生活，并不就是呼吸，而是活动，那便是要使用我们的器官，使用我们的感觉、我们的才能，以及一切使我们感到我们的存在的自身的各个部分。生活得最有意义的人，并不是活得最老的人，而是对生活最有感受的人。"儿童的每个成长阶段都对应了人类艺术史的发展历程，两三万年前人类从洞穴壁画、岩画、图式绘画到文字的发展和演变过程，直观地呈现了人类儿童期的思维想象能力，

> 儿童尚未具备语言和文字的表达方式,所以可以应用岩画艺术在戏剧教育中,多维度地引导儿童想象力的发展,为儿童在物质和精神上做准备,更契合儿童解读的人类早期精神面貌,让我们时刻不忘人类最初的梦想。

### (二) 案例分析

怎样教好儿童?怎样才是好的幼儿园的教育?怎样"做好"教育?教育就是在实践中不断地反思、不断地改进。让教师道德发展以身体主体切身"介入"师德生成的过程,是身体主体积极建构属于自己的道德世界的过程。在这个过程中,一方面,教师道德的发展要合乎每一个教师身体主体的需要;另一方面,身体主体亦需要持续不断地摄入、同化外在的师德要求,使其成为身体的一部分,最终形成真正属于教师的道德。运用游戏化、项目式的体验学习范式,在活动中发现自身的需求,实验性地解决一些技术问题,通过切身体会,唤醒自我成长中的经历需求,关注学生出现的各种身心健康问题。探讨新知,放松心灵,启迪智慧,完善自身的人格成长,学会在行动中与儿童互动的模式。

按照薛定谔的理解,康德的道德律就可以简化为"不要自私",这是对生物的利己本能的否定与克服。如此看来,自我的冲突与异化是自我监督、自我反思、自我教育、自我完善的前提和动力,也是人类道德文化不断演化的前提和动力。但是,对本能、欲望过于严厉的文化并不利于人的心灵健康和人格完善。弗洛伊德深刻地解释了压抑人类本能的危害;马斯洛则指出,与文化的力量相比,人的本能往往是脆弱的、处于劣势的,"我们需要一种对本能仁慈的文化,恢复和加强我们的生物性自我"[①]。学前教育者体验不同形式的创造性艺术,从不同的角度认识自己、他人,以及身处的自然和人文环境,以形成更全面的自我认同意识。自身与自然相互分离,起源于人的自我意识的觉醒。自我意识使人类强烈地意识到自身的自由,也强烈地意识到自然对自己的这种自由的限制。人类生活在自由与限制的张力之下,对自然的改造、对张力的克服,是人类的物质文明、技术文明不断取得进步的动力。物质文明、技术文明的进步也在不断改变着人类与自然"打交道"的方式,因此可以说自我意识深刻地改变了人类对自身和自然的认识,也改变了人类与自然之间的关系。不管人是否在主观上把自身与自然理解成相互分离的,不管人对于人与自然的关系拥有什么样的世界观,人与自然在事实上都是紧密地联结在一起的。

自我意识极大地丰富了人类的精神世界。有意识但没有自我意识的生物只拥有极其简单的精神场景,拥有自我意识的生物拥有明确的时间意识,能够更加自由地在意识中建构关于过去与未来的精神场景,有了对过去的怀念、留恋,也有对未来的焦虑、憧憬。自我意识和时间意识拓展了人类的精神体验的维度,有了自尊、自豪、自信、自责、内疚、羞愧等情感体验。但自我意识也意味着主客与客我的分化,尤其内疚等负面情绪,使人类意识到内在自我与外在行为之间的不符和冲突,从而在精神生活中体验到真实自我与虚假自我

---

① 路传颂. 自然与自由的统一:对庄子与康德的比较研究[D]. 西北大学,2013.

之间的冲突与异化。精神与肉体的冲突、理性与本能的冲突、理性与感性的冲突，都根源于自我意识，并且往往被理解为自然与自我的冲突。

## 二、美育教育的重要性

习近平总书记在全国教育工作大会上提出"培养德智体美劳全面发展的社会主义建设者和接班人"的重要论断，将"美育"置于重要的地位。"人的本质力量对象化"学说，体现了马克思主义的唯物主义与英国经验主义、法国自然主义的区别，也深刻体现了马克思对于德国古典哲学，特别是康德、黑格尔思想的继承、扬弃与发展。德国古典哲学把"人的本质力量"理解为"精神的力量"，而按照中国哲学的说法，这就是"初心"，即毛泽东青年时代在读《伦理学原理》的笔记中所谓的"立此大心"。在北京大学师生座谈会上，习近平总书记深刻论述了中国人的特质、禀赋、中国人的"精神世界"。学术与教育所面对的，首先是人类的精神世界。因此，我们必须从精神文明建设的高度，去理解教育与学术工作。"精神"不等于知识，教育也不等于智育。德国古典哲学家康德，曾将人的精神世界划分为三个领域：知识、意志与情感，即纯粹理性、实践理性和判断力，或科学、伦理与审美。

毛泽东还指出，"文化高低和才智大小这两件事情不是一致的东西"，因为有书本知识的人，未必有动手实践的能力，有理性知识的人，未必有热情、意志和信仰。因此，文明的进程不仅是提升劳动者"素质"、文化水平的过程，也是有文化的脑力劳动者必须不断提高自己的热情、信仰、觉悟与意志力的过程。知识并非知识者的特权，劳动也绝非劳动者的宿命，而出路就在于知识与生产劳动的结合、知识分子与劳动人民的结合。据此，他把"培养德智体全面发展，有社会主义觉悟有文化的劳动者"作为新中国教育的方向。美育关乎社会主义精神文明建设，关乎社会意识、社会风气，关乎广大青年学生"本质力量"的发挥和素质禀赋的养成，因此，习近平总书记指出，以辩证的、全面的、平衡的观点正确处理物质文明和精神文明的关系，把精神文明建设贯穿改革开放和现代化全过程、渗透社会生活各方面。习近平总书记的重要论述是有鲜明针对性的，我们必须看到：一个时期、一些地方，在这个问题上存在着思想的偏差。

教育关乎人的本质力量的实现，关乎人的全面发展。人类大脑具备诸般重要能力，如知性、感受、直觉、想象力、创造力，人的全面发展、人的本质力量的实现，是指这些能力的协调、平衡和全面发展，正是这些与理性互相补充的能力的协调发展，使我们成为全面的人。习近平总书记关于"培养德智体美劳全面发展的社会主义建设者和接班人"的重要论述，切实指出了我们工作中的短板，在教书育人中，要不断与庸俗的、功利主义的社会风气做斗争，树立良好的社会风气和审美趣味，从人的全面发展的角度去理解社会主义教育的基本方针和本质特征，办好人民满意的教育，努力建设中国特色社会主义的世界一流的教育。审美领域与知识和道德领域从来就不是对立的，更是难以用学科规范硬性划分的。审美和艺术是人类精神生活重要组成部分，美的历程深刻内化在人类的精神历程。历史经验教训告诉我们：精神文明建设要"礼乐之制""乐以和人"，思想意识形态工作诉诸人的精神和心灵，需要充分调动情感力量，需要讲究"润物细无声"，需要凭借感人、动人和心悦诚服。这在很大程度上决定审美在精神生活的重要地位，决定美育是精神文明建设重要

抓手。① 美育是教育事业的重要组成部分,是人类文化心理建构的一种重要方式,也是人生成长道路上的重要精神历程之一。审美教育是人类所特有的生命活动,人经由美育从自然的人过渡为自由的人。人的教育是终身教育,人的美育也是终身美育。美育不仅是艺术审美教育,还包括自然审美教育和社会审美教育,贯通艺术哲学、自然哲学和人生哲学。我们要高度重视发挥美育对一个民族及其每个个体的文化心理建构作用。②

## 三、教师的专业智慧

针对教师专业知识学习的路径问题,有学者指出,当前教师专业知识学习需实现"思维转向",改变"重知识记忆、轻理解应用"的知识学习观,重视概念思维与反省思维。教师专业知识学习"思维转向"的实现,需要在"学思结合"中形成教师的专业理性,在"学以致用"中生成教师的专业智慧,并将二者归于"问题解决"的专业学习路径。③ 随着建设中国特色师范教育体系的要求,教师教育改革出现了向师范教育回归的重要转变。需全面贯彻教育自信的要求,凸显对自我的关照,采取凝练科学的发展观,涵养良好的发展定力,为师范教育发展营造良好气候;基于理论自信与自觉,建立中国特色师范教育理论体系;基于自省和自觉的实践逻辑,形成中国特色师范教育的实践范式;弘扬实证研究,提升中国特色师范教育的科学性等策略系统推进中国特色师范教育体系的建设。④ "教化"是中国儒家思想中一以贯之的重要内涵,具有重要的政治、文化和教育意义。有学者认为,当代教学中的矛盾和问题,在一定程度上与教化和教学的断裂有关。教化具有的关系性、开放性、求善性、文化性和艺术性是教学发展的应然取向,"教化"所蕴含的由个性向类性的跃迁和精神生命的自觉转化等教学哲学意象,本质上是因文而教、向文而化,最终走向人文化成,这是当代教学寻找"教化"灵魂本质的回归之路。⑤

## 四、疗愈教育戏剧课程目标

疗愈教育戏剧课程目标是基于对价值教育与道德情感关系的认识,走向"整全人"的价值艺术教育方式。有学者指出,人是价值教育与道德情感的主体,在人类的社会实践中,道德情感与价值教育在共同面对"整全人"上是一致的。二者相互交融,道德情感在价值教育实践中可以化为内在的道德力量;价值教育在根本上也体现为一种主体道德的评价;道德情感本身更是一种重要的价值教育力量。走向"整全人"的价值教育,对于价值教

---

① 韩毓海. 经由美育抵达精神高地[J]. [N]. 人民日报,2018-10-23(23).
② 韩毓海. 经由美育抵达精神高地[N]. 领导决策信息,2019.
③ 孙二军. 基于"思维转向"的教师专业知识学习路径及策略[J]. 教育探究,2019(7):79-83.
④ 陆道坤,钱婉君. 论教育自信视角下中国特色师范教育体系的建构——基于120余年师范教育发展历程的反思[J]. 高校教育管理,2019(3):26-34.
⑤ 王韶芳,张广君. 当代教化思想的复归与重构——基于《学记》话语分析的思考[J]. 教育发展研究,2018(22):16-22.

育实践,尤其是社会主义核心价值观的培育及其与情感教育融会贯通,具有重要意义。①

## 五、疗愈教育戏剧课程范式的意义

面对当下社会环境、价值观念以及社会信仰变化的挑战,课程研究范式需顺势而为,应从"技术—控制"走向"文化—社会"建构,从"悬置—静止"走向"关系—意义"生成,从一元化的理解式建构走向本土变革式理论创生,从封闭式的方法坚守走向开放式的大数据依托,从科学化语言走向诗性化语言,以此来书写课程研究领域自己的故事,创新中国话语。疗愈教育戏剧的内容知识作为课程研究的重要维度,基于当前核心素养的课程与教学变革重建课程知识观,体现着课程理论研究的知识自觉。疗愈教育戏剧课堂将知识视为每个人对生活世界准确、客观的表征,展开课程知识的情境性与知识探究、运用的空间。基于生成主义知识观重建表征主义知识观的当代共识,在学科知识与生活世界的结合、知识学习与知识探究的统一、学科知识与意义世界的共生以及理性与非理性的融合中重建课程知识观。② 针对传统教学认识论过度关注知识的工具性价值而非其内在价值,以"道德上恰当的方式"推进教学过程的局限,疗愈教育戏剧课程内容在知识与育人统一的意义上重建教学认识论的价值框架,重新理解学科教学的育人价值,包括认知性价值、智慧性价值以及品格性价值及其结构框架,在"化知识为智慧"和"化知识为德性"意义上实现知识与育人相统一的使命。③ 疗愈教育戏剧课程大力推进信息技术与教育的深度融合,要解决的核心问题正是育人生态的优化,推动教育系统内外部、学校教育、教育模式、教育理念和文化等方面产生系统性变革,构建起新型的育人生态。④ 实践重视身体真实感受的专业发展模式重视"实践优先"的立场,强调从教师真实的学习体验出发,教师与同事、外来专家共同建构知识,这既标志着教师教育重心从理论向实践的转移,也意味着教师教育的学术话语从教师"专业发展"到教师"专业学习"的概念重建。教师专业学习也因其自发自主性、日常情境性、目标导向性等特点,日益成为教师教育研究与实践的重要话语。⑤

---

① 王平.走向"整全人"的价值教育——兼论道德情感与价值的统一关系[J].教育研究,2018(9):72-79.

② 张良.从表征主义到生成主义——论课程知识观的重建[J].中国教育科学,2019(1):110-120,142-143.

③ 卜玉华,杨晓娟.我国教学认识论的价值重估与框架重建[J].南京社会科学,2019(8):139-144,160.

④ 宣晓红,史保杰.教育学研究的热点与未来展望——对2019年度人大复印报刊资料《教育学》转载论文的分析[J].教育研究,2020(2):33-46.

⑤ 魏戈.矛盾驱动的教师专业学习:基于大学与中小学合作研究的案例[J].教育发展研究,2019(4):24-34.

## 第二节　疗愈教育戏剧展演

### 一、宁夏首部原创大型主题儿童音乐剧介绍

**岩画精灵**

原创　叶香　　编剧　叶香　古月

**剧本提要：**

本剧的主人翁是一位银川的男孩优优，他在面对成长过程中出现的种种问题时，一度产生了恐惧与逃避的心理，梦想着能在一个无拘无束、自由快乐的环境里生活。梦境中，他来到了贺兰山。在雄伟壮丽的大山里，优优先后遇到了一群岩画精灵，它们是活泼可爱的蓝马鸡、坚强敦孝的岩羊、温顺善良的小鹿、自由活泼的鱼娃和勇敢但又"凶狠"的狼。

虽然森林里时刻充满着危险，这些大山里的动物却坦然面对，快乐地生活。优优在贺兰山中，与这些动物们友好地相处，了解了它们不同的生活理念与价值观，知道了动物们在快乐的背后，也同样要面对生活的压力与委屈。他反省了自己对学习以及生活的态度，意识到在这个世界上，无论是人，还是动物，甚至是一棵小草与野花，在成长的过程中，都会遇到相同的问题，都会有恐惧、压力、委屈，只有正确地对待这些问题，才会获得真正的快乐。

**通过本剧，告诉孩子们：**

要想快乐健康地成长，就要积极勇敢地面对成长过程中出现的一切问题，包括成功、失败、学习的压力，以及家长有时过高的期待、老师与学校的严格管理、社会上给予的正负面的影响等。

要想不害怕、不恐惧，寻找到成长的快乐，就要去了解、去交流、去认识。只有了解才能不害怕，只有交流才能克服恐惧，只有认识才能缓解学习的压力。

帮助孩子们明白一个道理，教育是矛盾的，成长是矛盾的，人类寻求自由快乐的本身，也是矛盾的。从而在学习中寻找到快乐，在约束中寻找到自由，使自己能够健康阳光地成长，对美好的明天充满希望。

**岩画精灵里的圣牌：**

勇气：允许愿意尝试

爱心：建立学习团队，全情投入

耐心：去除角色，放下评判

坚强：反思体验领悟

**人物、岩画精灵角色如下：**

优优：

某小学学生，女。聪明、敏感、有点胆小。对家人对其无微不至的疼爱与紧张有规律的学习生活，既享受又厌倦；对远方与大自然有一种缥缈的向往，对现实与未来产生了一种无名的恐惧感。

蓝马鸡：

岩画精灵。女，若干名。她们活泼可爱，看似自由自在。然而，在森林里，她们时刻会遇到危险，也面临生存的压力，但她们能够坦然面对，依然生活在快乐里。

小蓝马鸡：

妞妞，女，活泼爱玩，不爱学习捉虫子的本领，因为有妈妈的照顾，不需要操心。面对成长中困惑，鸡妈妈告诉她，学习生存的本领，既是一种痛苦，也是一种快乐。

蓝马鸡妈妈：

面对鸡宝宝的逃避、恐惧，能够正确地处理，引导她克服困难，在快乐中健康地成长，使鸡宝宝在成长中得到快乐。

岩羊：

岩画精灵。男女若干名。贺兰山里最庞大的族群，能够与其他动物和谐相处。但面对自己的天敌狼的威胁，没有怨天尤人，而是积极勇敢地面对，采取有效的措施，避免伤害。

小岩羊咩咩：

男，不畏艰难，从一次次的攀岩失败中学习生存的本领。经过努力，终于掌握了攀登悬崖绝壁的技能，使自己既能吃到鲜嫩的青草，又能一览壮美的风光，还可以让天敌狼仔望崖兴叹。

鱼：

岩画精灵。男女若干名。海洋范围缩小时，没有跟随族群游向新的大海，而是选择留了下来，守护着自己生长的家园。他们会在幻想的海洋中快乐地游弋，为干涸的山谷带来泉水。

小鹿：

岩画精灵。男女若干名。自然界里的"弱势群体"。个头虽大，但仍属于"小人物"。能认识到自己的弱点，开展"安全意识"教育，始终如一。

小鹿绵绵：

女，温驯可爱，时常因为森林中隐藏的危险而感到恐惧，想逃离大森林，到人间去。希望能够像人类的小朋友那样，每天不用为衣食住行发愁，背着书包，坐在充满阳光的教室里，听老师讲课，用神奇的铅笔做语文、数学作业、学美术、学音乐、学健康与品德知识。

小鹿壮壮：

男，勇敢调皮。爱冒险，敢与狼比赛奔跑的速度，几次遇到危险，但学到了很强的生存本领。在他的帮助下，绵绵克服了恐惧的心理，快乐地生活在大森林里。

狼：

岩画精灵，男。自然界的强势族群，人类眼中的"罪恶种族"，对生命却有自己的理解。

狐狸：

岩画精灵，女。自然界里的机灵，狡猾的动物。

黄鼠狼：

岩画精灵，男。自然界里的小型动物。

太阳神：

岩画精灵。自然界的主宰，生物圈的领袖。俯察万物，普照大地，慈祥而温暖。它是自然界智慧的化身，给了优优很好的启发教育。

其他岩画精灵若干，根据剧情需要，随时调整。

在很久很久以前，贺兰山上有一个神奇的传说，有四块拥有勇敢、善良、忍耐、坚强的圣牌，谁找到了圣牌，就能改变这个世界，就能变得强大无比。

【开幕钟声响起，灯光全部关掉一分钟，剧院一片黑漆。

引子：

【幕后，传来一个女声：优优，你干什么呢？是不是在学习？还是又在玩儿呢？

应着声音追光快速地向观众群中扫射，停在一个呼呼大睡的小孩身上。

【一个男孩在舞台小观众中，刚才头也不抬地玩着电子游戏，玩了几下，呼呼大睡。时不时地发出了几声打呼噜的声音，"呼——呼——"。

【音乐低缓地响起。

【随着音乐，追光跟进。

**优优**　　我家住在宁夏银川。我的名字叫优优。我是一个小学生。

歌曲《我有一个幸福的家》

我有一个家，幸福的家。爸爸妈妈，爷爷奶奶，姥爷姥姥，他们都爱我。没有上学的时候，生活很幸福，就像蜜罐里糖娃娃。可是上学后，他们还爱我。爱的方式全变了，全呀——全变了！

**优优**　　我知道，他们就是想让我成才，快快地成才。

**优优独唱**　《哎呀妈妈》

哎呀妈妈，我还是个娃娃呀。哎呀妈妈，我真的很累呀。哎呀妈妈，我不是不想争第一。哎呀妈妈，我不想听你的唠叨哟！因为，因为，第一只有一个呀。听到不要，不要输在起跑线上，我呀！我呀！怎么就是跑呀！跑呀！跑不动呢？救救我吧！救救我吧！为什么？为什么？为什么？为什么？为什么？为什么？如果大家都不输，那谁赢啊？唉……

**优优**　　我想逃离这个城市，到森林里，到大海边，那该多好啊。

【灯光转为梦幻般的情境，优优慢慢地站起来，走向舞台。

## 第一幕

【舞台上，呈现出贺兰山景象。

【优优走入山中，兴奋而又有点不知所措。他不停地打量着，紧张中又带点恐惧。

【山里传来各种声响。音乐随着景象的转换而变化着。音乐随着场景在变化。
　　蓝马鸡会干什么呢？它快乐吗？
　　森林里。
　　小蓝马鸡妞妞在花草丛中闭目养神。
　　鸡妈妈上场，走到妞妞跟前，用翅膀抚弄了她一下，唱："宝贝宝贝快起来，太阳太阳已出来，快去林间捉虫子，捉了美味回家来。"
　　妞妞懒洋洋地扇了扇翅膀，打了个哈欠，唱："妈妈妈妈你好烦，你好烦，妞妞睡觉真香甜。以前都是你捉虫，为啥又让我冒险？"
　　鸡妈妈说：宝贝呀，妈妈疼爱照顾你。现在你已经长大，要学生存本领了。
　　**妞妞**（撒娇地）　妈妈呀，森林里有狼和狐狸，他们总想吃掉我。我的心里好害怕，也不知到哪儿找虫子。
　　鸡妈妈：虫子就在森林里，草丛花间都有它。只要你肯去吃苦，收获就是快乐的。
　　正说着，优优上场。
　　**妞妞**（惊慌地）　妈妈，有人来啦。
　　鸡妈妈：赶快回到岩石上。
　　【妞妞与鸡妈妈回到了蓝马鸡岩画后面。
　　【一块山石上，现出一幅图案。图案是一只蓝马鸡。
　　柔和的灯光里，优优被吸引过去，近前观看。（困惑地自言自语）这是什么动物，老师没讲过呀！（兴奋地左摸摸、右摸摸，没见什么变化）只见蓝马鸡的眼睛一闪一闪的，他伸出手，想去摸摸蓝马鸡的眼睛。不料当摸到蓝马鸡的眼睛时，突然，光芒四射。蓝马鸡眨了眨眼睛，冲他笑了笑，随之身体从岩石上颤抖着探了出来。
　　优优吓了一跳，赶紧逃开。蓝马鸡妈妈从山石上走出来。她一招手，妞妞与几只蓝马鸡陆续走下山石，欢快地舞蹈着，做各种寻食嬉闹的动作。
　　优优好奇地看着她们，一步步向蓝马鸡走去。
　　蓝马鸡围拢过来，她们拉着优优的手，示意他也一起跳。
　　**蓝马鸡**（一起唱）《蓝马鸡之歌》
　　我们是活泼可爱的蓝马鸡，我们的家乡很美丽。虽然森林里有危险，我们要快乐地享受每一天。看我们的小蓝马鸡……
　　【群蓝马鸡上（五分钟：舞蹈＋歌唱表演）
　　优优先是害羞，慢慢地，他也跟着跳了起来。
　　【表情：陶醉，满脸的幸福。
　　【突然，妞妞掉进了树洞里。
　　妞妞：救命呀，救命呀！
　　【蓝马鸡妈妈与同伴们想尽了各种办法，也无法解救妞妞。鸡妈妈转向优优：救救我们的伙伴。
　　优优看了一眼深深的树洞（有点害怕地）我，我，我不行，我不行。（转身要逃）
　　**蓝马鸡妈妈啄住了他**　你行，你一定行。你是人，是大男孩。快想想办法救救我的女儿吧。

**优优**　我,我(为难地)。小朋友怎么办呢?(挠头想呀想):哪里有干草,请你们找一找,送上来。我们编织一条绳索吧!

【蓝马鸡妈妈也拔下了自己身上美丽的羽毛,让金闪闪的羽毛编织到绳索中。

**众人**(一起喊)　1、2、3,使劲哟!1、2、3,使劲哟!1、2、3,使劲哟!(优优与上来的小朋友们一起用力,将妞妞从树洞中拉了上来。)胜利啦!胜利啦!

**蓝马鸡妈妈**　谢谢你们。谢谢你们帮助了我们。你是我们的朋友。你帮助了我们。谢谢!

【蓝马鸡妈妈送给优优一块岩画蓝马鸡圣牌。

【优优得到了鼓舞,自信心有了提高。

【音乐变化。美丽的蓝马鸡妞妞被救了出来,它感激地看了看优优。

**蓝马鸡妈妈**(悠扬厚重的声音)　你愿意改变这个世界吗?让这个世界变得更美好吗?让你的家园变得更美丽吗?

优优有些犹豫地接受了挑战。

**蓝马鸡妈妈**　那你去大山里,寻找其他被山石封住的精灵吧!如果你能得到他们的信任,拿到他们的信物,你将会让你的家园变得更美好!

【灯光渐暗。

【优优告别了蓝马鸡,继续在大山里寻游。

## 第二幕

【定点光起。

【**旁白**　岩羊会干什么呢?它是怎么快乐的呢?

山谷间,峭壁前。

小岩羊咩咩正在苦练攀岩的本领。它一次次地攀登,却一次次地摔下来。膝盖摔破了,他咬牙扯了片树叶和一根藤条,把伤处包扎起来,又揉了揉,便继续练习起来。

一只狼悄悄地上场,隐蔽在岩石后面。眼睛里放射着兴奋激动的光芒,准备偷袭咩咩,美餐一顿。

咩咩终于攀上峭壁,吃到了鲜嫩美味的青草。

咩咩回头四望,欣赏着四周的美景。突然,它看见了藏在岩石后面的狼,吓了一跳,差点摔了下来。

狼的嘴,不由得张开了。

**咩咩**(站稳了脚,对狼用绵羊音)　(唱)歌曲《讨厌的大坏蛋》

大灰狼,不用藏,我知道你在啥地方。偷偷摸摸像个贼,有本事也到悬崖上。

大灰狼又愤怒又眼馋地看着咩咩,无可奈何。

**大灰狼揉着屁股**　(龇牙咧嘴)我还会回来的……噢!!(下场)

【优优上场。

【大灰狼隐藏在岩石后面。

【咩咩也躲入岩画石后面。

【在一片山石中,栩栩如生的岩画岩羊出现在优优面前。他大胆向前走去,左摸摸,右摸摸。当摸到岩羊的角时,也不见岩羊动。

优优　　(自言自语)怎么回事?它为什么不动呢?

优优　　(摆弄着草绳,问台下的小朋友,请他们出主意)亲爱的同学们,小朋友们,我该怎么办呢?

小朋友　用草喂它,羊爱吃草。

优优把金闪闪的草绳伸向羊嘴,忽然前面光芒四射,岩羊动了。

优优转身就逃,咩咩张嘴咬住了他的衣服,他摔倒了。

岩羊们从岩画石后面出来,并没有各自散开,而是聚拢在优优身边。扶起他,并帮他轻揉摔红的手。

[一段说唱]

咩咩　　你是谁?为什么见了我们要逃?

优优　　我叫优优。你们,你们长得太可怕了。

其他的岩羊各自散开了,在山石上跳跃、玩耍。

咩咩　　(笑)优优,什么叫可怕?

优优　　(迟疑了一下)我也不知道,反正,你们不是人。

咩咩　　是的。可是,可是我们也不是羊。我们是贺兰山里的友善大族群。

优优　　(惊奇地)你们不是羊?那是什么?

咩咩　　我们也不知道。羊,是你们人类给我们起的名字。我们就是四个蹄子的动物,生活在贺兰山里,饿了吃草,渴了喝水。

优优　　你们不上学吗?也不做作业?

咩咩　　上学?我们每天都在上学呀,大自然就是我们的老师。看我们岩羊的生活。

群羊上(快乐的小羊五分钟展示舞蹈,结束趴下留在舞台)

【旁白　一只羊的角和另一只羊的角缠住了,无法分开,无法动弹。它们喊道:咩——咩——谁来帮帮我们。

【岩羊们纷纷跑过去,用自己的角左顶一下,右顶一下,可却越缠越紧。

咩咩　　(着急地)怎么办?怎么办?

【旁白　咩咩转头看着优优,露出渴望帮助的眼神,用头去轻轻地拱优优,想把优优拱过来。

优优　　(迟疑地)我行吗?

咩咩　　(肯定地)你一定行。小朋友,我们一起给优优加油吧!

众人　　(齐)加油!加油!

【旁白　优优走上前去,用力地掰开了两只岩羊角。

咩咩　　(高呼)你真棒,你是我们岩羊族群的朋友。

【咩咩送给优优一块岩画岩羊圣牌。

【众多岩羊高兴地跳起了欢快的舞蹈。优优也被邀请加入了舞蹈的队伍中。

大灰狼走来走去,失望地溜走了。

## 第三幕

鱼娃娃的快乐是怎样的呢?

【音乐变化。

【定点光亮起。

【优优又来到一块岩画石前,停住了脚步。图案上,两条鱼俯在那里。优优没有离开,而是像前两次一样,左摸摸,右摸摸。鱼儿没有动,怎么办呢?优优又给难住了,他拿着刚才蓝马鸡妈妈教他做的绳索,咩咩给他的岩画牌子,忽然有了一个想法,几下子就做出了一个小盆。

**优优** (大声地问台下)谁有水?谁有水?请问哪个同学有水请给我一些。

【走到台下,接小朋友给他送的水。谢谢!谢谢!

【装在神奇容器中的水,似乎也变成生命之水,优优把水慢慢地倒在了画壁上。

【鱼儿从岩画石后游动出来,在自由欢快地舞蹈。

(一段小鱼从岩石下来的五分钟的舞蹈,道具装置像游戏打田鼠的小洞,最后门开了。)

**优优** (惊诧地)你们是鱼吗?

**鱼儿** 是呀,我们就是鱼。

**优优** 贺兰山里怎么会有鱼呢?

**鱼儿** (唱)《我美丽的家园》
在很久很久以前,这里还没有贺兰山,到处是海的世界,是我们美丽的家园。啊——大海,是我梦幻的地方,为守护我的家园,我愿扎根在这里。

**优优** (听了张大了嘴巴)大海?不可能吧?这儿都是山呀。

**鱼儿** 由于地壳的运动,大海渐渐退去,贺兰山就出现了。

**优优** 那,你们为什么不游走呢?

**鱼儿** (拉着手,边舞边唱)别的鱼儿,随波逐流。新的海洋,看不到尽头。故土难离,覆水难收。桑田沧海,相望守候。

**优优** (奇怪地)为什么呀?

**鱼儿** 这儿是我们出生的地方,即使沧海变成了桑田,我们化为岩画的精灵,也要永远守护着我们美丽的家园——贺兰山。

【鱼儿突然咳嗽一声。

**优优** 你怎么了?生病了吗?

**鱼儿** 山中的雨水越来越少,我们喝不上水了。

**优优** 贺兰山中有永不干涸的泉水,前面不远就有一条小溪。我送你们去,我送你们去。

**鱼儿** 谢谢你,我们的朋友。把这片鱼鳞圣牌送给你吧!

## 第四幕

小鹿和大灰狼呢？它们快乐吗？

【舞台灯光转暗。音乐有变化。

【小鹿绵绵惊慌失措地从观众进场门，跑上场来，跑到观众席的过道中央，躲藏起来。

【大灰狼在后面紧紧地追赶寻找。

【小鹿绵绵下。

【大灰狼跟着下。

【小鹿壮壮蹦跳着从舞台前场上场，做着奔跑前的热身动作。

【小鹿绵绵跑上来。

**绵绵**　（看见壮壮，连忙喊）壮壮，快跑。大灰狼来了。

【壮壮听了一愣，拔腿就跑。刚跑了几步，又停了下来。

**绵绵**　（回头一看，急忙喊）快跑。

**壮壮**　（蹬了蹬腿，唱）大灰狼，大灰狼，你又不是灰太狼。小鹿壮壮不怕你，百米赛跑美名扬。

【绵绵气得直跺脚。

**壮壮**　绵绵，你快跑吧。我今天要挑战大灰狼。

【大灰狼上场。

**大灰狼**　（气喘吁吁，不停地咳嗽，唱）贺兰山，我为王。我出现，百兽藏。环境美，空气强。总咳嗽，不寻常。这小鹿，傻站着，是想怎么样？

**壮壮**　（不屑地）大灰狼，你别装。贺兰山里空气好，你就是个污染源。今天壮壮与你比，百米赛跑谁称王。

【大灰狼一愣，随即发出一声冷笑。

**大灰狼**　小鹿小鹿你真傻，人类还说你善良。碰着野狼你不跑，难道是要给我作干粮？

**壮壮**　你要是能追上我，我就给你作干粮。

【大灰狼拔腿追了过来。

【壮壮与大灰狼在舞台上追逐。

【优优上场。

【大灰狼跑下场。

【绵绵与壮壮躲入岩画石后。

优优来到"鹿的岩画"中，左摸摸，右摸摸。摸到小鹿的身体时，漂亮的斑点不由得让优优眼前一亮，唱起了"美丽的衣服，美丽的祖国"……歌唱完了，小鹿绵绵忽地动了起来。

【灯光转为明亮，音乐欢快简洁。

【小鹿绵绵与壮壮及一群鹿从岩画石后跳出来，欢快地舞蹈。

唱：我们是贺兰山里的小鹿，温驯而善良。虽然我们的个头大，但是从来不张扬。自然界里强族多，我们温柔不软弱。妈妈告诉我，安全防范最重要。嘘！

【优优走在森林里，学着小鹿的动作，在舞蹈。

【绵绵看见了他,有点害怕,躲到了壮壮的后面。
【壮壮迎上来,围着优优转了一圈,还嗅了嗅他。
【优优有点惊慌,但见小鹿个头虽大,却没有恶意,便镇定下来,露出了笑容。

**壮壮**　　你是谁?

**优优**　　我是优优。

**壮壮**　　优优是谁?

优优一下子答不上来了。

【绵绵壮着胆子走出来。

**绵绵**　　你是人吗?

**优优**　　(点点头)对呀,我就是人。你们是小鹿吗?

**绵绵**　　(点点头)我是小鹿,我叫绵绵。可是,我也想做人。

**优优**　　(吃惊地)你想做人?当小鹿多好啊?在森林里,这么快乐,这么自由。没有人早上叫你起床,没有人催着叫你做作业,也没有人逼着你去补习班。

**绵绵**　　(摇摇头)人啊,你说的不对。大森林里,处处都有危险。还有风吹雨淋、严寒酷暑、食物缺乏、水源污染。

**优优**　　(吃惊地)你说的是真的吗?

**群鹿**　　是真的。

**绵绵**　　我可羡慕做你这样的人啦。我的理想就是——(唱)歌曲《我的愿望》

走出大森林,下山到城里。背上花书包,坐在教室里。吃穿不用愁,一心只学习。能写又会算,本领大大的。

【优优听着她的唱,脸上现出困惑的神情。

**小鹿**　　谢谢你,你是我们的朋友,为了祝福你的进步,把这片小鹿圣牌送给你吧!

**绵绵**　　狼来了!我们快躲起来吧!

【灯光转为冷色,音乐随之变化。

【幕后喊声:狼来了。

群鹿惊慌地逃走了。

壮壮迟疑了一下,也跑了。

优优站在那里,不知所措。

大灰狼,出现在他的面前。

优优吓得浑身发抖。

大灰狼围着优优,转了一圈,并且也在他身上闻了闻。

**大灰狼**　　你为什么发抖?病了吗?

**优优**　　(摇摇头)我,害怕。

**大灰狼**　　(龇了龇牙齿)你怕什么?

【优优吓得坐在了地上。

**大灰狼**　　(惊诧地)你怎么了?

【优优惊恐地说不出话来。

**大灰狼**　你是不是怕我?

【优优点点头。

**大灰狼**　(手扶下巴说唱)歌曲《平反歌》

嗯,我明白了,这就是人类教育的结果。不管什么情况,只要看见我们,他们的腿就吓软了。哎,小朋友,你是不是听过狼外婆的故事?

【优优点点头。

**大灰狼**　(蹲在他面前)你别害怕,我不是狼外婆。

**优优**　那你是谁?

**大灰狼**　我是狼外婆的孙子。

【优优吓哭了。

**大灰狼**　(伸出爪子为他擦眼泪)别哭别哭,我有那么可怕吗?

**优优**　你会不会吃掉我?

**大灰狼**　我为什么要吃掉你。我只吃羊。

**优优**　你吃羊? 你是灰太狼吧?

**大灰狼**　我是大灰狼,不是灰太狼。你们人类才是灰太狼呢。你们一年吃掉多少羊啊?

**优优**　你真的不吃人?

**大灰狼**　不吃不吃,真不吃。只要有羊肉吃,谁吃人肉啊。浑身都是毒。

**优优**　(站了起来)原来,大人也说假话啊。

**大灰狼**　(得意)那是当然啦。

**优优**　那为啥小鹿见了你也跑?

**大灰狼**　小鹿? 它们也是我的食物呀。

**优优**　(气愤地)你太残忍了。

**大灰狼**　小朋友,别搞错了。我是食肉动物,从不吃草。你们人不光吃肉,还要吃草,为什么你们总认为我们是错的呢?

**优优**　我不知道。

**大灰狼**　(说唱)《思考》

小朋友,要思考。成长虽然很痛苦,生存权利不可少。你有你的补习班,我有我的食物链。逃避躲藏没有用,勇敢面对才灵验。森林里面无天堂,一样生存很艰难。

**优优**　大灰狼,你说的我明白了。

**大灰狼**　(说唱)歌曲《不害怕秘籍》

你要是想不害怕,就得要去了解他。只有交流与面对,才能克服恐惧哟。欢乐都是从痛苦来,学习也是快乐的。

**优优**　你说的有些道理。

忽然天崩地裂,电闪雷鸣……地震啦! 一片混乱(30秒)

动物和优优要掉下悬崖的千钧一发的时刻,大灰狼和狐狸、老鹰、黄鼠狼都来救大家了,救出了大家。"从这里走,我来撑着……"

【动物们和岩画精灵们钻了出来,互相搀扶着整理着装容……

看,美丽的家园在前面。

我们去……岩画精灵领着优优,露出坚定的表情,音乐透出迈向胜利前方的勇气,大家巡游了全场(四),来到一个新的地方。

【森林里,各种动物欢聚一堂,整个舞台成了欢乐的海洋。

【太阳神从岩画石上走下来,站在高高的山岗上,看着。

**太阳神**　优优同学,大灰狼说得对,说得好。(唱词):成长的过程,就是学习承受痛苦的过程。欢乐是从痛苦中来的。当你造了一个好句子、组了一个好词语、写了一篇好作文,或当你算对了一道数学难题,难道不是快乐的吗?做题的过程是痛苦的,但掌握知识是快乐的。祝愿你与天下所有的孩子们,都能承受成长中的痛苦,享受成长中的快乐。

这里有一个秘洞,你把圣牌拿来,需要四个像你一样变勇敢的小朋友,一起放进去,你将可以看到神奇的世界。

【优优点点头,向小观众望去,谁愿意……打开后展现出一幅画卷。

**太阳神**　谁愿意接受使命,承担责任呢?一起来改变这个世界呢!就大胆上来接受责任的印证吧!

【神秘昂扬的音乐下,小观众拍手印……

【灯光温暖而明亮。

【音乐欢快而轻扬。

优优在歌唱。大灰狼在为他伴舞。小蓝马鸡妞妞、小岩羊咩咩、小鹿绵绵与壮壮,都围着他欢快地起舞。优优克服了恐惧,获得了力量,与大灰狼和动物们一起共舞。太阳神看着大家,露出慈祥的微笑。

【幕布在歌舞中,缓缓落下。

全剧终

## 二、演出导演计划

案例导入

> **案例卡片**
>
> 1. 演出汇报与评价
> (一)大学生志愿者活动方案
> 1. 名称:游戏——点亮快乐童年
> 2. 活动背景:
> 一起努力做孩子们的支持者,用教育戏剧的方式让孩子理解这个世界的样子,搭建平台给予孩子们充分表达自己的机会,建构健康的心理能力。14级专科14班

33名戏剧科的同学到幼儿园进行戏剧表演。戏剧在不同的时代都散发着迷人的魅力,对于幼儿来说,戏剧满足了他们的一切想象。戏剧将幼儿带入了一个全新的世界。

3. 活动地点:宁夏幼儿师范高等专科学校第二附属幼儿园
4. 活动人数:33人
5. 活动交通工具:校车
6. 活动过程:

(1) 13:30 志愿者整理各教育剧场。
(2) 15:00 三个中班幼儿进入音乐厅教育剧场。
(3) 15:40 三个小班幼儿进入音乐厅教育剧场。

(二) 课程汇报戏剧节目

1. 精灵与怪兽——表演者×媛媛,×夏妮,×燕,×宁宁,×学慧,×建荣,×慧
2. 小羊历险记——表演者×蓉,×军,×亚妮,×小弟,×婷婷,×成燕,×燕
3. 拔河比赛——表演者×慧琴,×丽娟,×海迪,×蕊,×一微,×彦珍,×红艳,×进英
4. 守护之石——表演者×靖,×娜,×瑞,×福琴,×金伟,×哈卖,×岩,×小媛
5. 主办:学校校团委
6. 承办:××级××班
7. 指导教师:叶香
8. 时间:20××年×月××日下午
9. 送审:学校团委  学生处  教务处  办公室  班主任
10. 活动小结:

(1) 运用有温度的、游戏化的教育手段创新培训方法,切实转变观念,编制创新素养教育教师培训资料和家长培训资料,使同学们和幼儿用很少的道具、设施就能体验文学创造的奥秘,在游戏中让孩子们体验自由地"上天入地",无所不能地驰骋想象,成为更好的自己。

(2) 以项目管理的方式推进创新素养教育

以游戏化教学发展为目标,开展教学品质提升工程,以促进教学特色化,切实转变授课模式,改进教学方式方法,丰富学生的实践活动,积累可学习、可推广的典型经验和案例。

(3) 深化课程改革,完善创新素养教育评价机制

面向全体学生开展创新素养教育教学活动,切实扭转创新素养教育只涉及少部分学生的活动现象。同学们在活动中感知到不足,学习更加有目标,让学习的内容更丰富、更有细节。每个同学和每个孩子都可以参加,同学们学习了教育剧场的组织方法,几位幼师生就给孩子们带去了逻辑清楚具有艺术张力的美妙时光,意义非凡。

(4) 营造创新素养教育的舆论氛围

通过志愿者的创造性互动活动,实际加大宣传的力度,切实转变家长和社会的教育观和质量观,打破唯分数论和分分计较的格局,从小树立新的质量观和人才观,使全面发展和特色发展的理念深入人心,为每一个孩子的中国梦的美好实现给予积极的支持帮助。

## 三、学生创作作品

(一) 拔河比赛

1. 剧本

【场景 阳光明媚的早上,小动物幼儿园里发生了一件大事,山羊园长要给幼儿布置一个任务。瞧,山羊园长来了!

**山羊园长** 我想在萌兔班和汪汪班选出,代表我们小动物幼儿园去参加一个拔河比赛。下面有请两队成员上场。(下场)

**萌兔队**(全体) 爱吃萝卜爱吃菜,我们是一群机灵的小兔子。

**汪汪队**(全体) 爱啃骨头爱吃肉,我们的力气最最大。

**山羊园长** 宝贝们,看你们的气势都很足,我们的比赛将在下午进行,园长妈妈很期待你们的表现哦,加油!(下场)

**萌兔1** 萌兔队的成员们,快快来!

**萌兔2** 怎么了?怎么了?

【萌兔3跟着萌兔2跑上场。

**萌兔1** 我们要为我们的萌兔班争光,打败汪汪队。

**萌兔3** 好呀好呀!

**萌兔2与萌兔3** 要怎样才能赢呢?

**萌兔1** (做思考状)嗯,我们来商量一下拔河比赛的技巧,我说1、2,我们的力气要往一处使,加油!

**萌兔3** 力气大的站前面。(做拔河动作)

**萌兔1** 左脚在前,右脚在后,双手使劲往后拉。(下场)

**汪1与汪2** 汪汪汪,我们不能输给萌兔队。

**汪2** 对呀,我们一定要努力!嗯?汪3呢?

**汪3** 汪汪,我来啦,我想到一个好办法可以赢萌兔队。

**汪1与汪2** 什么办法呀?

**汪3** 我来当队长,我喊1时准备好,我喊2时往后拉,双手紧拉住绳子。

**汪1与汪2** 我们一起来练练吧。(下场)

**山羊园长** 经过一上午的准备,两个班的小宝贝都有了一定的经验,园长妈妈期待你们的表现。宝贝们快快来,下面我们的拔河比赛就要开始了,为了比赛公平,园长妈妈请来猫头鹰做裁判长,我们一起欢迎她。

**猫头鹰** 嗨!大家好,我是猫头鹰裁判长。请两方队员站在自己的比赛场地。比赛一共分为三局,获得两场胜利的为最终赢家。绳子中间有个红色标记,当红色标记远离白线一边10厘米的地方,红色标记所在的队伍即将获胜。在比赛过程中小朋友要注意安全哦,接下来我们开始第一场比赛,你们准备好了吗?

**全体人员** 准备好了!

**猫头鹰**(挥下旗子) 开始!

**群众** 加油加油!

一方胜出,双方交换比赛场地,赛三场。

在每场比赛后园长宣布比赛结果,全体跳加油操。

2. 演员表

| 角色 | 山羊园长 | 萌兔1 | 萌兔2 | 萌兔3 | 汪汪1 | 汪汪2 | 汪汪3 | 猫头鹰 |
|---|---|---|---|---|---|---|---|---|
| 演员 | ×慧琴 | ×丽娟 | ×蕊 | ×静英 | ×红艳 | ×彦珍 | ×一微 | ×海迪 |

3. 活动目标

(1) 培养幼儿注意力,了解拔河比赛的规则。

(2) 让幼儿体验拔河比赛的乐趣。

(3) 让幼儿学会欣赏戏剧,发现戏剧的魅力。

4. 活动准备

小动物头饰若干、粗绳子、加油歌的音乐。

5. 活动过程

(1) 唤醒

让幼儿猜猜老师带来的小动物伙伴都有谁。

(2) 表演戏剧

让幼儿观看并学习拔河比赛。

(3) 亲身体验

让小朋友判断输赢,并且亲身体验一下拔河比赛的乐趣,让小朋友扮演自己喜欢的角色,在玩中学。

(4) 请本班教师进行点评

(二) 庆祝"六一儿童节"——精灵之夜

1. 目标

希望每个成人都能像孩子一样享有魔幻的空间,在魔幻的世界无所不能。

2. 准备

(1) 每人用围巾装饰不一样的自己;

(2) 请15人准备朗诵;

(3) 主持人用音乐节奏指挥即兴表达(停/启动)。

3. 注意事项

(1) 热场歌曲播放,7:00—7:45,歌曲《勇敢的小木偶》;(7:45 观众入场完毕,尽可能幼儿在前自己坐,成人在后面坐)

(2) 朗诵:15 人　8:00 开始;

(3) 歌曲《春之声》。

4. 晚会序幕正式拉开

(1) 唤醒、暖身游戏:静态画面建构贺兰山的不同位置;歌曲《非洲暴风雨》;

(2) 四散分组　歌曲《精灵出发》;

(3) 角色扮演　歌曲《野鸟情歌》;

(4)《岩画精灵》表演　《岩画精灵》:序;第一幕;第二幕;第三幕;第四幕;

(5) 观点与角度　歌曲《爱之舞》。

5. 传递圣火,点火

6. 篝火晚会正式开始(自娱自乐)

(1) 集体舞《青春修炼手册》;

(2) 自由舞蹈;

(3) 儿童舞蹈。

7. 主持人出场及主持词

主持词:儿童需要魔力。神话和童话都回答了永恒的问题——世界是怎么样的?我如何在这个世界生活?我如何能真实地成为自己?神话的答案是明确的,而童话的答案则是暗示。童话也许会蕴含解决方式,但从不阐明。童话引起儿童思考故事所揭示的关于生命和人性的问题,并将其运用到自己身上。

儿童之所以相信童话故事,是因为两者的视角一致。童话的进展方式与儿童思维及体验世界的方式相符,这就是童话能让儿童信服的原因。相比基于成人理性和思考后的安慰,儿童可在童话中找到更好的慰藉。

无论我们的年龄有多大,只有当一个故事遵从了我们内心的准则时,才能让我们信服。虽然成人认为不按自己的思维方式思考很困难,但我们还是学会了用不同的观点理解世界。如果成人都如此,儿童更是如此。儿童相信万物皆有灵。

儿童的心理发展特点决定了他会认为自己与没有生命的世界的关系,与有生命的人类世界的关系是一样的。他会像轻抚妈妈一样,去轻抚让他愉悦的东西,也会使劲地敲击砰然关上的门,因为他相信这个小东西像他一样喜欢被爱抚,他惩罚那扇门是因为他确信门是出于恶意而故意关上的。

皮亚杰认为,儿童在青春期以前心理发展存在着记录论的特征。父母和老师告诉孩子物体没有感觉,也不会活动,孩子也许会为了取悦成人或不被嘲笑而尽可能假装相信,其实内心深处却更加笃定自己的想法。遭到理性的说教后,儿童只是将他的"真知"埋藏在心灵深处,不被理性触及,实际上却因童话而觉得自己被认同。

第七章 疗愈教育戏剧展演及特殊儿童指导

**案例卡片**

图 7-1 戏剧活动现场

（三）教学做一体化训练

1. 为幼儿园小朋友展示创作的教育戏剧作品
（1）正式展示自己创作作品。
（2）协助同学完成他人设计作品。

2. 与学生共同创作作品

# 老人与沙

序　　　岩画的印记
第一幕　老人与沙
第二幕　童年的家
第三幕　森林梦想家
第四幕　相亲相爱共命运
尾声　　沙海绿了
总导演:叶香
执行总导演:何梅
编剧:王小飞　董佳红　贺玉英　张旭
音乐:海洋
剧务:杨　佳
演员表(出场顺序,排名不分先后)

| 刘福香 | 饰 | 航海家 | 张 娟 | 饰 | 小鲤鱼 | 杨 佳 | 饰 | 海鸥 |
| 海小琴 | 饰 | 小金鱼 | 王小飞 | 饰 | 外星人 | 杨 欣 | 饰 | 女巫 |
| 海 洋 | 饰 | 小女孩 | 火甜甜 | 饰 | 小精灵 | 赵 娜 | 饰 | 蝴蝶 |
| 何 梅 | 饰 | 狼 | 杨婉平 | 饰 | 阿尼姆斯 | | | |
| 马萧柏 | 饰 | 大树 | 王妍梅 | 饰 | 小树 | 贺玉英 | 饰 | 小鸟 |
| 徐同同 | 饰 | 场景 | 时禾丰 | 饰 | 场景 | 白少凯 | 饰 | 场景 |
| 李勃文 | 饰 | 场景 | 米 秦 | 饰 | 场景 | | | |

## 序　美丽的鱼精灵

【音乐变化。
【定点光亮起,起音乐。
　　岩画穿梭于美丽的沙海中自由舞蹈岩画精灵拉着手,边舞边唱:故土难离,覆水难收。桑田沧海,相望守候。

**优优**　　(奇怪地)为什么呀?
**岩画精灵**　这儿是我们出生的地方,即使沧海变成了桑田,我们化为岩画的精灵,也要永远守护着我们美丽的家园——贺兰山。

## 第一幕　老人与沙

　　时间:早上
　　地点:白芨滩林场
　　人物:王有德老人
【音乐起,追光照向正在织网的老人。

【旁白】　那里是毛乌素沙漠的东南边缘。童年的记忆里,黄沙常常能一夜间就把大半个窑洞埋起来,院子里总有扫不完的沙土,眼睛里总有擦不完的沙粒。日复一日,年复一年,村里好多人在黄沙里找不到过好日子的希望,纷纷选择背井离乡。

**王有德**　这辈子就跟黄沙较量到底。

【旁白】　比起艰苦的工作环境,粗放的传统治沙模式更让王有德焦虑。一季造林成活靠天,林木的成活率低,防风固沙的效果并不明显。治沙,没有现成的方法可学,全靠摸索。王有德带领林场工人在扎制草方格固沙的基础上,独创了一套"五位一体"治沙模式。通过种植灌木林、防护林、经济果树林、牧草发展畜牧养殖,用生态治理带动绿色发展。在白芨滩,每一株小草、每一棵幼苗都异常珍贵。多年来,白芨滩林场一直有个不成文的规矩:树苗不隔夜。为了保证树苗的成活率,不管多晚,当天拉来的树苗必须立刻栽上。

**王有德**　人是有生命的,饿了渴了可以喊。植物不行,它喊不出来,你只能去观察它。看看它这个树缺水不缺水,旱了没旱,有没有虫危害。在沙漠里面植树造林这是很艰难的一件事情,比养娃还要难,难上加难。

【旁白】　沙窝里终于长出了大苹果。2000年,白芨滩林场升格为国家级自然保护区。在王有德的带领下,三代治沙人艰苦创业,治沙造林63万亩,在毛乌素沙地和黄河之间,营造出一条长48公里、宽38公里的绿色屏障。控制流沙近百万亩,阻挡住了毛乌素沙漠向西侵蚀的脚步,实现让沙漠后退20公里的壮举。按平均行间距2米计算,他们种下的树能绕地球赤道七圈。

**王有德**　说到底就是办法总比困难多,要找办法来解决,摸索经验,非得把这个事情办成功。让大地多一点绿,就是此生最大的幸福。

【旁白】　2014年,王有德从林场退休,可他还是放不下治沙的事,又去了距离白芨滩不远的马鞍山,自筹资金,继续与黄沙斗争。一如往常,没有节假日,每天早出晚归,奔波忙碌,几年间,又累计治理生态7 000亩,植树100多万株。

**王有德**　人民群众是真正的英雄,(荣誉)应该是属于大家的。我们现在国家的生态建设已经写入了党章,写入了准则,我们林业工作者很幸运。多造点林,多让大地绿一点,多栽一棵树,我觉得是最大的幸福。

## 第二幕　童年的家

时间:春天,狂风漫沙的下午

地点:宁夏"西海固"山娃家

人物:山娃、播音、爷爷、山妮、狗娃

【幕启】门外狂风漫沙,风声呼呼作响。

爷爷和山娃、山妮,爷爷剜土豆,山妮委在爷爷身旁,山妮用树枝在地上练字。

**爷爷**　(咳嗽一声)听我爷爷的爷爷说,我们住的这个地方,很早很早以前是一片大海,那时的大海湛蓝湛蓝的,比天空还要蓝。海里有好多好多各种各样的鱼。风平浪静的时候,蓝蓝的海水映着太阳的光,好像月宫中嫦娥漂亮的花衣裳,平展展,微微抖动着,望也望不尽;大风刮来,卷起山峰一样的海浪,一浪推着一浪。

山妮　（凑到爷爷身边抢着说）不知道,不知道在什么时候,也不知道为什么,那又高又大的浪峰突然凝固了,变成了我眼前这望也望不尽的山塬,所以,我们住的这个地方叫"西——海——固——"。对不对?

山娃　（深思自言自语道）我们这里的浪涛变成了山,是不是天下所有的海浪都变成了山呢?老师说很远很远的地方是大海,那大海离我们这儿到底有多远呢?

小伙伴上,从后拍山娃,见山娃依旧发愣。

狗娃　喂,山娃!你傻了,唉!快来!快来,你们看。（大家围来,边看边小声问）山娃!你想什么呢?（山妮发出一阵笑声,追跑转圈）别!别!饶了我,饶了我。

狗娃　（喊）告诉我们,你刚才想什么呢?

山娃　（气喘吁吁）我说,我说,你们知道吗?咱们这儿以前是一片大海呀!比天空还要蓝,海里有好多好多各种各样的鱼。（小伙伴惊叹地看着远方,山娃越说越来劲）不刮风的时候,蓝蓝的海水映着太阳的金光,好像五彩斑斓的绸缎,平展展,微微抖动着,望也望不尽,大风刮来,卷起山峰一样的海浪,一浪推着一浪……（空气凝固了,山娃沮丧地低下头）

小伙伴　（急切地）然后呢?然后呢?

山娃　（激动地,闪现出泪花,轻声抽噎）变成山了呗!

狗娃　山塬的外面一定是大海吗?大海到底是什么样呢?

山妮　翻过山,真的能找到海吗?

山娃　太阳住在东山后面,住得离我们这个地方很近。

老师说　太阳是从海上升起来的,那么大海也一定离我们不远,就在东山的后面吧?（大家拉起手）走!

【旁白　山娃和伙伴们要翻过眼前那座高山,为了不惊动妈妈爸爸,他踮起脚跟悄悄走出了家门,书包里装的是干粮,水壶里灌满了水,那把羊铲是山娃放羊的好助手,翻山带上它,用处可大啦。翻过东山,下到沟底,再往上爬,就是那座高山了。

山妮　哇!沟里太美了。

狗娃　咱们那儿为什么光秃秃的?原来那绿油油的草木,五颜六色的山花都悄悄地藏在这里。

【旁白　他们从来没有见过山里还有这么好的地方,采几颗野果,寻几颗草莓,他们边走边玩,可开心了。

狗娃　（指山头）登上那座高山,就可以看见沙海了吗?

山娃　（坚信回应）是!

【旁白　小伙伴再不玩了,他们攒足了劲,开始登那座高山,走啊走啊走,他们累了,耳边仿佛响起大海的涛声,他们渴了,谁也不喝水壶里的水,想着:大海里不是有很多很多的水吗?

狗娃　（激动地喊）就要到山顶了,就要看见大海了。（冲了上去,失望的）海,海呢?

山娃　你骗人,骗人。

山妮　（哭了）没有海了,我们的家变得再也不美了。

山娃　　（喃喃自语）找不到海，难道我们真的没办法让家乡变美吗？

## 第三幕　森林梦想家

时间：早上

地点：森林附近

人物：小鸟、花朵、沙尘暴、沙鼠、蜥蜴、太阳、大树、小树

【音乐起。

太阳　　（缓缓走上舞台，边舞边说）我是太阳，每天都从东方升起（一手升起），从西方落下（手落下），我带来了光明和温暖（双手起），啊！又是美好的一天，我要继续传播光和热（精神饱满，双手摆动）。

大树　　今天的天气可真好呀！（刚睡醒的状态，伸懒腰），环顾四周（头部转动），看见了正在沉睡的小树（注视一会儿）。

小树揉了揉眼睛，也醒了过来（睡睡眼蒙眬对世界充满好奇）

小树　　（抬头问大树）我要多久才能长成大树呢？（郁闷的表情，渐说渐低头）

大树　　（轻轻地拍了拍小树的额头）你呀还小，请不要悲伤，总有一天你会长成大树，为小动物们遮风挡雨，人们也会在炎热的夏天，来到你的怀抱里乘凉休息，你的作用可大着呢！但是成长的过程要经历风雨，你可要坚强啊！（眼神坚定，给小树加油）。

小鸟舞蹈自由飞翔，绕场一周，飞到了大树和小树的身边（欢乐活泼，拍打翅膀）。

大树　　（表情慈祥温和）哦！美丽的小鸟，你好呀，如此美好的清晨你准备做些什么呢？

小鸟　　我想练习飞翔，等我长大了，我要飞到更高更远的地方，去看看外面的世界，要把所有的绿色种子带回家乡，让这些种子在家乡的土地上生根发芽，把家长变得绿油油的（语气肯定，自信满满）。

小鸟自由飞翔着，高声歌唱着（开心快乐）。

花朵　　我是一朵花儿，在大树底下乘凉，（晃晃自己的花瓣）小鸟总是来树底下（小鸟飞到花朵身边），所以他是我最好的朋友（互相微笑致意）。

【音乐背景从美好转到不美好。

沙尘暴　看看我沙尘暴的本领，这明媚的阳光，看我怎么把你遮住。（得意地笑，大肆地飞舞遮日）可把我累坏了，终于把耀眼的阳光遮住了（遮住的过程要表演出来，可以和太阳进行肢体接触，来一番搏斗，沙尘暴从低到高旋转几圈，太阳从高到低旋转几圈，最后沙尘暴胜利，太阳抱住自己低下了头）。你们都被我的黑暗笼罩吧（表情带有邪恶地笑，可以把双手交叉后再展开）。

小鸟，小树，花朵都害怕极了，小鸟小树躲到了大树身边。

【蜥蜴舞动出场，沙鼠跳跃出场。

沙鼠　　（边跳跃边东瞅瞅西看看，观察周围的环境，思考的表情）唉，又是这样的坏天气，这种环境什么时候才能得到改善呀！没有绿色的种子，我就没有食物可以吃，我该怎么办呀？（着急的语气，可以适当加跺脚的动作）

**蜥蜴** （缓缓地向前走，双手紧握在胸前）我有一个梦想，希望有一天，这恶劣的环境可以得到改善，我希望这片土地到处都是绿油油的小动物们可以无忧无虑，快快乐乐地生活在这里，我也可以有一个属于自己的家了（对未来充满希望，声音逐渐放大）。

## 第四幕　相亲相爱共命运

时间：某天下午

地点：绿草地

人物：优优、小蜗牛、公鸡、小老鼠、风姑娘、大树

【旁白】　城里的优优，她很孤独，好无聊。她不知该做些什么。她找到了圣牌，看到圣牌上，人类最原始的渴望，激发了她心灵所需的力量，她去找到好朋友梦梦，说我想到外面的世界看一看。

**优优**　啊哈，是小蜗牛。好可爱的小蜗牛！（欣喜的样子）你好，小蜗牛，我是优优，我好羡慕你爬得那么坚定，有自己的奋斗目标。

**小蜗牛**　是优优啊，果然看起来是那么高贵。我不会走路，行动只能靠爬，速度很慢，所以我要更加努力，才能背着我的小房子去更多有趣的地方啊。我好羡慕天上的星星啊，那么光芒万丈。

【星星出场。

**星星**　（面带微笑面向台前一点，拍着胸脯，骄傲地，声音尖而细）我是一颗星星（看着天空，手指天，骄傲自豪）你们都羡慕我可以在天上闪闪发光（两手从胸前到头顶画两个圆，看向远方，一脚点地，眺望状），我的确可以看到许多你们都看不到的远方的东西，可是（委屈，孤单，低头，声音低沉）你们都不知道，我没法像人类一样，可以与人亲密地在一起，我每天的工作就是看着小朋友们，这可太无聊了（跺脚，摊手，焦急地，无奈地）。

我最羡慕院子里的公鸡（一手指向公鸡，一脚点地呈眺望状态），他每天都可以叫醒太阳（右手扶在额头，看向舞台），可以在院子自由玩耍，我可太羡慕了（双手十指相扣在胸前，羡慕的样子，点头）。

**公鸡**　（边舞边说）大家好啊，我是一只小公鸡，我叫乐乐。虽然我每天都能叫醒太阳，可是每天都是一样的工作，好无聊啊，我的愿望是去沙海，妈妈说沙海很棒。

**优优**　你好啊乐乐，听说你令人十分羡慕，能叫醒太阳，真的好厉害，我好羡慕你啊。

**公鸡**　虽然我每天都能叫醒太阳，可是每天都是一样的工作，好无聊啊，我的愿望是去沙海，妈妈说沙海很棒。

**小老鼠**　（在沙海里自由自在地穿梭着）我是一只小老鼠，我已经生活在沙海里很久很久了，我好想去外面看看啊，这沙海也太无聊了，我好羡慕风姑娘，自由飞翔。

**优优**　哦？那风姑娘应该最快乐吧，我要快快去见她。

【风儿轻抚着大地。

**风姑娘**　我是风姑娘，我虽然看着无忧无虑，潇洒又自在，可以去全世界游玩。可是我特别羡慕树姐姐稳定的生活，周围有很多朋友一起玩。

**大树**　　优优你好(弯腰低头行礼),我是树姑娘(一只手放在胸脯上),我每年都在这里(懊恼,一手叉腰,一手挠头),去不了任何地方,很孤独(无奈摆手),我也想去(双手放在胸脯上,身体后倾)看看不一样的风景(弯腰从左向右看一圈),看一看小朋友欢乐地玩耍(双手相扣,放在脸右边,作期待状),看一看优优的城市里有什么样的风景。

**优优**　　我要号召大家同心协力,一起努力,从我做起开始保护环境,从我做起,让家乡变得更美。大家都向往别人的生活,其实我们自己的生活的美好,生活的乐趣,有许多令人羡慕的地方。我们不必羡慕别人的生活,每个人身上都有值得学习的地方,努力做最好的自己,每个人都是闪闪发光的个体!

习近平总书记号召我们推动黄河流域生态保护和高质量发展,非一日之功。要保持历史耐心和战略定力,以功成不必在我的精神境界和功成必定有我的历史担当,既要谋划长远,又要干在当下,一张蓝图绘到底,一茬接着一茬干,让黄河造福人民。

伙伴们你们愿意跟我一起从我做起保护我们的家园吗?只有家园变得天蓝、地美、山清、水秀,我们每一个人都可以在美丽的家园,找到更好的自己。让我们向王有德爷爷学习,想办法,利用沙海不仅种了很多的树,还让果园造福了人们的生活水平,迎来脱贫致富的美好生活。

**众人**　　我来……我来……我来……我来……我来……

## 尾声　沙海笑了

时间:傍晚夕阳下

地点:沙海边

人物:女孩甲　女孩乙　女孩丙　小蜥蜴A　小蜥蜴妈妈　其他小蜥蜴

【音乐起,随之舞蹈。

**女孩乙**　　快看,那边有个黑影。

**女孩甲**　　在哪儿?在哪儿?

**女孩乙**　　在那儿,那是我爸他们的石油钻井台。

**女孩甲**　　石油不会流到沙海里去吧?

**女孩乙**　　应该不会吧?

**女孩丙**　　小伙伴们,我们到别的地方去玩吧!

**女孩甲女孩乙**　　好啊!

【小蜥蜴歌舞表演,在沙海爬来爬去。

**小蜥蜴们**　　你们要到哪里去呀?

**小蜥蜴妈妈**　　我们要在石油飘过来之前离开这里。

【小蜥蜴们在妈妈的带领下快速游了过去,舞台灯光全暗,汹涌的海浪声中,一条被石油黏着的小蜥蜴在追光的跟踪下,摇摇晃晃地爬了过来。

**小蜥蜴A**　　妈妈!等等我,妈妈!等等我,妈妈!妈妈!

【身处困境的小蜥蜴A,在叫喊声中昏迷了过去。

【三人围拢在小蜥蜴身边,仔细地观察它。

女孩乙　　它浑身黑乎乎的,真脏。
女孩甲　　是石油!
女孩丙　　别害怕,我们是来帮助你的。
小蜥蜴A　　我不信。你们人类总是制造垃圾、污染沙海、破坏我们的生存环境。要不是你们,我才不会和妈妈分开呢。(呜呜)我要妈妈,我要妈妈。
女孩甲女孩乙女孩丙　　别哭,别哭。
女孩甲　　我们先帮它清理一下吧。
女孩乙女孩丙　　好啊。

【所有人帮助小蜥蜴摆脱了石油的缠绕,并将它重新放归到沙海音乐声再次响起,所有人上台表演歌舞,来到沙海种树、拉格子、捡垃圾,果皮、废纸、易拉罐、塑料袋,一点儿不剩下。

【中途音乐声渐弱,三名主角上场,其中女孩甲肩扛"爱护环境"的木牌。

女孩乙　　告诉你们一个好消息,我爸爸他们把倾倒在沙海里的废石油弄干净了,而且宁东实验室的科学家们,从煤里提炼能源的研究,大有创新,让污染地球的事,越来越少。
女孩丙　　好极了,看!天又变蓝了,沙海利用起来了。
女孩甲　　小海娃们,让我们把沙滩上的脏东西捡干净吧!
所有人　　一起行动为老爷爷的海边恢复从前的样子。

【所有演职人员集体舞蹈、表演智慧的创造者,劳动最光荣。

孩子们　　小蜥蜴,快来呀!快来呀!(小蜥蜴在歌舞声中上场)
小蜥蜴们　　我们回来了。

孩子们和小蜥蜴在音乐声中快乐的舞蹈,最后所有演员以"爱护环境"的木牌为中心定格造型。

——全剧结束

## 四、爱与责任榜样带领

(一)国内戏剧教育代表

1. 导师介绍:李婴宁教授

毕业于上海戏剧学院戏文系,在上海青年话剧团和上海话剧艺术中心从事剧本创作。
1996—1998年,在英国学习戏剧,并在国内实践推广。
2007年,在上海戏剧学院创设"教育性戏剧的理论、发展和实践"课程。
2008年,协助在北京创建抓马宝贝。
2012年,创建上海李婴宁戏剧工作室和陶冶教育剧场。
2014年,创建在职教师戏剧暑期学校(见学国际教育文化院前身)。

教育戏剧是指将戏剧元素引入教育的方法和理念。这些方法包括英国的 Drama in education/Theatre in Education 和美国的 Creative Drama 等,以及结合中国现实综合再创造的方法。这类方法不是教人演戏,而是用戏剧方式做参与式、互动式、思辨式的课堂教学或培育儿童的基本素养和品德。

**团队箴言**：把进入戏剧的权力还给每一个孩子。

设置情景,试着用肢体扮演婴儿期(0~3岁)、幼儿期(3~6岁)、少年期(6~8岁)的样子,觉察自己与自己的关系、自己与他人的关系、自己与环境的关系,分享自己的感受。

2. 导师介绍：许卓娅教授

女,1951年出生于中国南京。曾任南京师范大学学前教育原研究所所长兼学前教育学系主任,教授,博士生导师。1988年获教育学硕士学位。1996—1997作为访问学者赴美国堪萨斯大学进修一年,多次赴马来西亚、美国参加学术会议和讲学。

主要研究方向：儿童的音乐发展与音乐教育(含哲学、社会学、心理学、教育学,以及教学工艺学各层面)；儿童的身体发展、与体育(特别是舞蹈教育)；幼儿园集体教育情境中的学习与教学的心理学问题；现实社会中我国儿童与教师的人格健康问题与教育问题；儿童以及成人的类比思维、灵感思维发展研究；教育研究以及教育研究的教学问题；幼儿园课程建设与教师专业发展研究。主持省级以上课题"幼儿园音乐教学的心理学研究"等4项,出版《学前儿童音乐教育》等著作近20种,发表论文《再论音乐与音乐的人本价值》等多篇。教学与研究成果多次获得省部级奖项。

许卓娅

**团队箴言**：挑战与成功——永远是激动人心的人生追求!

3. 导师介绍：张晓华教授

张晓华,知名戏剧教育家,台湾艺术大学戏剧系教授,台湾政治大学、台湾师范大学、台北市立教育大学兼任教授。

出版戏剧教育学术专书《戏剧跨领域教学:课程设计与实务》《创作性戏剧教学原理与实作》《表演艺术120节戏剧活动课》《戏剧理论与发展》《高中艺术领域表演艺术教学参考手册》等十余本。

从事戏剧教育工作迄今已有几十年,除做过舞台设计、灯光、排演、儿童教育戏剧、创作性戏剧、戏剧治疗等理论与实务课程教学工作外,也做过演员、舞台剧导演与剧场设计等工作,更不遗余力地推广戏剧与剧场在学校教育、社会活动与疗愈工作等领域中的应用,曾为幼儿园、各级中小学、社会团体、亲子团体等担任各种研习会演讲与工作坊教学,并收到良好回响。

**团队箴言**：Just do it, and you can make it.
只要做,你就能成功。

4. 导师介绍：曹曦

见学国际教育文化院执行总监；北京抓马宝贝・教育体验中心创意总监中国戏剧/剧

场重要推动者;中国传媒大学南广学院客座教授导师团队成员之一。

作为抓马宝贝创意总监及见学国际教育文化院执行总监,曹曦在实践和理论方面为中国教育戏剧的本土实践做出了极大贡献。他亲自导演了抓马宝贝制作的7部教育剧场作品,并且协助中心的教育戏剧课程、少年剧场作品、教师培训和课程研发,带领抓马宝贝创意团队策划国际合作项目,2016年他作为中国代表在布达佩斯的直面鸿沟戏剧大会上做了演讲。他参与策划翻译的理论作品有《想象真实:迈向教育戏剧新理论》《教育戏剧:课程计划与实践指南》等。

5. 导师介绍:蔡洁博士　成都自由戏剧创始人

本科毕业于中央戏剧学院,硕士毕业于英国华威大学的戏剧与教育剧场专业,致力于研究戏剧在学科教育中的应用,在英国多所幼儿园、初中和高中实践教学,博士则专攻戏剧在中国幼儿教育领域的应用,研究戏剧与五大领域的结合,尤其是戏剧如何帮助幼儿语言能力和道德思维的发展。2015年创办自由戏剧,与英国华威大学教育学院 Joe Winston 教授联合研发3～18岁戏剧课程体系,同时创建戏剧教师培训中心,迄今培训了上千名教师。2018年被四川大学聘请为创业指导教师,在各个大学开展大学生戏剧课程,培养一线戏剧教师。

蔡洁

6. 导师介绍:陈晓萍

江苏省特级教师,江苏省劳动模范,上海儿童艺术教育研究中心研究员,拥有多年园所管理经验,研究儿童艺术启蒙教育,教育戏剧课程多年,主持多项省重点课题研究,被评为省精品课题及精品课题优秀主持人,研究成果获多项江苏省教学成果奖。出版专著2部,在核心期刊发表论文多篇。受聘为国培专家及兼职讲师,受邀在全国各地讲学百余场。

陈晓萍

**团队箴言**:做孩子喜欢的儿童戏剧教育。孩子喜欢什么?我们该给什么怎样给孩子喜欢的教育?

核心愿景:共享美的教育生活。

教育理念:有趣地学,有益地玩,儿童戏剧,让孩子像玩一样来学习。

这是时代的呼唤,涌现出一批批年轻的推动戏剧的蓬勃发展的优秀代表如周笑丽老师、马利文老师、肖素芬老师、苏毅老师、酸菜老师、方先义老师、易娟老师、许蕾老师等,脚踏实地从自发的行动做起。让戏剧不断与本土的教育形式相碰撞，内容涉及更多领域，给予了一线教师切实可行的指导和帮助。热爱戏剧的人还需继续努力，时不我待，仍需继续发展此项新秀课程。

(二) 外国教育戏剧名家

1. 哈丽特·芬蕾·强生

哈丽特·芬蕾·强生于1911年，出版了总结其多年儿童教学实践经验的《戏剧方法之教学》一书，她被认为是第一位在教室内以戏剧活动开展教学的教师。渐进式教学观念与儿童在游戏活动中"以假当真"的戏剧性本能是芬蕾·强生组织其教学活动的两大出发点，她认为儿童教育的首要之处在于引发其求知的动机，而儿童的游戏天性正是激发其求知欲的有效切入点。

2. 库克

库克选取传统故事、神话、民间传说作为教学材料。在教学过程中，他首先引导学生以读与说的方式熟悉文本内容，再将其编组，一部分学生作为观众被安排在舞台的四周，另一部分学生则进行分角色的扮演。

库克要求学生表演的重点不在于形式风格的呈现，而在于对事件内涵的挖掘。在表演结束后的讨论中，各小组就不同的人物、内容表达自己的看法，自行评定。通过对文本内容及其丰富内涵的解读与身体力行地学习，以及表演情况分享中的再认识，学生们会因这种戏剧性、动作化的呈现而留下深刻的印象。

在库克看来，戏剧可以作为一种学习的工具与形式，其教学目的不在于追求表演在艺术审美上是否存在瑕疵，而在于学生(儿童)与教师在游戏过程中的态度。在戏剧化的课程中，教师作为领导整个活动开展的核心人物，以协调、融入的方式参与课堂，而学生(儿童)则在相互的尊重与遵守的基础之上，自行地建立选举、奖惩、表达意见的规范。库克认为，这种经由戏剧活动所建立起地对规则的遵守，以及在活动中的不断反思与提升性呈现，是学习中最为重要的。

3. 桃乐丝·希斯考特

桃乐丝·希斯考特提出了"戏剧化的学习"，即让学生(儿童)在未真实发生的时间、地点、人物关系中通过对事件的比较而自然地了解，这种过程既能感知其内涵，又十分安全。正如一部剧作是以一定的顺序去展现一个人或多个人在进入一种绝境时如何去解释与解决一样，教育戏剧导师需要善于运用戏剧张力，营造戏剧氛围，引起学生(儿童)的怀疑、好奇与专注，将其引导到某种绝境，做出对戏剧情境的探索与发现。在戏剧教学过程中的"亢奋的意识"是桃乐丝·希斯考特所追求的，她进而采用了一种新的教学策略——"教师入戏"，来推动和提高学生的情绪。对此，张晓华认为："教师入戏的主要教学意义是在于透过戏剧艺术的形式，达到认知的目的"。希斯考特主张的"教师入戏"在其长期的教学实践中，逐步形成较为成熟的教学策略——"专家的外衣"，包括运用仪式的结构教学、象征性的肢体动作以及定格照片和移动图片的叙述等表演手法来回忆过去、反映当下、思考未来，并作出判断。这一教学策略对教育戏剧的教学应用产生了深远的影响。

桃乐丝·希斯考特曾说，"文化的创造是为了使点滴的任务变成可能的尼亚加拉大瀑布的小水滴"。教学艺术的关键，在于教师在一个学习活动中，有能力去预期及预示在下一个活动中将要发生什么，这就像是编剧者植入一个资讯到第一幕里，它将在第三幕中对观众产生意义。

4. 阿尔托

阿尔托从印尼巴厘岛的仪式剧得到启发，认为从东方戏剧中找到了"空间的诗意"（a poetry in space），融合了舞台上音乐、舞蹈、造型、哑剧、仿真、动作、声调、灯光及布景等众多的表达手段，将这些表达方式融合起来，便恢复了戏剧的形而上与宗教色彩。他总结道："事实上，我们想使之复苏的是一种总体戏剧，在这种观念中，戏剧将把一直属于它的东西从电影、歌舞、杂技甚至生活中夺回来。"

5. 贺拉斯

贺拉斯认为："我的希望是要能把人尽知事物写成新颖的诗歌，使别人看了觉得这并非难事，但是自己一尝试却只流汗而不得成功。这是因为条理和安排起了作用，使平常的事物能升到光辉的峰顶。如果你安排得巧妙，家喻户晓的字便会取得新义，表达就能尽善尽美。"

针对某些教师对儿童戏剧就是游戏的偏颇看法，彼得·史莱德指出儿童戏剧不是无止境的自由游戏，而是应当在教师"结构性方式"的指导下，在戏剧的基本架构中进行，教师的引导是"不自觉的规范，一方面能引导有自由发挥的感觉；一方面又自行约定，易于传达讯息的空间感"。因此，如何引起儿童的理智兴趣，使学习成为一件富有吸引力的事情，如何激发学生全身心地投入有思想、有情感、有创造力的活动中是教师需要思考的。人工智能做不到，也就是教师不能被替代的部分，有教师对学生的爱与关怀、教师对学生成长为一个更好的人的期待以及为此而做出的种种努力。而这些不能被替代的，是不能被程序化、不能被安排的，是虽有缺陷但不断努力变得更好、虽然稚嫩但在努力成长的，是与"人"有关的。它与人的心灵相关，不能被替代就是我们要做的。

## 第三节 疗愈教育戏剧与特殊儿童的情绪控制

多元融合促进学前教育多系统的均衡发展，欣赏每个儿童的不同，善待儿童就是善待自己，建构良好的多样化、适宜性、有效的生态环境，接纳、关爱、理解、欢迎特殊儿童。让特殊儿童认识自己，关注儿童所获得的力量。教师学会游戏、舞动、绘画、歌唱、叙事更多的相互作用，看得见对方的需要，了解、理解、支持、回应儿童适宜的成长需求。尊重儿童的权利，挖掘儿童的潜能，发展成长型思维，让儿童感受到更多的公平，尊重不同需求的儿童，为特殊儿童融入社会生活，给予更多的途径与材料，而疗愈教育戏剧对于帮助特殊儿童，有着非常重要的教育意义，能够更适宜特殊儿童多元通道的需要，帮助特殊儿童适应社会生活。

## 一、疗愈教育戏剧与儿童发展

疗愈教育戏剧在帮助特殊儿童的情绪及培养生活教育具有天然的优势。疗愈教育戏剧创设的安全的环境及教学管理中的秩序,让每个人的发言都变得具有意义并获得尊重,大家一起面对问题,表达自己的体验感受,使各种不确定变得有趣和令人兴奋。角色扮演练习给了他们一个安全的空间去探索和选择探索表达合适的反应。在剧院的安全环境中演出真实情况允许他们练习技能,即兴创作给予特殊儿童发展更多技能,拓展他们在社交场合中表达"脚本"的延展与丰富性,培养并提高思维和行为的灵活性,挑战他们一贯的思维风格。随着学校越来越多地增加社交技能课程的模块和计划,学前融合教育也有了高质量的发展。

情绪是人的复杂心理活动,是影响幼儿成长关键性的心理因素之一,早期儿童情绪的形成为人一生的情绪发展奠定基础。情绪调节是对自己的情绪状态作适度的调整,使之能达到一定的目标。[1] 积极的情绪能够引导幼儿产生积极的人生态度,消极的情绪会给幼儿的心理带来负面影响。由于幼儿晚期情绪调节能力才逐渐发展,幼儿园普遍存在幼儿情绪控制能力较差的现象,如幼儿在教学过程中随意下地走动,发出奇怪的声音影响其他幼儿的情绪;幼儿在游戏过程中与同伴发生矛盾会非常生气,不能控制自己的情绪,做出一些破坏性的行为。幼儿成长过程中会产生各种各样的情绪问题,究其原因,可能是幼儿不能了解和识别他人的情绪、不能调节和表达自身情绪,没有途径可以恰当宣泄自己的负面情绪。如果幼儿的情绪不能得到适当的调节,对自己和他人都会带来不好的影响。幼儿时期的情绪教育具有显性教育的特征,教师可以通过情绪教育的课程和情绪类游戏等形式来实现幼儿情绪调节的教育目的,帮助幼儿认识自己的情绪特点,学习情绪调节的方法,使幼儿摆脱不良情绪的困扰,保持积极情绪的状态,进而促进幼儿的身心健康。《3—6岁儿童学习与发展指南》中指出:"愉快的情绪是幼儿身心健康的标志之一,也是其他领域学习与发展的基础。"从国家出台的政策文件中可以看出,当前幼儿出现的情绪问题已经引起相关部门的重视,相关文件也指出了幼儿阶段情绪发展的目标和良好情绪发展的必要性。因此,幼儿的情绪调节需要情绪教育活动的培养。

## 二、情绪智力的分类

关于情绪智力可从四个方面界定:情绪的认知、评价和表达能力,思维促进能力,理解与分析情绪知识能力和情绪调节能力。Goleman在《情绪智力》中,将情绪智力界定为五个方面:认识个体情绪,调节个体情绪,自我激励,理解他人情绪,人际关系管理等。Baron指出,情绪智力是决定个体在生活中取得成功的因素之一,对个体的心理健康有着一定作用。[2] 从情绪智力相关理论来看,国外学者都关注个体情绪调节能力的培养,幼儿

---

[1] 陈少华.情绪心理学[M].广州:暨南大学出版社,2008:253.
[2] 夏赛元.论幼儿情绪智力的培养[J].湖州师范学院学报,2003(4):109-112.

期是情绪智力培养及形成的首要时期,情绪控制能力越强的幼儿,他们会有更稳定的情绪,也有助于形成良好的交往能力。心理学家 Freud 认为,游戏能满足儿童在现实生活中不被满足的愿望,为其提供了一个安全的场所,儿童的欲求能在此得到满足,不会被社会批评和指责。Erikson 认为,游戏帮助儿童从一个阶段向另一个新的阶段发展,通过游戏中的角色扮演有助于解决现实中的问题。Boler 在角色选择理论中认为,儿童的游戏背后都隐藏着深刻的情绪原因。儿童是根据个人的爱、尊敬等积极情绪或愤怒等消极情绪来进行角色的选择。如幼儿扮演国王、仙女、家长等角色,或者幼儿扮演小动物、婴儿等角色,他们通过一张角色面具,做一些平时不能做的事情,或者掩饰自己的错误。如幼儿喜欢吃糖,而父母总是限制他的行为,他们则会因未能满足愿望而生气,幼儿扮演成糖果的角色,通过想象出各种口味,满足幼儿的愿望、调节幼儿的生气情绪。[①]

从精神分析学派的游戏理论上看,角色游戏作为一种想象或假装的行动,幼儿扮演角色游戏可以实现现实中不被允许的事情,在虚拟角色中,他们的行为不会受到父母的批评和指责。所以,游戏是调节情绪最好的方式之一。疗愈教育戏剧活动也有角色扮演的模块,幼儿可以扮演有性格或超现实的角色,如怪兽、超人等,把自己在现实中不被允许的情绪表现出来。同时也为幼儿提供一个相对放松的环境,使他们的情绪得到释放。因此,根据精神分析学派的游戏理论,疗愈教育戏剧活动可以让幼儿在角色扮演中来实现情绪训练。[②] 疗愈教育戏剧可以激发人的心理潜能,因为戏剧过程中会出现"心理距离",它是一种艺术形式中的审美原则,幼儿在表演中不用考虑表演是否得当,可以自由表达想法和运用肢体动作。这种独特的心理状态,可以将现实和虚拟环境相结合,在这种环境中唤起幼儿的潜能。此外,幼儿的情绪感受与疗愈教育戏剧的调动有关,幼儿扮演故事人物,获得认知和情感的心理体验,可以启发幼儿对角色的深度探索和思考,这也是疗愈教育戏剧的深层教育功能。[③] 陈世明认为,创造性戏剧活动对幼儿的发展有一定的影响,能让幼儿了解生命价值的意义,如一个微笑的表情,或者简单的动作,都可以表达幼儿对生命的理解。创造性戏剧活动内容,如暖身游戏,可以使幼儿放松心情、调节紧张情绪。幼儿参加主题戏剧时,能直接体会故事人物的情绪转换过程,经过不断的表演和游戏互动,可以获得健康的情绪体验。实践结果表明,如果幼儿经常参加戏剧活动,情绪自我调节能力会明显增强,稳定情绪状态的持续时间也会延长。[④]

幼儿以即兴非表演的形式,通过想象、肢体律动、角色扮演等戏剧形式,感知自己的情绪情感。在同伴之间的对话和沟通中,幼儿学会独立思考和解决遇到的困难。发展心理学领域对情绪调节研究最早开始于 20 世纪 80 年代。不同的研究者对情绪调节没有统一

---

① 刘焱. 儿童游戏通论[M]. 北京:北京师范大学出版社,2004:56.
② 商妮. 教育戏剧活动促进大班幼儿情绪调节发展的教育现场实验研究[D]. 沈阳师范大学,2016.
③ 陆家颖,李晓文,苏婧. 教育戏剧:一条可开发的心理潜能发展路径[J]. 华东师范大学学报(教育科学版),2012(1):50-55.
④ 陈世明. 创造性戏剧教育与幼儿的发展[J]. 福建教育,2014(3):40-43.

的界定。第一类强调情绪调节是个体根据环境需求,使用调节手段顺应情绪反应的变化过程。Laible 和 Thompson 在其研究中提出,情绪有灵活性、变化性和适应性的反应特点,会按照组织性和建设性的形式来适应变化的活动过程。① 孟昭兰认为,情绪调节是采取监督、控制和调节的手段对内部过程和外部行为的情绪反应,从而帮助维持人际关系和调整社会环境的需要。Fox 从儿童情绪系统的角度指出,幼儿从调节消极情感表达增加到调节积极和消极情感,及内外部过程和个体控制其唤醒能力。②

情绪调节是一种广义的概念,包括情绪理解、情绪调节和情绪表达的三个方面。情绪对每个自闭症儿童来说都非常重要,如果自闭症儿童的情绪处于低潮,那么干预过程中,儿童就会出现不配合或抵触心理严重的现象,如果我们真正地将自闭症儿童的情绪调动起来,再进行平行游戏或者采取游戏中断等方法时,得到的结果将事半功倍。所以,前期情绪的调节非常重要,它能为之后的训练打下良好的基础。

自闭症儿童中有一部分儿童情绪波动大、自控能力差,某些要求得不到满足就会哭闹不止,这与其大脑调控能力差、不善于理解和适应环境变化等因素有关。家长、老师可采取以下方法,来帮助孩子进行调节。通常情绪控制有以下几种方式。

(一) 变换情景法

如果儿童情绪不好是因为听到某种声音、见到某人或某物,或者改变了环境中的一些事物导致的,则可以采用脱离情景或在原情景加入喜欢因素的变换法。如放一些他最爱听的音乐,看成人表演(若知道他喜欢哪个电视节目可事先录好)等,用此方法使之尽快摆脱不良体验。

(二) 外力辅助调控法

当儿童情绪不稳定时,老师一边用柔和的语言安慰,一边轻微地晃动其身体的一部分,或把他的头搂入怀中(不宜抱起,只轻轻拢过来即可)。对情绪激动的儿童则采用让其被动做出较强烈的动作,如快速转动身体、手臂,推其快走等使其从原情绪状态中分散出来。按"外力动作辅助调控—语言提示—取消提示、指导调控"的步骤来训练。

(三) 预告法

一个全新的环境对儿童影响会很大,应该有熟悉的人在场指引。若要改变环境或到一个新环境去学习,则要采用预先少量更新环境情况、尽量减少可能的干扰源的做法使儿童有个准备,并在进入新环境前先停留一下,观察熟悉一下四周,使其情绪保持稳定后,再由熟悉的人陪同进入。

---

① LAIBLE D J. Thompson R A. Attachment and emotional understanding in preschool children [J]. Child Development, 1998.

② GROSS J J. Emotion regulation in adulthood: Timing is everything[J]. Current Directions In Psychological Science, 2001.

### (四)适当发泄法

允许适当的发泄,对以哭闹为主的应使之一次性哭够或认识到哭闹是没有用的,如在哭闹中加入动作限制,使哭闹伴随着不良体验,或采用束缚法,抱紧他的头或夹紧腿,或不能离开椅子到处走,总之是让其发泄但又体会到发泄中有不舒服感,不想再采取哭闹的方式进行发泄。

### (五)及时肯定,捕捉时机

儿童在发泄过程中,若出现正当的情绪状态,如哭一会儿就不哭了或不在地上打滚了,则马上提供奖励物质或满足他的一项要求;但若他坚持原来要求,如要坐在地上而不坐在椅子上,则仍不给奖励,只是呈现不给予,直至儿童完全符合要求为止。

### (六)事后继续教育法

在儿童情绪稳定后,对能理解语言的儿童可重新引其进入原场合或原刺激情景,以培养其适应和调控能力。

### (七)耐力训练

忍耐、等待、有序等方面的训练应随时贯穿训练中。如果他越急着吃饭而不想洗手,就越不让他吃饭,让他先洗手。如果他闹情绪家长不予理睬,更不能满足他,直到他按指令去洗手。儿童完成指令后,家长则给予儿童表扬。

## 三、自闭症儿童的情绪控制

家庭中父母能够控制自己不乱发脾气,对孩子是很好的榜样教育。也可以把这种冷静技巧教给孩子,让他从小就学会做情绪的主人。

### (一)自闭症儿童产生负面情绪时,我们应该怎么做?

第一,拥抱孩子,让孩子有"安全感"。
第二,允许孩子自由地表达情绪。
第三,倾听,用心倾听,读懂孩子的情绪。
第四,先处理情绪,后处理事情,不急于下判断。
第五,与孩子一起讨论解决问题的方法,鼓励和引导他自己想办法。

### (二)自闭症儿童闹情绪时,我们应避免怎么做?

第一,不要嘲笑自闭症儿童的情绪。
第二,不要给自闭症儿童的情绪贴标签。
第三,不要在自闭症儿童情绪不好的时候,给他讲大道理。
第四,不要"以暴制暴",不要恐吓,以免造成恶性循环。

第五,不要让自闭症儿童利用情绪威胁你,不要当孩子情绪的"奴隶"。

(三)怎样帮助自闭症儿童释放负面情绪?

如果你已经能够心平气和地接受孩子的负面情绪,那么下一个问题自然就是:怎样合理地宣泄?怎样及时地释放?就像洪水袭来,为它修一条通道,它才不会泛滥肆虐。合理地释放负面情绪对一个人形成乐观积极的性格,有很大作用。

第一,让自闭症儿童和"情绪"待一会,哭就哭一阵。

第二,找一个专门的发泄工具,如枕头。

第三,画画、涂鸦,尽情地把心中的不满画出来。

第四,唱歌,随便什么词什么曲,自己创编的也行。

第五,体育锻炼,去打球、去跑步,舒展全身,打通经脉。

第六,户外旅游,开阔心境,放松情绪。

第七,布置一面"心情墙",每天把自己的情绪写/画出来。

第八,如果自闭症儿童年龄大一些,可以用写日记的方式整理情绪。

第九,让孩子学会倾诉,跟同学、朋友倾诉,当然父母也是倾诉对象。

(四)关于"情绪",我们可以做什么

1. 帮助儿童认识情绪,体验情绪

准备一些情绪图卡或者表情脸谱,让孩子认识各种情绪;或者玩角色游戏,编故事,和孩子一起表演各种情绪。

2. 帮助儿童学会表达自己的情绪

伤心是一种什么感觉?伤心的时候你最想干什么?做什么事情你就不会再伤心了呢?你为什么生气了?你怎么样才能舒服一点?……通过一系列对话,让儿童学会表达自己的情绪。

3. 让儿童学会洞察他人的情绪

看看那位阿姨怎么了?她为什么皱着眉头瞪着叔叔?旁边的小朋友为什么哭了?你该怎么帮助她呢?妈妈为什么不高兴?你现在可以怎么做?……借助对话,让儿童学会洞察他人的情绪。

(五)在不同时机下,如何调整孩子的情绪异常

1. 当孩子任性时

当孩子因不合理的要求未被满足而哭闹时,你切不可因心软而改变立场。

你可以走过去,用轻柔和同情的语气说:"你是不是很不开心?看见你这样,我的心里也不舒服。"就这样分享他的情绪。一开始,孩子可能会拒绝你的关怀,你可以走开,一会儿再回来,仍然用同样的方式跟他说话。用这种方式向孩子表明,你对事情的立场是坚定的,但在情绪方面,你愿意和他分享,因为你理解和在乎他的感受。甚至,你可以告诉孩

子,他不开心,你也难过,因为你是很心疼他的。但他的要求不合理,所以是不可以答应的。用这样的方式,你可以慢慢地改变孩子的情绪模式,使他逐渐学会用更有效的方法来处理同样的情况。

2. 与心爱的事物分离时

心爱的玩具不小心被摔破、弄坏或丢失了,孩子免不了会号啕大哭、伤心不已,这时也是对他进行情绪教育的最好时机。小孩子对时间和金钱的价值没有意识。一件只花了几元钱买回来的玩具,可能是他最心爱的,一旦摔破了,他的悲伤程度不亚于一个成年人一下子失去了价值数万元的东西。可是,大人往往不明白这一点,而对哭闹的孩子说:"坏了就坏了吧,也不值钱。不要哭了,明天爸爸再给你买一个。"结果往往是孩子哭得更伤心了,因为他觉得父母一点儿也不理解他内心的苦痛。既然孩子为摔坏的玩具哭泣,就说明这件玩具的价值对他来说是巨大的,应该为失去它而哭泣。父母应该接受他的情绪:"我看到你这么伤心,一定是因为你非常喜欢这件玩具。来,坐在我身边,跟我说说你现在心里的感觉。"在引导孩子说出内心的情绪感受后,应该向他做一些必要的解释,帮他明白以下的道理:世界上所有美好的事物,总有别离的一天。因此,和它在一起的时候,应该好好地对待它,好好享受它带给自己的好处,珍惜和它在一起的乐趣。在它离去后,把美好的记忆好好保存起来,让它在心里陪伴自己过好以后的每一天。

3. 当你火冒三丈时

有时候,孩子实在顽劣,弄得你火冒三丈。若没有及时控制住,就可能口不择言地呵斥孩子,甚至噼里啪啦地揍他一顿。结果,不仅破坏了亲子关系,也可能给孩子幼小的心灵留下创伤。

察觉到盛怒来临的迹象后,最有效的方法是让家人带走孩子,或自己离开"事发之地"。尝试以下方式让自己冷静。

第一,做 10 次以上深而长的呼吸。

第二,拉紧,然后放松全身的肌肉数次。

第三,外出散步 10 分钟。

第四,对自己说"我会保持冷静",然后回想过去自己曾经表现得很冷静时的情景,或者回忆一段轻松开心的时光。

社交、情绪、心理健康和行为的支持需要在学校进行学习,孩子们需要获得什么才能发挥他们自己的潜能,只要学校在这些方面能提供良好的支持和服务,那学生就会自然地生发出他们的学习潜能。有哪些因素可能会影响孩子学习课程的能力,以及如何营造一个安全的学习环境?因为安全的学习环境非常重要,当一个孩子感觉安全的时候,他会自觉地学习。